外国军事名著译丛

21世纪城市战
Urban Warfare in the Twenty-First Century

[英] 安东尼·金 ◎ 著
(Anthony King)

彭洲飞　王会方 ◎ 译

释清仁 ◎ 审校

世界知识出版社

Copyright © Anthony King 2021
The right of Anthony King to be identified as Author of this Work has been asserted in accordance with the UK Copyright, Designs and Patents Act 1988.
First published in 2021 by Polity Press.
ISBN-13: 978-1-5095-4365-6
ISBN-13: 978-1-5095-4366-3 (pb)
本书简体中文版译自 Urban Warfare in the Twenty-First Century by Anthony King, published by arrangement with Polity Press Ltd., Cambridge.
Simplified Chinese Edition Copyright © 2023 World Affairs Press
All Rights Reserved

图书在版编目（CIP）数据

21 世纪城市战 /（英）安东尼·金著；彭洲飞，王会方译. --北京：世界知识出版社，2023.12
（外国军事名著译丛 / 释清仁主编）
书名原文：Urban Warfare in the Twenty-First Century
ISBN 978-7-5012-6698-2

Ⅰ.①2… Ⅱ.①安… ②彭… ③王… Ⅲ.①城市作战—研究 Ⅳ.①E836.7

中国国家版本馆 CIP 数据核字（2023）第 232512 号

图字：01-2021-60

责任编辑	刘豫徽
责任出版	李 斌
责任校对	陈可望

书　　名	21 世纪城市战 21 Shiji Chengshizhan
作　　者	［英］安东尼·金
译　　者	彭洲飞　王会方
审　　校	释清仁
出版发行	世界知识出版社
地址邮编	北京市东城区干面胡同 51 号（100010）
经　　销	新华书店
网　　址	www.ishizhi.cn
电　　话	010-65233645（市场部）
印　　刷	北京中科印刷有限公司
开本印张	880 毫米×1230 毫米　1/32　17¼ 印张
字　　数	290 千字
版次印次	2023 年 12 月第一版　2025 年 7 月第三次印刷
标准书号	ISBN 978-7-5012-6698-2
定　　价	86.00 元

版权所有　侵权必究

当今世界，大部分冲突从某种意义上都变成了城市战。在城市战这项开创性的研究领域中，安东尼·金深入探索城市环境和军事实践之间互动变化对城市作战的深刻影响，为人们提供一个理解现代城市战的原创性概念框架。

——劳伦斯·弗里德曼爵士，英国伦敦国王学院
（Sir Lawrence Freedman, King's College London）

安东尼·金是一位当代冲突问题思想家，他在现代城市战这一紧迫而重要领域的研究具有卓越的分析眼光。本书中，他创造性地将社会学、地理学和历史学融合起来研究城市战，分析城市战案例通俗而深刻、简明又透彻，体现出理论与实践相统一的原则。无论是研究城市战的爱好者，还是城市战的参与者，都会受益匪浅。

——休·斯特拉坎爵士教授，英国圣安德鲁斯大学
（Professor Sir Hew Strachan, University of St. Andrews）

安东尼·金探索研究过去30年地理学、社会学、军事学和科学技术等的进步发展对城市战产生的独特而崭新的深刻影响，深入分析近年发生在伊拉克、叙利亚、乌克兰和菲律宾等国家的城市战案例，对比研究城市战的变与不变，探讨军队未来如何应对城市战的严峻挑战。为此，本人向对21世纪城市战感兴趣的读者强烈推荐此书。

——彼得·R. 曼苏尔，《增兵：我和大卫·彼得雷乌斯将军的旅行与伊拉克战争的重构理解》作者
（Peter R. Mansoor, Author of *Surge: My Journey with General David Petraeus and the Remaking of the Iraq War*）

安东尼·金撰写了一部极有可能成为21世纪城市战的经典著作，该论著对城市战的研究广泛而全面，深入解析现代城市战的内在结构和特点规律，尤其探讨了从农村向城市迁移的人口革命如何引发城市战这一重要话题。本书对城市战的研究独到而精辟，它既深受军事实践者、专家学者和政策制定者的热烈欢迎，又深得所有关注城市安全和城市暴乱人士的广泛推崇。

——迈克尔·埃文斯，澳大利亚国防学院哈赛特军事研究教授，澳大利亚国防学院（堪培拉）
（Michael Evans, Hassett Professor of Military Studies, Australian Defence College, Canberra）

总 序

兵者，既是国之大事，亦是民之大事。

战争自远古时期一路走来，对人类社会产生了深刻而久远的影响。战争最早是人们为了生存利益或血族复仇爆发的武力冲突，后来成为以掠夺为目的的经常性的行当。战争的结果，往往影响到组织、群体的兴衰存亡。

历史上的国家或民族，因为兵败而导致国破民亡、文明断绝的，可谓数不胜数。古希腊作为欧洲文明的重要起源，在文学、哲学和科学方面成就辉煌，但因遭受马其顿人的攻击，竟致轰然崩塌。中国的大宋王朝，拥有位居世界前列的发达科技文明，但在草原民族的屡屡入侵下，先是遭受靖康之耻，后终亡于崖山之下。

战争如此重要，言兵、知兵历来备受重视。中国古代的《孙子兵法》，短短六千余字，然而微言大义，阐明了战争机理，对后世产生了广泛深远的影响，被公认为世界"兵学圣典"。在西方，从《荷马史诗》《伯罗奔尼撒战争史》，到奠定近代西方兵学基石的《战争论》，再到后来的《海权论》《空权论》《装甲战》等,兵学传承绵延不绝。研究战争、认识战争,使从事战争的人们,拥有了驾驭战争这一"怪物"的能力,享有了战争制胜的巨大好处。

兵形似水。战争始终在发展演变,如大河流动般奔腾不息,从遥远的冷兵器战争到后来的热兵器战争、机械化战争和信息化战争。如今,机械化战争的炮声余音未了,信息化战争的硝烟甚嚣尘上,智能化战争的身影已扑面而来。面对风起云涌的世界新军事革命,如何认识和打赢今天这种新型的战争?如何建设强大的现代化军队?如何发挥军事力量的"压舱石"作用?这些问题,都需要深思熟虑。

他山之石,可以攻玉。只有通览古今中外军事学说,打开脑洞,以世界眼光、多重维度与非凡见识来观察思考战争,才能弄清现代战争面貌,通晓现代战争之变,把握战争制胜机理,成功驾驭战争"怪物"。

依据这一宗旨,我们精选并翻译了当今外国学者关于战争理论、军事思想及历史等方面的部分军事著作,推出"外国军事名著译丛",以供对战争和军事感兴趣的专业及非专业人士阅读使用。希望这套丛书,能够引领读者打开一扇窗子,启发读者徜徉于战争长河,品鉴

总　序

战争智慧、感悟战争哲理，更加深刻地认识和把握现代战争。

外国军事名著译丛
主　编
2022 年 6 月

探析现代战争的主战场：城市战

——评《21世纪城市战》[*]

城市战，由来已久，既古老又崭新，它同人类城市发展史一样久远，却又在21世纪呈现出新颖样态。当今时代，无论是乌克兰危机中的马里乌波尔战斗、巴赫穆特拉锯战，还是纳卡冲突中的舒沙争夺战，中东地区的加沙城市战，现代城市战以崭新面貌呈现给世人：战斗直播全球围观，无人打击精确猎杀等场景轮番上演，既鲜活又残酷、既常态又震撼。随着全球城市化蓬勃发展，城市规模和数量越来越庞大，城市成为世界各国军队不得不面对的可怕恐惧之地，是现代战争的主战场，具有极大挑战性和风险性。城市战，是国内外学者密切关注的全球安全问题，更是现代军队紧迫关切的军事问题。英国著名学者安东尼·金倾心撰写的《21世纪城市战》，为人们系统理解认识现代城市战提供了重要参考和阐释

---

[*] 来自本书的引文，不再加注。——译者注

范式，他首次尝试从历史演变、理论建构、战例案例相融合的视域探索城市战的基本结构和特点规律，是一部可贵的城市战研究力作。

一、安东尼·金其人其著

安东尼·金（Anthony King, 1967年生），著名城市战研究专家、军事社会学家，现任英国华威大学战争研究教授（Chair of War Studies at the Warwick of University）。他从2000年初就开始深入研究武装力量、军队指挥、训练演习和城市战等军事问题，经常在英国国家广播公司（BBC）、《卫报》（*The Guardian*）、《前景》（*Prospect*）等国际媒体上谈论全球安全和防务政策等战争问题，为英国皇家联合军种国防研究所[①]、查塔姆研究所[②]、英国

[①] 英国皇家联合军种国防研究所（Royal United Services Institute for Defence Studies, RUSI），由惠灵顿公爵于1831年创立，是英国从事尖端国防和安全研究的思想智库，重点研究和发布有关国家和国际防务与安全的重大问题，推动相关辩论和政策选择。

[②] 英国查塔姆研究所（Chatham House，又译漆咸楼），正式名称为英国皇家国际事务研究所（Royal Institute of International Affairs），成立于1920年，总部位于伦敦，专注于全球事务研究和传播，是一家非官方、非营利，具有悠久历史和广泛影响力的全球著名智库。

探析现代战争的主战场:城市战——评《21世纪城市战》

国际战略研究所①等著名智库提供战略咨询,所撰写研究报告受到美国、英国、德国、西班牙、葡萄牙等国防部门的赞赏和采纳。曾在英国利物浦大学、埃克塞特大学从事教学科研工作,还曾在北约国际安全援助部队"棱镜"工作组、英国皇家海军陆战队、美国海军陆战队、英国陆军部队发展和训练司令部等军队担任培训导师。作为安东尼·金标志性代表作,《21世纪城市战》的出版在学术界引起广泛关注和持续跟踪。

本书聚焦研究城市战问题。现代战争,特别是城市战,是安东尼·金学术研究的核心主题。无论是在2009—2010年任北约阿富汗坎大哈南部地区司令部司令尼克·卡特(Nick Carter)将军的军事顾问之一,担任英美军兵种部队的培训导师,还是最近出版的《欧洲军队转型:从莱茵河到阿富汗》(*The Transformation of Europe's Armed Forces: From the Rhine to Afghanistan*, 2011)、《战斗士兵:20、21世纪步兵战术和凝聚力》(*The Combat Soldier:*

---

① 国际战略研究所(International Institute for Strategic Studies, IISS),成立于1958年,世界著名军事战略、国防安全、国际战略等领域的思想智库,自称"国际政治军事冲突的权威研究机构",出版年度《全球军力平衡》(*The Military Balance*)、《战略调查》(*The Strategy Survey*)等刊物,具有广泛国际影响力。一年一度的新加坡"香格里拉对话会"(Shangri-La Dialogue, SLD)主办方之一就是国际战略研究所。

Infantry Tactics and Cohesion in the Twentieth and Twenty-First Centuries, 2013)、《前线：21世纪军队的战斗力和凝聚力》(*Frontline: Combat and Cohesion in the Twenty-First Century*, 2015)、《战争指挥：21世纪将军》(*Command: The Twenty-First Century General*, 2019)、《21世纪城市战》(*Urban Warfare in the Twenty-First Century*, 2021)等一系列论著，综合反映出安东尼·金的战争研究视野开阔，学理分析透彻，历史纵深感强，时代气息浓厚。

从职业生涯上讲，安东尼·金从事战争研究深受著名社会学家巴里·巴恩斯（Barry Barnes）的影响。21世纪初，两人曾深刻探讨过15世纪晚期、16世纪早期城市围攻战案例，为了反驳巴里·巴恩斯教授的观点，安东尼·金就打算撰写一部城市战社会学著作。不同于军事专家，他主要从社会学分析框架研究现代城市战，他在《21世纪城市战》中着重谈道："这是一部关于城市战的社会学，尝试阐释军事力量和作为社会群体的城市规模和密度，如何重塑了21世纪城市战。"这部论著中根本没有提及现代社会学的奠基人埃米尔·涂尔干（Émile Durkheim），但是只要了解社会学理论，就会发现涂尔干的思想深刻影响着安东尼·金思考城市战的过去、现在和未来。

探析现代战争的主战场：城市战——评《21世纪城市战》

2000年以来，安东尼·金敏锐观察到，美国、英国等西方国家军队高度重视城市战问题，并在军事实践中不断总结在现代城市进行军事行动的经验教训，研制城市战武器装备，开展城市战军事演习，出版《城市作战条令》(*Urban Operations*)，从战略高度谋划城市战，把城市视为现代战争的主战场。2011年，他在专著《欧洲军队转型》中提到，欧洲军队正在经历一场历史性变革，传统的欧洲大规模军队正在被更精干、更专业、更灵活的军队取代，主要担负遂行执行快速反应任务，向全球军事干预、跨国军事合作、城市特种作战等方向转型，强调针对特殊战场（城市平叛、反恐作战等），"快速反应部队在欧洲国防政策和军队建设中得到优先考虑，它们必然处于军事变革的最前沿。今天任何军事创新都不能忽视这些武装力量"。[①] 2013年的《战斗士兵》论述到，现代战争革新的不仅是武器装备等军事技术，还包括战士的军事素养，"现代战士的素养直接映射了西方社会文化的变迁和时代变革面貌"，[②] 专门深入研究在

[①] Anthony King, *The Transformation of Europe's Armed Forces: From the Rhine to Afghanistan* (Cambridge: Cambridge University Press, 2011), p. 7.

[②] Anthony King, *The Combat Soldier: Infantry Tactics and Cohesion in the Twentieth and Twenty-First Centuries* (Cambridge: Oxford University Press, 2013). p. 23.

城市这一特殊环境下，小群作战士兵如何保持旺盛战斗力和团队凝聚力，论述职业军人训练素养、精湛业务和战术能力等问题。2015年的《前线》深入收集考察近十几年来士兵在一线战场的作战经历，安东尼·金指出，西方军队在伊拉克、阿富汗等参与一系列城市战，一线步兵常常直面残酷的近距离战斗，特别是城市地区，敌人无处不在，无处不有，西方军队在"进行360度的全维战斗，没有明显的前方后方"，① 战斗环境发生了变化，战斗前线也发生了变化，这对职业军人提出严峻挑战。安东尼·金经常受邀出席智库、论坛等学术活动阐释战争问题，早在2010年9月，他就在英国著名智库查塔姆研究所作年度国防演讲《未来10年的战争指挥》。2019年出版的《战争指挥：21世纪将军》深入考察了军事指挥理论的转型问题，认为不同于20世纪战争通常靠个人主义、甚至英雄主义进行军事指挥，在21世纪现代战争，"集体指挥模式正在形成"。② 伊拉克战争和阿富汗战争表明，军事行动日益多元化，组织管理日益复杂化，美国的军事指挥模式正在发生演变。通过对比研

---

① Anthony King, *Frontline: Combat and Cohesion in the Twenty-First Century* (Cambridge: Oxford University Press, 2015), p. 3.

② Anthony King, *Command: The Twenty-First Century General* (Cambridge: Cambridge University Press, 2019), p. 1.

探析现代战争的主战场：城市战——评《21世纪城市战》

析美军著名战役"沙漠之狐"总指挥、海军上将安东尼·津尼（Anthony Zinni），美军前驻阿富汗北约国际安全援助部队最高指挥官斯坦利·麦克里斯特尔[①]（Stanley McChrystal），以色列军事战略家马丁·范·克里韦尔德（Martin Van Creveld），英国著名军事历史学家约翰·基根（John Keegan）和美国第20任国防部长威廉·科恩（Willian Cohen）的相关军事论著，安东尼·金创造性提出一种当代战争指挥理论。他认为，现代军事业务的专业性和组织机构的复杂性推动专业指挥集体的涌现，彻底取代了个人化的单独指挥，指挥集体是"由指挥官、副指挥官、下属机构和参谋人员融合组成的高度密集、高度专业的决策群体系统"。[②] 集体指挥理论不仅适用于常规战争中的师一级指挥，也适用于非常规战争，譬如城市平叛作战、反恐作战、定向人物猎杀等小分队军事行动。《战争指挥：21世纪将军》认为，21世纪将军的指挥模式应该是集体指挥，而非突出个人主义或英雄主义的指挥模式，强调突出军事业务的专业

[①] 斯坦利·麦克里斯特尔（Stanley McChrystal, 1954年生），毕业于西点军校，美国四星上将，曾任联合特种作战司令部司令，2009年《时代周刊》年度风云人物。麦克里斯特尔多次指挥伊拉克和阿富汗战场的特种作战，最经典战役是其麾下部队活捉萨达姆。

[②] Anthony King, *Command: The Twenty-First Century General* (Cambridge: Cambridge University Press, 2019), p. 18.

度、参谋人员的深度参与、集体智慧的指挥才能,强调要重塑指挥官的职业素养、性格品行和行事风格,是一部立志成为统帅的军官必读书目。

2021年,安东尼·金隆重推出《21世纪城市战》,该论著的雏形前身是他的一个课题研究"城市战:过去、现在和未来"(Urban Warfare: Past, Present and Future),且受到英国利华休姆信托基金会研究经费(Leverhulme Trust Research Fellowship)大力资助。这本书一经出版便受到了西方学术界的广泛好评,英国国家学术院院士、伦敦国王学院荣休教授劳伦斯·弗里德曼(Lawrence Freedman)认为,在城市战这项开创性的研究领域中,安东尼·金深入探索城市环境和军事实践之间互动变化对城市战的深刻影响,为人们提供一个理解现代城市的原创性概念框架。普利兹克军事作品终身成就奖得主休·斯特拉坎(Hew Strachan)教授也指出,《21世纪城市战》创造性地将社会学、地理学和历史学等学科融合起来研究城市战,分析城市战案例通俗而深刻、简明又透彻。有学者还认为,该论著是一部21世纪城市战的经典著作,强烈地向关心城市战的专家、军事实践者和政策制定者推荐,等等。从某种意义上讲,《21世纪城市战》是安东尼·金长期研究现代战争,探究城市战这一

探析现代战争的主战场：城市战——评《21世纪城市战》

特殊领域的代表作，他对城市战的认识深刻独到，努力从跨学科、跨界别的综合角度进行体系性研究，对城市战进行深度剖析，重点从社会学范式架构起21世纪城市战的理论图景，帮助人们整体性认知现代城市战。

21世纪是城市战的时代，现代军队未来无法避免城市战。安东尼·金的《21世纪城市战》从学术上开辟现代城市战研究的新天地，有力推动并影响当代全球城市战这一热门话题。下文从全球视域考察国内外城市战发展的基本情景和研究趋势。

城市战，又称"绞肉机"式战斗，始终是人类不堪回首的恐惧之战，极端惨烈凶狠，死亡率极高，极具毁灭性。安东尼·金指出，"在城市地区发生的战争，往往对社会造成大规模损失，对人类造成的苦难常常令人恐惧"，[1] 它敲响的警钟穿越时空，在当今时代依然长鸣不已。《21世纪城市战》既是城市战的历史记录者，也是城市战的当代叙事者，为人们了解分析城市冲突、观察城市战、预测未来城市战争提供了重要参考。自古以来，城市战与战争密不可分，特别是第二次世界大战期间，欧洲战场40%以上的重大战役都发生在城镇地区。

---

[1] Anthony King, *Urban Warfare in the Twenty-First Century* (Cambridge: Polity Press, 2021), p. 9.

21世纪城市战

基辅攻防战、斯大林格勒战役、柏林争夺战等重要城市战对战争进程与结局具有深远影响,同时也带来城市毁灭和人道主义危机。二战结束后,全球范围内爆发的武装干预和军事斗争,更是90%涉及城镇地区作战。[①]特别是2000年以来,伊拉克战争、阿富汗战争、叙利亚内战、巴以冲突、乌克兰危机等都彰显出鲜明的城市战色彩,主要军事行动和战斗都发生在城镇地区,有的战斗残酷至极,有的战斗精确猎杀,有的战斗属于恐怖袭击,有的战斗属于治安维稳等,城市战面貌多元多样。

相比于20世纪第二次世界大战期间的城市战,安东尼·金认为,当代全球城市战既有传统特征又有崭新面貌。城市战的残酷性没有改变。1942年7月至1943年2月,在斯大林格勒,苏军和德军投入的总兵力高达350万,总伤亡人数估计超过200万,此役是近代历史上最为血腥的战役。苏联统帅部报告称,激战期间,苏军一名士兵的生存不会超过一天。敌我双方在城里进行拉锯战厮杀,犹如人间炼狱一般残酷。整座城市也在炮火中毁于一旦。反观当下,2016年10月到2017年7月的摩苏尔战役,其惨烈程度堪称"21世纪斯大林格勒战役"。

[①] 参见李伟、吴红朴、邓建华编著:《世界著名城市作战点评》,长征出版社,2011,第3页。

探析现代战争的主战场:城市战——评《21 世纪城市战》

正如安东尼·金在《21 世纪城市战》所描述的一样,"第二次世界大战以来影响力最大的城市战——摩苏尔战役结束了",① 经此一役,尽管"伊斯兰国"(ISIS)恐怖组织武装力量被打败了,但是同时,整座摩苏尔城也被摧毁了。城市里的居民楼、政府机构、商业大楼、企业工厂、购物商店、清真寺和医院等建筑都成为废墟。城市街道塞满了破碎瓦砾和战争碎屑,城市居民用水、电力、污水处理等基础设施已经失效。一位曾在摩苏尔作战的指挥官回忆道,"摩苏尔是我见过的最混乱、最无序、最残碎的地方。城市遭到成片成片的破坏,某些地区特别是城市西部几乎被夷为平地——所有居民区都被摧毁了"。② 再者,正在发生的乌克兰危机,双方的战斗也集中在城镇地区,主要表现为夺取和控制城镇等关键据点,最惨烈的缠斗莫过于马里乌波尔、巴赫穆特等城市战。战前巴赫穆特城市,人口仅 7 万多,面积仅为 41 平方公里,是一座工业小城。自从乌克兰危机爆发以来,巴赫穆特之战持续时间最长,历时 10 个月(截至

---

① James Verini, *They Will Have to Die Now: Mosul and the Fall of the Caliphate* (London: Oneworld, 2019), p. 16.
② General Stephen Townsend, Multidomain Battle in Megacities Conference, Fort Hamilton, New York, 3 April 2018, https://www.youtube.com/watch?v=ARz01_evGAE.

2023年6月），投入兵力最多，双方部队参战人数有10多万，双方总伤亡人数估计超过4万，经过炮火"洗地"，所有堡垒工事化为齑粉，整座城市成为废墟。战斗最血腥的时候，"瓦格纳"雇佣军从东向西逐步平推，100米100米地向前挪动，一栋楼一栋楼逐个清理。这就意味着没有任何技巧、任何战术，就是真枪真刀拼杀。攻防双方伤亡巨大，战斗打得极其惨烈。[1] 由此看出，城市战的噩梦依然回荡在现代社会，巴赫穆特之战左右着战事的发展方向，牵动着大国博弈的格局，吸引着全世界关注的目光。

如何认识城市战，持续深化研究城市战，是现代战争研究的重要领域。梳理近10年出版书籍发现，国内学术界对城市战领域的研究主要表现为三大方面。

一是重点从实战案例研究城市战。主要有《拨开迷雾：信息化局部战争美军典型战例研究》（刘鹏主编，2021）、《世界著名城市作战点评》（李伟等编著，2012）、《15场城市攻防战——20世纪典型城市战评介》（曹东光主编，2008）、《古今中外典型战例评析（上下）》（黄柏福主编，2005）、《俄罗斯城市作战概览》（贾易飞、

---

[1] 参见《俄乌战局中最惨烈的缠斗》，凤凰卫视，https://i.ifeng.com/c/8QacRBmpru9，访问日期：2023年6月13日。

探析现代战争的主战场:城市战——评《21世纪城市战》

廖帆编著,2014)等。这些论著基本按照"战例概要、作战经过、战例评析"的逻辑框架对经典城市战例进行精辟分析,特别是对美军、俄军参与的城市战作了深度研究,重点关注参战双方/多方的主要做法、技战术特点以及经验教训,具有历史镜鉴作用。

二是重点从战术战法研究城市战。主要有《城市攻防作战研究》(李伟著,2019)、《美陆军分队城市作战战法》(赵弋等著,2013)、《城市特种作战》(林兵、张章编著,2011)、《城市作战:海军陆战队参战必备手册》(张书坤、莫雯雯著,2010)、《装甲兵与城市作战》(贺小棒、贺昭编著,2008)等。这些论著重点从军事角度研究城市战,对城市战术进行了系统性梳理,重点包括城市进攻、城市防御、战斗支援、战斗技巧、战斗武器、战斗后勤、非战斗人员、城市环境等作战内容,具有现实参考价值。

三是重点从整体性研究城市战。主要有《新理念·新样式战争丛书:城市游击、精确作战、垂直打击、联合特战、震慑作战、一体化作战、战略威慑》(宁凌等编著,2010)《城市群作战研究》(孙大淮等著,2009)、《城市战》(兰黄明主编,2005)、《信息化条件下城市作战研究》(孙强银主编,2004)等。这些论著重点从学理角度体系化研究城市战，主要论述城市战的历史脉络、概念解读、基本理论、作战体系、作战原则、武器装备等内容，既注重基本理论的系统性阐释，又突出城市战实践针对性研究，具有重要理论意义。

国外学术界聚焦城市战研究主要表现在以下三大方面。

一是学术论著研究。国外近几年研究城市战比较活跃，主线聚焦、议题突出，尤其对最近局部战争中城市军事行动进行了深入探讨，提出鲜明见解和独特观点。代表性论著主要有，利亚姆·柯林斯、约翰·斯宾塞《理解城市战》(Liam Collins & John Spencer, *Understanding Urban Warfare*, 2023)、路易斯·A. 图姆凯瑞克斯《小部队、大城市：再探城市战》(Louis A. Tumchewics, *Small Armies, Big Cities: Rethinking Urban Warfare*, 2022)、罗伯特·邦克、戴夫·迪莱格《鲜血与混凝土：21世纪城市中心和超大城市的冲突——一部小型战争杂志集刊》(Robert Bunker, Dave Dilegge, *Blood and Concrete: 21st Century Conflict in Urban Centers and Megacities—A Small Wars Journal Anthology*, 2019)、路易斯·A. 迪马科《混凝土地狱：从斯大林格勒到伊拉克的城市战》(Louis A. DiMarco, *Concrete Hell: Urban Warfare From Stalingrad to Iraq*, 2017)、帕特里

探析现代战争的主战场：城市战——评《21世纪城市战》

克 D. 马奎斯少校《城市游击战术》（Major Patrick D. Marques, *Guerrilla Warfare Tactics in Urban Environments*, 2014)）、威廉姆·G. 罗伯特森《街区战斗：城市战的挑战》（William G. Robertson, *Block by Block: The Challenges of Urban Operations*, 2014）、戴维·基尔卡伦《走出大山：城市游击战时代即将来临》（David Kilcullen, *Out of the Mountains: The Coming Age of the Urban Guerrilla*, 2013）等。这些论著有的探讨现代城市战，有的探讨城市游击战、城市平叛、城市反恐作战，有的探讨城市环境下的战术战法。

二是相关城市作战条令研究。作战条令是成文规范化的城市战术，是现代军队实施行动的重要依据，是提升未来城市战能力的重要基础。美国军队在城市作战条令领域的研究成果比较丰富。美军2022年新版《城市作战条令》（*ATP3-06/MCTP 12-10B*）发布，旨在为美陆军和海军陆战队提供城市战的作战概念和战术，向指挥军官和参谋人员解读进行城市战所需信息，指导未来城市战，主要内容包括城市环境、城市作战理论基础、城市作战对战斗功能和战术的影响、城市进攻作战、城市防御作战、城市维稳作战、大规模城市战斗等七章内容。①《高强度城市战：常规城市战中的近距离战斗和街头战斗（特种战术系列手册·12本）》是开源版的特种城市战术，重点阐释美军基本城市战术：近距离战斗、立即/延迟入门战术、户外机动战术、机枪和手榴弹运用、城市特殊地域考虑、城市防御设施、城市伤亡疏散及输运、城市战未来训练课程和资源等八大方面内容，以此应对城市冲突中各种挑战，维护城市和平稳定。②美军2022年新版《城市游击战和特种部队作战条令（FM31-21）》主要包括：武装反抗与游击战、特种作战组织、非常规联合作战任务、空中特种力量、城市战场支持、渗透作战、区域指挥及组织、作战部署、非常规战争的心理战、城市机动作战等十章内容，主要为美军提供非常规战争的战术概念、作战方式和组织编成，指导特种作战部队进行城市战。③

三是城市战议题网络媒体传播。西方社会研究城市战渠道多元广泛，既包括智库成果、高校教学研究，也

---

① United States Government, US Army, *Urban Operation, ATP3-06/MCTP 12-10B*, 2022.
② Special Tactics, *High-Intensity Military Urban Combat: Close Quarters Battle and Street Combat in Conventional Urban War*, Manuals Book 12, 2022.
③ US Army, *Guerrilla Warfare and Special Forces Operations: FM31-21*, 2022.

探析现代战争的主战场：城市战——评《21世纪城市战》

包括网络媒体热点跟踪和大力宣传。代表性的智库研究机构主要有，美国西点军校、陆军战争学院、海军战争学院、北约防务学院、英国皇家联合军种研究所以及国际著名智库等。开放性谈论当下正在进行的城市战，是提升现代城市战研究热度的重要渠道。主要有知名在线博客品牌——约翰·斯宾塞策划主持的"城市战访谈"栏目（Urban Warfare Project）。他认为，随着现代战争更加城市化，军队必须为城市战场做好准备，紧跟当今战争形势发展，发动组织相关领域专家学者以及全社会关注关心城市战这一独特战争形式，譬如 2023 年开播的"城市战访谈"栏目有（截至 2023 年 9 月①）：9 月 1 日"乌克兰人城市战训练"（Training Ukrainians in Urban Warfare）、8 月 18 日"创建一支最适合城市战的联合作战部队"（Creating a Unit Optimized for Urban Warfare）、8 月 4 日"保护城市战中的平民"（Protecting Civilians in Urban Warfare）、7 月 21 日"马里乌波尔战斗"（Defending Mariupol）、7 月 7 日"苏伊士城市战中的坦克"（Tanks in the Urban Battle of Suez City）、6 月 9 日"综合训练环境与

---

① 约翰·斯宾塞"城市战访谈"栏目，https://www.amazon.com/-/zh/dp/B0BQ25VMWW/ref = sr _ 1 _ 53? crid = RMII42J5VMUH&keywords = urban + warfare&qid = 1686914121&s = books&sprefix = urban + warfere% 2Cstripbooks-intl-ship%2C324&sr=1-53，访问日期：2023 年 9 月 9 日。

城市战未来"（Synthetic Training Environments and the Future of Urban Warfare）、5月26日"乌克兰城市战役中的炮兵"（Artillery in the Urban Battles of Ukraine）、5月12日"世界上唯一的城市战规划者课程"（Inside the World's Only Urban Warfare Planners Course）、4月28日"我们需要什么样的城市战训练？"（What Do We Actually Need for Urban Warfare Training?）、4月13日"2022年基辅之战：一场专题学术探讨"（The 2022 Battle of Kyiv: A Lecture）、3月17日"巴赫穆特之战"（The Battle of Bakhmut）、3月3日"安东尼·金漫谈《21世纪城市战》"（Book Talk: Dr. Anthony King on Urban Warfare in the Twenty-First Century）提出一个重要观点：西方军队未来无法避免城市战，2月27日"俄罗斯军事技术与城市战"（Russian Military Technology and Urban Warfare）等节目。这些节目紧贴战争热点话题和战局发展动态，访谈话题引领前沿，评论精辟，见解独到，受到全世界城市战专家学者、爱好者的推崇，具有重要学术和社会影响力。

相比较而言，安东尼·金《21世纪城市战》聚焦跟踪研究当代全球城市战，对近20年来的摩苏尔战役、萨德尔城战役、纳西里耶战斗、贝尔法斯特战斗、迪维斯公寓战等典型作战进行精辟分析，深入考察现代城市战

探析现代战争的主战场：城市战——评《21世纪城市战》

的新特征，譬如城市战的三维立体性、非对称性等。他既在学术上深耕城市战，从考古史料角度对城市战历史脉络进行翔实梳理，同时与世界城市战研究同行专家保持良好学术交流，譬如城市战学者基尔卡伦、斯宾塞以及西方军方智库的专家，还在2023年应邀参加在线"城市战访谈"热门战争栏目。从创新角度看，安东尼·金没有局限于城市战案例分析，而是把更多精力用在研究城市战的基本结构和特点规律，综合运用跨学科知识从学理上进行深刻阐发，前瞻性探讨未来战争的各种可能性，具有重要理论价值和现实启示意义。

二、《21世纪城市战》的主要内容

不同于20世纪，在21世纪，城市战是现代战争的主战场。2000年以来，伊拉克、伊朗、叙利亚、以色列、利比亚、格鲁吉亚、也门、乌克兰等国家大量人口被迫卷入战争，乌克兰危机愈演愈烈，上述国家和地区爆发的战争大都发生在城镇地区，占领控制城市是双方军事斗争的聚焦点。同样，局部地区发生的恐怖袭击、城市叛乱等军事行动，无不围绕城市争夺和城市街巷展开。以美军参与的伊拉克战争为例，争夺

21 世纪城市战

城镇等关键要地,是军事行动的重要目的。当前,世界正在快速城市化,全球城市革命以前所未有的速度发生演变。相关研究表明,1950 年,世界上 2/3 的人口分布在农村,1/3 的人口在城市,①预计到 2050 年,全球人口的分布几乎将与 100 年前完全相反,预计城市人口占比将上升到 68%。② 联合国人居署《2022 年世界城市状况报告》认为,全球城市化仍然是一个势不可当的大趋势。城市是国家生存发展的重要战略中心、工商业发达繁荣的经济中心、人们生活工作的重要聚集地。为此,一旦爆发战争,或恐怖袭击,或犯罪暴力,城市必然是交战双方必争必保之地。纵览 2000 年以来发生的现代战争,安东尼·金指出,"横跨欧亚大陆、中东地区,所有发生的战斗都已经城市化了。但是,战争的城市化进程是一个真正的全球化现象"。

事实上,城市战已经变得常态化、极为普遍,"像

---

① UN Department of Economic and Social Affairs, *World Urbanization Prospects: The 2014 Revision-Highlights*, p. 1.
② 联合国人居署于 2022 年 6 月 27—30 日在波兰卡托维兹举行的第十一届世界城市论坛期间发布了《2022 世界城市状况报告》,指出全球城市人口占比将从 2021 年的 56% 上升到 2050 年的 68%,全球城市化趋势不可阻挡。——译者注

探析现代战争的主战场：城市战——评《21 世纪城市战》

其他任何事情一样，战争正在变得更加城市化"。① 安东尼·金对此提出一个重要判断："21 世纪初，是公认的城市战兴起的年代。"城市战就在身边，现代国家无不关注城市战，研究城市战。然而，何谓城市战？如何深刻理解显而易见的城市战？城市战未来如何发展？这一系列问题牵动着人们的心思，影响着未来战争趋势。安东尼·金的《21 世纪城市战》对此做了深入探讨和前瞻思考，具有开拓性和创造性，从学术上引领全球城市战研究前沿。

（一）城市战的定义内涵

什么是城市战？这是一个难度极高的课题，人人都知道城市战，却很难下一个精确定义。何谓城市战，国内有人称为"城市中的战争""巷战""街头战斗""狙击手的屠宰场"等，国外有人称为"街区战斗""房屋战斗""地狱之战""鲜血与混凝土之战"等。这些城市战概念更多是出于简化理解、形象表述而给出的通俗化定义，并没有从学理上进行研究归纳。安东尼·金主要从社会学角度对城市战概念进行界定，他依据城市社会

---

① Stephen Graham, *Cities under Siege: The New Military Urbanism* (London: Verso, 2010), p. 16.

学创始人路易斯·沃斯（Louis Wirth）对城市特征的阐释，进而对城市战定义进行基本解读，主要包括以下三个方面。

一是城镇规模密度。安东尼·金参照国际惯例指出，城市是人口超过10万的定居点，小镇是3 000—10万人的定居点。① 他给城市战设定一个基本门槛，"人口标准起始于3 000的定居点，居住密度为每平方千米500人，居住面积6平方千米"，现实中，城市战经常发生在数十万或数百万人口的定居点，面积范围超过数百平方千米，激烈战斗更多发生在密集的街区、楼栋和房屋等建筑物内。

二是武装斗争性质。安东尼·金遵循克劳塞维茨对战争的阐释，强调战争只不过是政治通过其他方式的一种延续，是一种为了达到政治目的而进行的有组织的暴力行为。为了政治目的而进行的城市作战都是城市战。不过，他强调，低烈度、小范围的城市暴力不宜定义为城市战，譬如抗议者、犯罪者、恐怖分子、帮派们都有潜在暴力行为，破坏社会秩序、危害生命安全，然而他们的对抗行为很难纳入城市战。只有当恐怖袭击、犯罪

---

① 参见美国陆军和海军陆战队《城市作战条令（2017）》，Headquarters, Department of the Army, *ATP3-06: Urban Operations* (December 2017), pp. 1-3。

探析现代战争的主战场：城市战——评《21世纪城市战》

组织具有政治动机时，甚至升级为对国家的挑战。那么，他们的武装行动可以定性为城市战，譬如伊拉克的"伊斯兰国"组织，巴西的城市帮派组织。

三是军队作战环境。城市战是最难打的战争形式之一。在城市中作战，交战双方都必然付出高昂代价，没有绝对的胜者。一名美军海军陆战队的高级将领曾说过，"打城市战是不明智的，有经验的军事指挥官往往把城市战作为最糟糕的一种选择"。[①]安东尼·金认为，城市环境的复杂性意味着城市战的复杂性，他举例谈道，"城市环境抵消了军队先进武器的优势，同时最大化增强了自杀式袭击和简易爆炸装置的最大效能威力。显而易见，城市环境总是能为弱势一方提供最大防御优势"。城市往往代表一个国家或地区的政治、经济、商贸、交通枢纽和军事中心，不同于开阔的野外战争，城市战环境极为错综复杂，人口稠密聚集、社会交往多元丰富，建筑物高大坚固，楼群纵横蔓延，地面地上地下通道密布，房屋结构像迷宫一样迷惑等，这对任何交战都是天然性巨大障碍。安东尼·金还指出，随着大规模军队的式微，军队只能被淹没在复杂的城市环境之中，不得不

[①] 林兵、张章：《特种作战》，凤凰出版社，2011，"前言"第1页。

分散部署在个别关键据点，作战行动和清理任务面临前所未有的挑战。

概言之，安东尼·金主要从城市、武器和军队面临的诸多复杂环境界定城市战的门槛范围、政治目的和强度难度，这三大要素共同构筑起一个可辨识的"战争场景"——城市战。

（二）城市战的基本架构及其运行

安东尼·金认为，理解城市战的基本架构及其运行特点，是深刻认识城市战的核心关键。不过，对研究者来说，这是一个巨大挑战，即城市的物理结构、社会结构是如何同军队及其使用的武器装备相互作用，进而形成一种特定的城市战类型。人们很难把城市战所有因素牢记于心，很难观察到所有因素如何在战斗中互动作用。对此，安东尼·金在《21世纪城市战》中指出，要深刻理解城市，必须进行综合性研究，进行多学科跨领域融合研究，涉及人类学、历史学、地理学、政治学、社会学、城市学等所有门类，特别要对军事学、战略学、战术学、安全学等知识精深储备。他从体系研究的整体视域重点阐释了城市战的基本要素、逻辑架构和运行规律，提供一个开创性的认知范式。主要包括以下八大方面

探析现代战争的主战场:城市战——评《21世纪城市战》

内容。

关于城市战历史。城市战是现代战争,也是古老战争。了解城市战的历史就是深刻认知城市战。城市是文明的摇篮,同样也是战争的熔炉。战争实际上一直是城市生活的一个组成部分,"城市战的历史像城市本身一样古老"。从历史渊源上讲,城市战这一特殊战争形式并不新颖。古人云:"筑城以卫君,造廓以守民。"远古中国,从约公元前2070年至公元前1600年,夏朝城池就开始发挥防御功能。据考古发现,大约1万年前,人类从新石器时代就开始在城堡里居住。在西方,约公元前9000年前的耶利哥古城就被沟渠和厚城墙包围着。约公元前7500年至公元前5700年的安纳托利亚、恰塔霍裕克古城遗址也显出军事化功能,原始城堡建筑由密集的泥屋组成,人们只能通过梯子从屋顶洞口进入房间。安东尼·金讲到,作为具有侵略性、高智商、高度社会化的灵长类动物,人类从开始生活在城市那一刻起,也开始为争夺城市而相互争斗,并在城市里相互残杀。

安东尼·金指出,"城市战具有古老历史,其渊源悠长的历史世人公认"。西方古代文学史也是一部城市战争史。写作于约公元前1200年至公元前650年的《旧约》记录了众多洗劫城市的战争历史,其中包括尼尼微战役、耶利哥战役等，军队几乎摧毁城里的一切，所有男人和女人、年轻人和老人，所有牛羊牲畜都被刀剑赶尽杀绝。古希腊史诗《伊利亚特》《奥赛德》都记载了围攻城市和洗劫城市的战事。创作于公元前29年至公元前19年的《埃涅阿斯纪》本身就是一部战争诗集，其中精彩描述攻陷特洛伊城堡的场景。安东尼·金指出，青铜时代，阿卡德、苏美尔、巴比伦、亚述和埃兰等西方古老帝国不断爆发战争，尤其是攻城战。到了铁器时代，美索不达米亚的攻城战术技术达到了同时代最高水平，在进攻方面研制出复杂精密的攻城器械、投石机等装置，在防御方面修筑固若金汤的城堡和坚不可摧的工事。由此可见，城市战从古至今都是技术上最复杂、对抗上最激烈的战斗，残酷、惨烈是城市战的固有标签。从历史长河中追溯城市战，能够更加深刻感知现代城市战的继承性和创新性。

关于城市游击战。城市游击战是城市战的一种重要类型。安东尼·金通过考察20世纪中后期和21世纪城市游击战案例，对现代城市游击战进行深入研究，他认为，平息城市叛乱是现代军队未来最具挑战性的行动。城市游击战的专家，基尔卡伦在《走出大山：城市游击战时代即将来临》指出，武装反抗分子已经走出大山，

探析现代战争的主战场：城市战——评《21世纪城市战》

农村武装反抗已经被城市武装反抗取代，导致这一现象的原因主要源于四个关联性社会因素——人口增长、城市化、自由化和联通性，他指出，"世界上的城市即将被人口浪潮淹没，这将迫使城市在短短一代人的时间内吸收1960年以来整个地球上人口增长的数量"，① 在21世纪的城市大爆炸中，城市叛乱分子毫无疑问是现代社会的主要威胁。美国陆军也表示，他们对超大城市的作战前景深感忧虑，担心军队被拖入城市进行平息叛乱的作战。2017年，北约的作战条令也分析到，现代军队面临的最大威胁是隐藏在平民之中的敌人，他们有机动能力、通信能力和能够打游击战的火力，却没有明确的军事组织形式。对此，安东尼·金指出，"城市游击战的威胁绝对成为当今世界安全的主题，这是确凿无疑的既定事实"。

安东尼·金认为，城市游击战的出现并不新鲜。21世纪以来，武装反抗分子已经走出大山，走进城市，"城市已经成为暴乱活动的主要——甚至是首要——舞台。叛乱分子通常把他们的行动飞地安置在城市，他们主宰管控周围街区，甚至把街区变成禁区"，这对城市

---

① David Kilcullen, *Out of the Mountains: The Coming of Age of the Urban Guerrilla* (London: Hurstand Company, 2013), p. 29.

战提出极大挑战。事实上，20世纪中后期，在殖民地解放战争，如英国在马来亚、肯尼亚、塞浦路斯、也门等国家镇压武装斗争的行动都涉及城市战。1946年5月，巴勒斯坦"伊尔根"组织发动对雅法城市的袭击，并最终促使英国从巴勒斯坦撤军；1954年4月，肯尼亚"茅茅党"运动渗透到首都内罗毕；1954—1958年，"塞浦路斯全国战士组织"武装起义在尼科西亚开展了卓有成效的城市斗争；1964—1966年，"南也门民族解放阵线"也曾经控制亚丁城市，人口最密集的克雷特地区一度成为"禁区"；等等。法国殖民地阿尔及利亚独立战争的关键之战也发生在阿尔及尔。1968年，美国军队同北越军队打响顺化城市战役。对上述武装反抗斗争，安东尼·金总结道，由于实力悬殊等原因，处于劣势的武装反抗组织很难占领和控制大城市，其结果大都被赶出城市。尽管城市游击战在殖民地武装起义中并不占据主导地位，但是对当局政权产生了重要威胁和压力。一般来讲，农村游击战在20世纪的民族解放战争中占据主导地位，这主要源于在城市搞武装起义很难成功。但是，也有不同观点，巴西的马里盖拉、乌拉圭的吉兰对城市游击战给予高度重视，马里盖拉在《城市游击战小指南》提到，在重要城市开展游击斗争，能够给当局政府造成

探析现代战争的主战场：城市战——评《21世纪城市战》

压力从而扩大革命斗争的影响力，强调城市游击队必须是"优秀的战术家""优秀的射击手"并具备"高尚的道德品德"，吉兰在《城市游击战战略》强调，城市起义具有巨大政治优势，能够广泛动员群众自发参与革命斗争，城市游击队要关心的不是占据多少城市地盘，而是产生多大影响力。反观21世纪城市武装斗争案例，安东尼·金指出，现代城市游击队再也不需要山区了，他们在城市里诞生也在城市里斗争，现代城市规模和社会环境为城市游击战提供了外部条件。

兵力比例是城市游击战的重要因素，对作战双方具有重要指导意义。兵力比例既包括敌对双方力量的比例，也包括军队同驻地人口的比例。有的专家认为，镇压与反镇压武装力量的比例没有精确数字，有的专家认为，1次叛乱大约需要20倍的平叛力量进行镇压，有的专家认为，1名士兵需要保护50名平民，这是取得胜利的最低要求。安东尼·金通过对比发现，在20世纪，城市游击队在武装反抗中扮演重要角色，然而，终究力量较弱，很难抵御政府庞大军队的镇压；而在21世纪，敌对双方的兵力比例发生了重大转折。20世纪，英军在贝尔法斯特"机动战士行动"中部署6 000人的兵力同当局安全部队共同控制10万人的天主教教区。然而，在21世纪，

033

21世纪城市战

英军在伊拉克战争期间巴士拉城市战中，却仅有1个营的兵力进行作战，不得不联合伊拉克军队和当局警察部队包围130万人的大城市。在萨德尔城战役期间，1名美军要应对400名什叶派民众，美军想要把武装反抗力量完全赶出城市变得越来越困难。现代城市在21世纪快速扩张，这一全球趋势必然导致军队部署密度的降低，武装反抗组织之所以能够守住城市阵地，主要原因在于政府和国家没有足够的军队清除他们。譬如，叙利亚内战期间，阿萨德政权的15万人部队为了镇压反抗武装，不得不分散部署在阿勒颇、大马士革、霍姆斯、拉卡、伊德利卜、拉塔基亚、哈马和德拉等8个主要城市以及其他小城镇，因而很难取得兵力优势和胜利优势，无法将对手赶出叛乱城市。安东尼·金对叙利亚的城市战评论道，"叙利亚政府不断遭到武装反抗组织的长期围攻，这也是叙利亚内战中的城市战可怕之处"。

概言之，同20世纪的国家军队相比，现代军队的规模数量变得小了，现代军队无法为50名平民部署1名士兵提供安全保护。而武装反抗组织却利用城市环境长期匿藏在平民当中，在一定程度上其力量压倒了政府的武装力量，譬如巴西贫民窟地区，帮派组织长期生活在当地民众之中。21世纪，有的国家武装力量不能完全主宰

探析现代战争的主战场:城市战——评《21世纪城市战》

城市所有地区,也无法巡逻城市所有街道和小巷,在国家机构缺位的地方,城市叛乱组织就会激增涌现,为此,"作为21世纪城市冲突的鲜明特征,城市内部的长期对峙日益明显,叛乱分子和国家武装力量一直围绕争夺城市主导权进行无休止斗争"。

关于战斗防御。城市防御是城市战的重要一环,特别是城墙为现代军队提供重要作战视角。安东尼·金认为,从最早文明开始,城市战就涉及建造、翻越、攻破和摧毁城墙防御,"防御工事在最近的城市战中发挥越来越重要的作用"。安东尼·金指出,"现实中,人们疯狂追求更先进精密的武器装备,而容易忽视混凝土墙的价值,但是,实用而平凡的混凝土墙却是现代城市战的关键组成部分"。如何防御城市既是城市规划的必要考虑,又是军队作战的关键部署,安东尼·金强调,"混凝土防御在战争中是一种非凡的生存方式"。他分析道,在伊拉克的城市战中,美军的武器装备在杀伤力、精确性和射程方面具有卓越性能,而且在行动上得到高分辨监视系统和数字通信装备的帮助,他们是世界上有史以来技术能力最强的部队,但是,在城市武装斗争中,传统的混凝土仍然是美军最推崇的防御装备。参加萨德尔城战役的城市战专家斯宾塞评论道,许多派往伊拉克的士兵在执行城市战任务期间都变成了混凝土防御专家。混凝土防御能够提供安全、保护民众和建立稳定军事防线以及消除战斗威胁，这比任何武器和技术更重要。① 作为城市防御的重中之重，以城墙为代表的防御工事在现代战争中发生重大演变，其防御位置、防御方式和防御功能呈现出新特征。

安东尼·金认为，混凝土墙防御工事既不像16世纪那样建在城市周围，也不再像19世纪和20世纪那样在城市外部修建，相反，它们已经迁移到城市内部，用于构筑城市军事据点、堡垒和防线，其主要作用是弥补部队的不足，用混凝土代替人员防守。在防御功能方面，低强度城市战中，混凝土墙主要用于分割区域：有时当局政府军队放弃城市部分地区的控制权，在城市内部构筑隔离墙以确保对城市其他地区的控制权。高强度城市战中，混凝土墙主要用于积极包围和孤立对方，破坏对手作战地形。城墙防御从城市周围、外部再到内部的不断变迁过程，意味着现代城市战场的重构，"现代城市战场正在发生深刻变革"。现代城墙能够将城市一分为

---

① John Spencer, "The Most Effective Mechanism on the Modern Battlefield Is Concrete," Modern Warfare Institute, 14 November 2016, https://mwi.usma.edu/effective-weapon-modern-battlefield-concrete/.

探析现代战争的主战场：城市战——评《21世纪城市战》

二，或包围特定地区与构成防御阵地。现代战争中，广泛分散构筑的混凝土墙彻底改变了城市战地形，使武装斗争成为城市局部、发生在城市内部的围攻战，城市战不得不在城市内部的防御位置周围聚集爆发。为此，安东尼·金指出："如同意大利堡垒对早期现代欧洲城市具有重要意义一样，混凝土墙对21世纪城市战同样具有重要意义！"

城墙工事在现代城市战中依旧扮演重要角色。事实上，城市最初常被定义为围墙环绕的定居点。安东尼·金从历史渊源来考察城墙的军事功能。自古以来，城市就一直是围墙的代名词，在汉语中，"城"既表示"城市"，也代表"城墙"。古代政权的标志性行为就是修建城市围墙，城市就其本义就是具有防御功能的居住区。因此，城墙和城市战彼此相连，城墙已经成为城市战的一个必要的甚至是本质特征。安东尼·金认为，城墙显然防御优势突出，但是实际上具有五大方面的军事功能：保护、射击、观察、转移和隔离。城墙的五大功能独立不同却又不可分割，同时随着城市的发展，城墙的军事功能也在不断变革。防御保护是城墙的核心功能，2000年以来，费卢杰、萨德尔城、阿勒颇、马拉维等城市战中，混凝土墙和简易壁垒随处可见。虽然，现代空中力量的发展取代了城墙的观察和射击功能，机械化装备也取代了城墙的转移功能，但是，现代城市的物理环境和社会环境丰富拓展了城市的隔离功能。既类似18、19世纪堡垒式城市防御，譬如沃邦城堡、意大利堡垒、伊西堡垒等坚固城墙防御，也类似20世纪庞大广泛的城市防御工事，如希特勒构筑的大西洋壁垒。在21世纪，"城墙一如既往，仍然是城市战的核心特征"。城墙式防御在现代城市战中呈现出多种样态，譬如围墙、内墙壁垒、屏障、路障、钢铁环、护城河、吊桥、混凝土检查站、军事据点、实时监控网络等。伊拉克战争期间，美军在伊拉克主要城市都使用混凝土建造检查站等墙体工事，特别是在萨德尔城沿着圣城街修建一堵高大隔离墙，主要体现有两大军事功能：一是将马赫迪的火箭弹和火炮的射程隔离在绿色和平管制区之外，二是将马赫迪在当地的主要政治支持基地进行隔离。现代城市建筑师、城市规划师纽曼在《可防卫空间》（Defensible Space）对城市冲突防御还作出经典论述，他认为城市规划可以有效限制社会失序和暴力发生，通过重置物理空间和社会空间达到对威胁的预防。1961年的德国"柏林墙"很不寻常，折射出的是当时美苏超级大国的政治对峙。1974年的北爱尔兰贝尔法斯特的"和平墙"是对城市冲突区域

探析现代战争的主战场：城市战——评《21世纪城市战》

的物理隔绝。2016年奥运会期间，里约热内卢城中一系列"城市防御墙"是对犯罪行动或恐怖袭击的防范，同时也将贫民窟区域与奥运场馆、运动员村或观众逗留的主要场所隔离开，是社会地位不平等的体现。摩苏尔战役期间，美军部队为了有效制约"伊斯兰国"武装分子自杀式车辆的袭击，动员大量坦克、装甲车在路口设置障碍，使用混凝土墙体或收集被炸毁的瓦砾碎石堵住街道。马拉维战役中，菲律宾军队用坚硬、牢固的混凝土墙覆盖阵地的正面和侧面，用沙袋加固阵地对付武装反抗袭击。对此，安东尼·金指出，"建造城市内墙主要是为了保护关键位置，并排除犯罪、叛乱和恐怖威胁"。

关于空中力量。空中力量的运用是开展城市战的重要手段。现代城市战具有丰富的立体空间，城市领空至关重要。纵观历史，军队总是在二维空间中作战，20世纪战争中，军队主要根据城市的平面地形而非立体空间进行作战部署，即便对城市进行轰炸袭击，除了摧毁性巨大，但是精确作战不甚理想。安东尼·金指出，从二维空间审视城市战越来越不适应世界新军事变革的现实，2000年以来，城市冲突中敌对双方对天空的争夺越来越激烈，战场变得更加立体多维，"城市战已经摒弃单纯的地面领域，城市领空成为城市局部围攻战的固有组成部分"。

现代城市战注重立体多维空间。三维立体空间,是现代城市战的重要特征。正如世界不只以平面方式存在运行,对城市安全的研究不能平面化,安全空间是立体的,安全范围也必须既能向上延伸也能向下延伸,"城市战地形学与传统地面战斗截然不同,现代城市高耸建筑物的增多和空中力量的日益突出,进一步强化凸显城市战的立体维度"。安东尼·金认为,从学术研究上,最早注意到城市战二维空间缺陷性问题的不是地理学家,而是军事专家。美军一位名为拉尔夫·彼得斯的军官在1996年发表的论文《我们的士兵,他们的城市》中,开创性探索多维空间城市战问题,他指出,"在完全城市化的地形上,战争就变得相当垂直化,向上延伸到钢筋水泥的高楼大厦,向下延伸到下水道、地铁线路、公路隧道、通信隧道等"。[1]他还警告说,美国军队将来不得不在外国城市进行作战,要积极应对立体多维的城市战场。魏茨曼在《垂直空间政治学导论》(Introduction to the Politics of Verticality)中强调,地缘政治是一种平面空间的术语,但是不能忽视地理空间的垂直维度,要把城市

---

[1] Ralph Peters, "Our Soldiers, Their Cities," *Parameters* 26, no. 1 (1996), pp. 43-50.

探析现代战争的主战场：城市战——评《21世纪城市战》

战的研究定位到垂直空间。英国学者斯蒂芬·格雷厄姆在《被围困的城市》（*Cities under Siege*）和《垂直：从卫星到地堡的城市》（*Vertical: The City from Satellite to Bunkers*）中指出，三维世界理念要纳入城市生活、城市建设和城市规划，驱动军事思维和军事实践革新的关键术语是立体"战场空间"，军队要占领城市上空。对此，安东尼·金总结道，同常规战争相比，"现代城市战具有明显垂直特征：城市楼宇既高耸向上又延伸地下"，城市战除了夺取城市地面的主动权，还要夺取城市空域主动权。概言之，如同城墙是城市战的一部分，空域也是城市战的一部分，城市城墙和城市空域具有不可分割性，21世纪城市战既发生在城市地面，也发生在城市空域。

城市空中力量的革命性变化。21世纪战争是立体化战争，空中力量是开展现代城市战的重要支援力量、打击力量。通过对比20世纪空中力量，安东尼·金对21世纪的城市空域、空中力量的演变做出深刻分析。从古代起，垂直维度和空中力量就一直是城市战的主要特征。事实上，在古代攻城战中，城堡防御工事都利用自身高度达到对重力的运用，比如，堞口、城垛、射孔、吊闸等工事都要依靠高度发挥战力。在中国，明末的一份军事史料就记载使用鸟禽攻击城市的战例。真正的空中作战是近代才有的崭新战争景象。得益于军用飞机等军事技术的发展，人们才能在城市空域系统性运用空中力量。18世纪后期，气球才开始运用于军事目的，主要作为空中观察辅助地面作战。到了20世纪，飞机空中轰炸才真正成为军事实践，有历史记录的第一次飞机轰炸行动，发生在1911年11月1日，意大利军队驾驶飞机首次投弹轰炸驻扎在利比亚的安尹扎赫拉的土耳其军队。第一次世界大战期间，军队开始探索城市空袭作战的潜力，把空中轰炸作为重要进攻方式，1914年12月1日，沙皇俄国飞机首次向奥匈帝国的要塞城市普热梅希尔投掷了275枚炸弹，轰炸城市周边的军事设施，但是作战效果甚微。第二次世界大战期间，空袭城市很普遍，比如斯大林格勒战役、马尼拉战役和柏林战役，飞机轰炸对城市造成严重的破坏性和摧毁性。在空战理论方面，1921年杜黑出版《制空权》（Command of the Air），他认为，军队要重视和发展空军，空中力量具有潜在的无限破坏力。美国现代空军之父比利·米切尔（Billy Michell）和英国皇家空军之父休·特伦查德（Hugh Trenchard）两人当初筹建战略轰炸机部队，其目的就是通过战略轰炸组织战争，或在战争开始后对城市以及平民造成无法承受的破坏，从而迅速结束战争。研究发现，第二次世界大

探析现代战争的主战场：城市战——评《21世纪城市战》

战期间的城市轰炸，虽然造成了毁灭性打击，但是轰炸具体目标并不精确。

到了21世纪，随着城市战变得更加立体化，空中力量日益丰富多元，军事技术越来越高端精尖。安东尼·金认为，第二次世界大战期间的城市战，空军总是被理解为一种消耗性作战力量，飞机轰炸总是不精确，极大影响空袭效果。空中力量革命性变革发生在20世纪60年代末，美国空军首次在越南战场使用精确制导武器，精准的打击效果产生重大影响，同时也由此开始革新空军作战理论。安东尼·金明确强调，精确打击改变了城市上方的作战空域，促进城市战模式创新。2004年11月7日至12月8日的第二次费卢杰战役，标志着新型城市战模式的诞生——作战行动主要依靠持续空中监视、精确空中打击和快速空运支持。后来"费卢杰模式"成为一个常见的军事概念，主要指为了支持地面行动而在城市上方组织空域的复杂方法。"费卢杰模式"城市战在实践中得到丰富发展，安东尼·金精辟论述这一空战模式在2008年萨德尔城战役和2016—2017年摩苏尔战役中的精妙运用。比如萨德尔城战役期间，美军对该城市空域进行精心谋划，在空中力量方面，美海军陆战队第1师动员使用不同类型不同性能飞机，在高空部署有

U2 高空侦察机、EP3/EPX 电子侦察机、联合监视目标攻击雷达系统、"全球鹰"无人机等先进装备,实现了对萨德尔城 24 小时不间断的联合监视;在中空部署有"绿色飞镖"无人机、"捕食者"无人机、"蝎子"特种轻型攻击机、近距离空中支持飞机、空中监视飞行器等高端武器,实现了对城市目标进行实时精确打击;在低空部署有武装直升机、"影子"无人机、"大乌鸦"微型无人机等,重点用于定向目标精确打击。在空域管制方面,充分运用美军在第二次费卢杰战役期间创建的空管调度系统,又称为"高密度空域管制"(High-Density Air Control, HDAC),把城市上方空域进行合理切割划分,形成一个高高的圆柱体空域,内设一系列空中平层、线路和象限区,比如武装直升机高度主要在 9 000 英尺,常规作战飞机高度主要在 13 000—15 000 英尺,高空侦察等飞机主要在 18 000—20 000 英尺,等等。对此,安东尼·金认为,空中力量和空域管制形成一个独特的城市空中建筑,"由于众多空中力量同时存在,城市上方空域形成一个复杂而无形的空中建筑群,主要包括飞行区域、飞行高度圈层、飞行象限区和空中走廊"。他认为,重构城市上方空中建筑,精心部署不同类型空中力量,根本目的是让城市作战部队能够得到高效的空中支援,

探析现代战争的主战场：城市战——评《21世纪城市战》

譬如精确打击、动态监视、战场情报、敌人动向等。

关于战斗火力。火力一直是城市战的核心要素，2000年以来发生过战役的重要城市都遭到火力的严重摧毁，从某种意义上讲，城市本身就是火力打击目标。安东尼·金认为，用火开战是军事理论和军事实践的重要内容。史料记载，火的使用在城市战中无处不在，古代围城战通常以洗劫和焚烧城市为战斗高潮，许多著名城堡的焚烧遗址便是有力证明。21世纪，城市战中纯粹的暴力性、破坏性火力依然存在，但是火力的使用方式发生了重大变革，"曾经，火炮轰炸摧毁军队前进道路上的一切，现在，取而代之的是精确打击、摧毁前进道路上的一切"，安东尼·金强调，火力是"现代城市战的显著特征"，精确打击已经取代大面积轰炸，摧毁特定目标特定位置是主要作战方式，"远距离精确打击和近距离交战，已经在城市内防御阵地前线的城墙周围打响，这是一种常态化状态"。

精确打击需要精确地图。没有人质疑详细地图在城市战中的重要性，糟糕的地图指引严重影响城市作战。安东尼·金指出，火力打击要依靠地图指引，"没有精确地图，远程火炮就不可能精确打击，特别是对城市地区进行精确打击"。传统的二维城市地图存在严重缺陷性，无法满足对联合精确火力打击的需求，现代城市战对地图制作提出了极高要求，比如，开展城市清理行动，需要对城市的每一栋建筑物进行编号、标示等。2000年以来，美军在历次城市战中积累了丰富的城市地图使用经验，他们既注重灵活使用传统城市地图，从战场上获取相关地图，比如当地旅行出版物、城市宣传册等，又注重研制现代三维地图，运用先进军事技术对城市进行三维建模和实时成像，比如用全息图像升级城市地图，全面提高军事打击的精确度。同时，安东尼·金从火力的训诫角度提出，要科学辩证认知精确打击，有时精确打击这一概念让人们误以为城市战不再残酷，火力打击如同外科手术一样精准了。事实上，城市战仍然需要粗放火力，需要大规模密集火力打击。

空袭和火炮是现代城市战的主要形式。安东尼·金指出，空袭和火炮是现代城市战的重要火力，一般是空袭和火炮密切配合且同时使用。现代城市战强调精确空袭能力，既要摧毁静态特定目标，还能打击移动变化目标，更要精准打击城市要害关键，"城市空袭已经高度局部化，主要集中打击事关城市战成败的决定性地点"。在20世纪，空军主要担负对城市的战略轰炸，很少执行对城市的近距离空中支援，更难以达到精确摧毁。21世

探析现代战争的主战场：城市战——评《21世纪城市战》

纪以来，美国空军注重发展城市精确纵深打击能力和支援能力，把战场划分为纵深、近距离和后方三大区域，大力拓展无人机的使用范围和频率，不断提升城市空战能力。叙利亚内战期间，俄军战斗机能够为叙利亚政府军"沙漠鹰"旅和"老虎"精锐部队提供近距离空中精确打击。关于火炮，安东尼·金指出，作为最早攻城武器，火炮仍然是现代城市战中必不可少的重要武器，精确火炮打击是主要发展趋势，主要用于两项作战任务：一是打击纵深目标，二是直接向近距离目标开火。美军制导多管发射火箭炮系统在拉马迪作战中表现突出，一名美军海军陆战队员回忆道，"一枚火箭弹击中目标就会带走一栋建筑物里所有生命，把墙壁涂成红色。在一栋楼前，仅需2人操作发射的火箭炮就能把整座楼摧毁，之后就没有必要再搜查了"。[1] 火力一般分为间接火力和直接火力，远程精确间接火力能够帮助部队首先摧毁城市防御工事，近距离直接火力能够提供猛烈杀伤力，机枪、自动步枪、手榴弹、手枪等轻型武器长期以来一直是城市街头战斗、房屋战斗的组成部分。

关于战斗蜂群。蜂群战术是城市战的重要作战方式，

---

[1] Scott Huesing, *Echo in Ramadi* (Washington, DC: Regnery, 2018), p. 90.

21世纪城市战

不同于20世纪战争，军队以大规模集结方式在野外进行正面战场线性作战，21世纪战争，现代军队已经渗透到城市各个角落，开展复杂的非线性作战，现代城市战变得更加量子化、离散化和多变化。安东尼·金认为，现代城市正在向流动的全球化时代转型，城市战的后现代特征日益凸显，以让·鲍德里亚、吉尔·德勒兹、菲利克斯·瓜塔里、乔治·巴塔耶、盖伊·德波、鲍曼等为代表的西方哲学家对城市战产生深刻影响，魏茨曼、纳维、本－阿里等现代城市战研究专家指出，要强化战争的认知性、虚拟性维度，尝试用后现代思维创新城市战术，譬如"超真实作战理念""分形战术""作战目的不是消灭敌人，而是打乱敌人认知""城市的复杂性、多维性否定了传统的单维度作战方式""在城市战场，一种非连续、转瞬即逝的'战斗泡泡'已经取代静态化、固定化的阵地和战线""大城市变得后现代化一样，城市战也变得后现代化"等。对此，安东尼·金指出，以魏茨曼为代表的专家提出的城市战构想具有宝贵参考价值，他分析认为，"斯大林格勒那样的残酷性消耗战，已经被迅速、果断、精准的空袭战所取代。灵活、流动的战术似乎更适合全球化大城市的复杂环境"，安东尼·金研究认为，现代城市战是一种真正的蜂群战术，

探析现代战争的主战场：城市战——评《21世纪城市战》

自主化的作战小单元在城市环境中实施快速、分散、灵活、协同的军事行动，主要作战方式有鼠道战术、近距离战斗（比如"五步入门法"）、城市围攻战等战术。

在楼栋穿行的鼠道战术。鼠道战术因城市建筑应运而生，它打破了正面线性作战模式，注重以隐蔽、迂回、闪现、垂直、突袭等机动方式作战。安东尼·金指出，从历史上讲，"穿墙而过"的鼠道战术绝不是21世纪城市战的独创战术，它是一种古老军事战术，早在公元前431年，伯罗奔尼撒战争期间，底比斯士兵就在普拉提亚城墙周围的房屋上挖出通道进行突然袭击。在20世纪第二次世界大战期间，以色列游击队对抗阿拉伯军队袭击雅法城市、加拿大军队对抗德军清理奥尔纳城市等行动中，都广泛采用鼠道战术，比如以色列军队用镐和大锤挖出两条锯齿状平行且贯通一个个房屋的"地面隧道"，进而逼近并击退敌军，加拿大军队在逐屋推进时创建一种改进的鼠道战术——在墙壁上放置爆破装置快速打穿墙体。2002年，以色列伞兵在纳布卢斯战役中没有对城市发起常规线性作战，而是一个街区接着一个街区逐步清理，以色列伞兵通过炸出贯通楼栋内墙的"鼠道"，进而穿行在建筑物和房屋里进行作战。

城市战的主要方式——近距离战斗。不同于传统野战、丛林战等开阔地带作战，近距离战斗，主要运用于城市中的楼栋、街巷、房屋、民居、通道等特定环境，对战斗人员的武器装备、战斗技巧、战斗模式提出极高要求。安东尼·金认为，近距离战斗标志着城市战术的真正进步。20世纪战争，传统步兵在城市战中主要把手榴弹扔进房间，然后用自动火力扫射，进而清理房间。21世纪战争，步兵的城市战术开始发生重大变革，对近距离战斗越来越重视。2004年费卢杰战役是美军运用近距离战术的重要转折点，美军创造性运用先进军事技术在城市近距离作战中取得非对称优势，采取无人机、无人侦察车、夜视仪、共享电子地图坐标网络系统取得了战场态势实时感知优势，空中力量和精确打击取得了定点清除优势，机械化装备取得了防护优势，在街巷战斗、房屋战斗中美军狙击手发挥了重大作用。21世纪以来，以美国、俄罗斯、英国等为代表的军队都在创新发展近距离战斗方法模式，特种作战部队、反恐部队、空降部队是作战主力。安东尼·金指出，精确打击、"五步入门法"、战斗"堆栈"、房间清理是近距离战斗的重要内容。其中，"五步入门法"是最常见的近距离战术，它包含一系列成熟的作战策略，作战小分队对每一种类型房间和建筑物都有针对性应对方案和战术方法。概言之，

探析现代战争的主战场：城市战——评《21世纪城市战》

近距离战斗是一种机动穿越城市地形的战术，整套作战设计极具特色，在战术行动上高度可控、严密谨慎，是一种追求更快速、更精确、更灵活的战术技能，标志着城市战术的重要创新。

局部化的城市围攻战。相比20世纪重要城市战，21世纪城市战的时间不是缩短而是延长了：斯大林格勒战役不超过5个月，伊朗霍拉姆沙赫尔战役2个月，菲律宾马尼拉战役1个月，越南顺化战役1个月，等等；而21世纪的阿勒颇战役持续4年之久，摩苏尔战役持续9个月，马拉维战役5个月，顿涅茨克机场战役6个月，等等。安东尼·金认为，城市战在时间上拉长具有深刻警示意义，21世纪城市战不是速决战，而是一场艰苦的围攻战、阵地战。面对装备精良、意志坚定的敌人以及复杂的城市环境，蜂群机动战术行不通。针对顽敌，在不遭受重大伤亡的情况下前进的唯一方法，就是围攻掠地，逐楼攻克，逐步占领，从一定程度上讲，在城市环境机动作战已经过时，围攻战又回来了，"现代城市战的核心问题既不是如何移动，也不是如何蜂拥行动，而是如何攻破、清除和守住具有良好防御工事的建筑物和街区"。城市战中坦克、重型装甲车的大量使用充分证明了阵地战、围攻战的趋势。在20世纪，坦克是野外战

21世纪城市战

场的大杀器,在21世纪城市战,坦克依旧占据核心地位,不过坦克的作用被颠倒了,不再作为主要进攻武器,而是作为防御武器。坦克也不再作为装甲骑兵的角色进行冲锋,而是成为现代的工程引擎,专注于进行缓慢、近距离的突破和破坏工事,压制敌对战斗人员,支援己方步兵占领据点。在21世纪,城市战已经放缓速度并集中在特定地点开展行动,主要以集中火力对具有良好防御工事的阵地进行激烈争夺,概言之,"现代城市战已经浓缩成一场局部阵地战",即逐渐攻占一道又一道防线、一座又一座建筑物或据点,战斗双方聚集在城市内部非常狭窄的地方进行轮流争夺,"21世纪城市内激烈、局部的微型围攻战场已经取代20世纪宽广的野外露天前线战场,其中飞机、火炮、坦克、步兵和推土机等武装力量都聚集在狭小地域协同作战"。

关于战斗伙伴。战斗伙伴,主要是指配合军队作战的地方武装团队和个人。在21世纪城市战中,建立战斗伙伴关系是一种普遍、必要、甚至首先的做法。安东尼·金认为,战斗伙伴是城市战中的重要角色,20世纪战争中的城市战场,激烈对抗的大规模军队很少或根本不需要地方武装力量。然而,到了21世纪,在城市战中,西方军队同当地相关力量或代理人结成战斗伙伴是

探析现代战争的主战场：城市战——评《21世纪城市战》

常态化的军事行为。纵观历史，古代围攻城市的军队一直在寻找并利用伙伴进行作战，叛徒或平民经常被利用来推翻城市政权。在古希腊，军队进攻城堡罕见取胜，但是叛徒叛国时常发生。但是，对于民族团结的国家，军队很难通过盟友、代理人、叛徒等战斗伙伴撬动并占领一个城市。安东尼·金还指出，21世纪全球化大城市主要由多元化、异质性的群体组成，他们同外部世界各地城市具有密切社会联系，现代军队越来越依赖非正式、准军事、民间的战斗伙伴支援作战，"代理人、特工、盟友、合作伙伴以及叛徒，在城市战中一直发挥着重要作用，但现代城市战场的特殊地形又赋予他们新的价值"。

越发重要的城市战斗伙伴。安东尼·金指出，在20世纪城市战中，军队已经开始依靠地方伙伴实现其军事目标。1982年围攻贝鲁特战役，虽然以色列国防军取得了胜利，但是也暴露出臭名昭著的屠杀事件。以色列国防军没有城市战经验，他们主要依靠当地的长枪党组织配合地面进攻，不过长枪党组织对巴勒斯坦难民营进行了恶意报复，屠杀了700多名平民，此事严重损害以色列国防军的声誉。1999—2000年第二次格罗兹尼战役中，俄军也改进城市战方式，重点考虑同当地武装力量的合作的可能性，甚至必要性。2000年以来，美军在城市战中非常重视同当地伙伴的合作关系，其中，2006—2017年拉马迪战役，是美军使用代理人的经典案例。拉马迪是一个大城市，面对"基地"组织的袭击，美军驻此地的兵力仅为一个旅的部队，根本没有足够力量单独守住这座城市。为此，美军指挥官麦克法兰设法招募当地人员维护治安，构想引入一支可靠的警察部队辅助镇压叛乱武装。美军还同当地逊尼派民众进行接触，动员逊尼派青年加入伊拉克安全部队，帮助维护社会治安。不过在摩苏尔战役中，美军并不是同地方民间力量合作，而是同伊拉克军队进行军事合作，同时增加了军事行动的政治合法性，伊拉克军队几乎承担所有地面部队，美军主要负责提供火力支援、空中支援、情报支援、指挥调度等事宜，这在很大程度上降低了美军在城市战中的伤亡。安东尼·金认为，拉马迪和摩苏尔战役是美军同当地力量深度合作的案例，充分说明美军在城市战中对战斗伙伴和代理部队的需求越来越大。从根本上讲，这源于美军自身规模数量的有限性不足以清除和控制整座城市，不得不与当地部队、民兵和某些力量共同分担作战任务和维护治安任务。不过，尽管美军向当地表明寻求合作的对象和范围，但是在军事合作中也往往充满政

探析现代战争的主战场：城市战——评《21世纪城市战》

治困难和人道主义谴责。另外，寻求战斗伙伴，发展战争代理人不是美军独有的战略，俄罗斯军队、伊朗军队等在开展军事行动过程中都积极寻求当地力量的协助，并进行艰难的合作谈判和协议商榷。

关于战争叙事。赢得战争叙事是现代城市战的重要手段，是一种强大的软实力。信息，尤其是情报，一直是战争的核心要素。安东尼·金指出，"指挥官必须了解战场地形、作战位置和敌人意图，情报信息在城市战中发挥了特别重要的作用"。不同于火力武器、装甲车辆、防御工事和军队等物理战斗力量，制造、占有、传播和利用信息等非物理力量在城市战中也占据重要位置。军队利用信息影响、打击或鼓舞平民并不是什么新鲜事。现代城市战，战争叙事和信息传播在全球化时代发生了重大变革，"信息域已经是城市战场中的一个突出元素"。夺取信息权，即战争叙事的话语权，是一种战争能力。有的军事专家甚至认为，现代战争中的军事行动不再是夺取有形目标，而是更多赢得战争叙事，军队行动必须重视自身形象、言论的正义性、合法性，建立良好的战争声誉，维护同平民之间来之不易的信任和支持。安东尼·金指出，"军队不是靠杀戮赢得胜利，而是靠赢得对手信息主导权取得胜利"，他还把战争叙事能力视为一种信息战能力。

城市中的认知战。现代战争中，任何人低估新闻、信息或谣言的重要性都是不明智的，数字化全球社交媒体的涌现进一步强化了信息域中认知战的重要性，以微信/WeChat、抖音/TikTok、脸书（Facebook）、推特（Twitter）、沃茨阿普（WhatsApp）、油管（YouTube）、照片墙（Instagram）、阅后即焚（Snapchat）等为代表的社交平台已经深刻改变信息传播格局，信息传播能够瞬间从一个普通民众流向另一个普通民众，具有重大塑造力。安东尼·金强调，"社交媒体的影响力达到了前所未有的高度，已经成为潜在的，有时实际上是全球性的影响力"。2000年以来，西方军队对虚拟领域的认知战特别感兴趣，甚至提出，在城市环境中人们的意志往往是作战重心。安东尼·金认为，认知战的目的不是向敌人阵地进军，而是在信息空间中作战，传播不仅对敌方作战人员，而且对第三方都是不可抗拒的战争叙事。城市战应该理解为不仅由敌军组成，还内在包括观众、参与者、竞争者和反对者等人员。有的军事专家认为，以信息博弈为核心的认知战是一场革命性转型，战争本身已经被社交媒体改变了。帕特里卡拉科斯的《140个字符的战争：社交媒体如何重塑21世纪的冲突》（*War in 140 Characters:*

探析现代战争的主战场：城市战——评《21世纪城市战》

How Social Media Is Reshaping Conflict in the Twenty-First Century）重点阐释了信息传播及其影响这一新兴战争领域的发展趋势，他还提出一个崭新概念"数字人类"，认为现代社会是一个被数字社交媒体改造的全球化社会，"数字人类"卷入了新型军事冲突境遇：一种是现实世界中的直观战争，一种是虚拟社交世界中的战争。辛格和布鲁金的《如同战争：社交媒体的武器化》(*Like War: The Weaponization of the Social Media*) 基本认同帕特里卡拉科斯的观点：社交媒体改变了战争。现代城市战中，身体上的折磨已经演变成叙事上的观念斗争。安东尼·金评论道，"战争已经变得超现实，最重要的战场不再是野外场地，而是电子屏幕。战争是在互联网的超现实空间中展开的，不再受国家、武装部队和新闻机构的舆论控制"，社交媒体已经不可逆转地改变了战争的方式。2016年，土耳其政变事件中，安卡拉市长在推特上向市民发送了一条信息："转发：所有人都上街。"结果，安卡拉市长迅速成功动员大规模民众参与行动，帮助平息了敌对势力政变。"伊斯兰国"组织头目也精于利用信息传播发动行动，他在2014年世界杯期间通过"黎明的喜讯"平台发动网络宣传，充当了"超级传播者"角色，网络病毒式营销是"伊斯兰国"组织最强大的武器

之一。摩苏尔战役期间，为了确保能够在全世界进行更好的战争叙事，美军同国际媒体公司建立了良好的战略关系，确保盟友法国、德国以及战争代理人等能够实时看到战况，从而扩大宣传影响力。

信息博弈中的社会学质疑。毫无疑问，赢得战争叙事是敌我双方的斗争焦点，未来城市战，信息成为军事冲突的关键媒介。但是，机器人操控的信息，特别是虚假的战争叙事已经成为人类的焦虑担忧。有研究显示，高达15%的推特账号可能是机器人在操控，安东尼·金指出，机器人已经用错误信息夺取了故事的叙事权，在传播虚假新闻方面产生的影响越来越大，负面后果极其恶劣，"令人不安的是，重大的政治进程也可能被人工智能颠覆"。"伊斯兰国"组织有针对性地有意播放最可怕的酷刑视频，以此恐吓当地平民，利用操控信息的宣传影响力弥补自身军事力量的不足。

（三）城市战的未来趋势

城市战向何处发展，是一个重要理论和实践课题。安东尼·金对未来城市战作出四种重要预测，并以世界末日大决战这一警示性言辞提示人们关注现代城市战、研究现代城市战，具有重要启迪意义。

探析现代战争的主战场：城市战——评《21世纪城市战》

一是城市局部围攻战。安东尼·金指出，"现在，城市战逐渐凝固成一种缓慢、局部的围攻战"，呈现出城市围攻战的新趋势新发展，作战时间上不断延长，作战范围上不断浓缩，双方战斗主要聚集在城市特定地点，同时通过国际媒体向全球扩散影响力，"当战斗在街头肆虐时，参战者通过数字通信和社交媒体同全球观众进行交流沟通"，形成一个清晰的结构面貌：既本地化又全球化。通过研析两场不同年代的激烈残酷城市战——20世纪斯大林格勒战役和21世纪费卢杰战役，安东尼·金认为，两者都聚集城市局部中一栋楼房（前者为人民委员会大楼，后者为"地狱之家"房屋）开展争夺，狭小作战空间异常惨烈，清理行动进展艰难，每个房间、每条走廊都是潜在的致命地带。这两场城市战虽然相隔60年，但是城市战局部化、围攻化的趋势没有改变。2000年以来，几场重要城市战显示出，军队在城市中的行动更加强调要害部署、精确打击、局部清除、定点围攻。为什么城市战会呈现出具有标志性的局部围攻战呢？安东尼·金认为，主要有三大原因。一是现代城市建设发展越来越快、规模越来越大，城市成为当地的政治、经济和社会中心，军队部署很难避开城市，城市是战争的重要场所。二是武器装备现代化水平越来越高，精确打击、精准毁伤、机动防护、无人智能等军事装备投入城市战场中,取得了惊人的作战效果。三是军队规模数量不断缩减,当前,一个国家的常备军的作战力量很难对整座城市形成包围或严密管控,城市战不可能再包围一个城市。同时,随着武装反抗组织力量的壮大,城市战逐渐局限为一系列激烈的室内交战、街巷交战等,"交战双方就会争夺具有决定性意义的街道、社区、特定的建筑物和房屋楼栋"。

二是超大城市战。超大城市战是未来城市战的一种可能性。西方学者认为,未来几十年战争不仅会在城市爆发,而且会在人口超过1 000万的超大城市爆发。现在,全球有37个人口超过1 000万的超大城市,超大城市不仅占地面积宽广而且也是战略枢纽,同时,居住在城市的人口比过去要多得多,其中包括很多底层群体,超大城市必然是未来矛盾冲突的主要场所。美军极为担心未来被拖入超大城市战,《超大城市与美国陆军》(*Megacities and the United Stated Army*)认为,忽视超大城市就是忽视未来,甚至声称超大城市战不可避免。也有西方学者认为,人口统计学并不支持超大城市爆发战争,因为世界上绝大多数人口仍然生活在中等规模城市,美国军事专家埃尔斯认为,城市战更有可能更多发生在"中等规

探析现代战争的主战场：城市战——评《21世纪城市战》

模城市",即人口在15万到1 000万的城市。研究发现,美国和西欧等国家经常爆发城市内乱和冲突,2020年5月,美国黑人乔治·弗洛伊德遭白人警察暴力执法而死后,"黑人的命也是命"抗议活动可能是复杂大城市动乱的先驱,军队可能会受命去支援政府,参加维护社会秩序等任务,安东尼·金认为,"在未来20年,超大城市的骚乱和暴动极有可能发生,西方国家军队不仅担心可能不得不在未来平息城市动乱,他们还担心,可能不得不在一个超大城市打一场近乎对等的国家间战争",他对可能爆发的超大城市战进行了探索,强调超大城市爆发战争将是一项代价高昂、风险巨大且具有极大破坏性的军事行动。未来,国家间战争是否会在超大城市爆发,这是一个复杂问题,主要取决于哪些国家相互开战。有的西方学者认为,西方军队正在为四种可能的国家间、相匹敌对手的战争做准备,他们可能向俄罗斯、伊朗、中国和朝鲜等国家开战。安东尼·金认为,北约和俄罗斯的未来战争可能涉及波罗的海国家的地面战争,但是这个区域没有超大城市。美国对伊朗也不太可能进行地面战争,军事冲突可能包括空袭,特别是针对特定设施的打击行动。中国似乎不相信超大城市爆发战争的预言,尽管中国正在加速城市化,并且拥有世界上数量最多的

21世纪城市战

超大城市,假设美国和中国开战,两国在超大城市甚至陆上作战的现实可能性也很小。美国对中国进行地面入侵完全不可行,也是不可想象。未来美国和中国的任何战争都可能是为了争夺海上霸权。美军及其盟友韩国同朝鲜的战争可能性比较高,朝鲜目前仍拥有大规模军队,军事力量庞大。首尔是一个人口超过1 000万的大城市,且位于三八线以南仅仅40英里,1950年,汉城①曾爆发城市战并沦陷。但是由于当时韩国以及驻韩美军准备比较充分,朝鲜军队很难再突破防御进行城市战。综上所述,安东尼·金认为,未来西方军队可能会在超大城市作战,更多是进行城市平息暴乱的行动。但是,要在超大城市进行国家间战争不太可能。

三是智慧城市战。应该来讲,军事家对超大城市战的严重后果深感忧虑。相比之下,社会学家更担心另一种世界末日——自主武器、机器人和人工智能的崛起。安东尼·金指出,"自主武器系统、机器人技术和人工智能对军队越来越重要",人们对科学技术的军事化潜在威胁甚是担忧,现代城市本身已经实现了数字化生活,每个人不得不生活在其中。有的军队正在研发能够脱离

---

① 2005年1月19日,时任韩国汉城市市长李明博正式宣布汉城中文名字改为首尔。——译者注

探析现代战争的主战场：城市战——评《21世纪城市战》

人类控制且能够进行识别和攻击的自主武器系统。美国军事专家保罗·沙瑞尔甚至担心，"在未来战争中，机器可能会作出生死攸关的交战决定"。[①] 安东尼·金认为，对机器人自主作战的担心并非荒谬，事实上，智能武器已经对人类构成了现实威胁。他指出，科幻电影应预测出这种可能性，比如《终结者》讲述2029年洛杉矶的超级智慧电脑试图大规模毁灭整个人类，无人机在城市废墟上空穿越飞行，向最后的人类幸存者发射激光，巨大的机器人坦克在前进中将人类的头骨碾碎在车轨之下。现实中，近二十多年来，远程精确武器在城市战中变得司空见惯，无人机在作战中不断激增。美国还在实验纳米无人机，它们能够以"蜂群"模式部署，主要用于监控街道、建筑物甚至房间。部分自主武器也出现在城市战场，新型自主武器不断创新发展，比如美国陆军和英国陆军成功研制机器人战车，该智慧战车能够根据算法自主或配合部队打击目标。英国陆军还为城市战专项设计六旋翼武装无人机，能够在建筑物和房间内投掷手榴弹和射击武器。与此同时，城市武装反抗组织也在发挥自主武器系统等智能作战潜力。阿勒颇战役期间，

[①] Paul Scharre, *Army of None: Autonomous Weapons and the Future of War* (New York: W. W. Norton and Company, 2019), p. 4.

武装反抗分子能够从网上下载相关软件到平板电脑上，用于瞄准迫击炮。摩苏尔战役期间，部分"伊斯兰国"武装组织的狙击步枪竟然是在布鲁塞尔一家咖啡屋里由一名激进分子远程操作的。

安东尼·金指出，"自主武器的崛起势不可当，可能会在未来几十年改变城市战术，或许还会改变战争的某些面貌"，军队同机器人并肩作战，能够成倍增强战斗力，也弥补了军队规模数量的不足，但是机器人不全能取代人类。他还分析指出，未来城市战继续以缓慢、谨慎的围攻战形式存在，其中密集火力聚焦在特定目标上，"在将来，地面战斗中，作战人员会不断减少，而机器人和自主武器则不断增多增强。但是，城市战仍将以人类为主角，人们在先进技术的辅助下进行作战，而不是由自主系统决定如何作战"。

四是核武器大屠杀。城市战始终面临这样一个可能性、一种终结性未来，即把21世纪城市战带到过去，而不是未来，更接近真正的世界末日。安东尼·金反复强调，由于世界上大规模军队的缩减、精确制导武器的运用以及城市规模急剧扩张，城市一线战斗已经浓缩在离散的点位。在21世纪，像斯大林格勒战役、柏林战役那样的城市战争不太可能重演了。空袭和轰炸是现代城市

探析现代战争的主战场：城市战——评《21世纪城市战》

战的主要作战形式。安东尼·金认为，未来，区域轰炸仍有可能在城市发生，精确导弹攻击的目的，是未来摧毁城市特定目标，而不是摧毁整座城市。他还评论道，令世人最揪心的是，如果世界各国确实想摧毁对方城市，那么核战争比重返常规战略轰炸更有可能发生，"尽管人们认为核战争不太可能发生，但目前世界上有9个有核国家，核战争的隐患始终存在。未来10年，其他国家也可能发展核战争能力。事实上，这极有可能"。由此可以想象，未来核战争可能类似第二次世界大战最后几天广岛和长崎的毁灭。任何一个拥有核武器的国家都可以摧毁敌人城市并杀害平民。

通过对上述四种城市战发展趋势的分析，安东尼·金认为，未来20年可能发生三场城市大决战三种可能性——超大城市战、智慧城市战和核武器大屠杀。现代军队、军事家和政策制定者必须深刻认识这三场未来城市战。他认为，从现实中看，"城市战最有可能的未来，不是一场灾难或革命，而是21世纪初城市战的继承延续。不久的将来，城市战场极有可能复制摩苏尔、马拉维和阿勒颇等城市战役，残酷、激烈、缓慢、消耗性的战斗，包括国家、非国家和混合力量等作战人员，可能在城市特定地点聚合起来进行作战，就像20世纪末城市战所经历的那样。城市战未来仍然由一系列针对城市内目标的微观围攻战构成"。总之,安东尼·金语重心长地讲道,"悲观地讲,城市微观围攻战,是一个我们可能希望看到的城市战未来。然而,一场真正的城市大决战也可能爆发,当城市不是像传说中的所多玛和蛾摩拉那样被神的干预焚毁,而是被人类蓄意焚毁破坏,那么,城市战的未来终将由人类来决定"。

三、《21 世纪城市战》译介评述

从某种意义上讲,国内外学者对现代城市战的学术研究刚刚起步,专门论著和代表作甚少。安东尼·金《21 世纪城市战》的出版标志着城市战研究的最新进展,创造性提出分析城市战的理论框架和独特视角,具有重要探索价值和启迪意义。安东尼·金研究城市战的重要理论框架是社会学,他重点从城市社会学角度分析城市战这一重要问题。这是一种跨学科、跨领域、跨门类的重要研究思路。不同于学者常规研究范式,比如,从战例战史角度记述城市战的起因、经过和结果,从《伊利亚特》《奥德赛》《埃涅阿斯纪》等西方经典文学作品中挖掘攻城战的历史事件,从恰塔霍裕克、安纳托利亚、

探析现代战争的主战场：城市战——评《21世纪城市战》

耶利哥、巴比伦、亚述等古城堡遗址探究古老帝国的攻城战，从两次世界大战中研究爆发的重要城市战，从纯粹的军事原则研究城市战条令，从当今全球热点局部军事冲突中研究评析城市战最新动态，等等。安东尼·金主要基于社会学这一理论框架探索研究现代城市战，创造性探析城市战的基本结构及其运行特点规律，同时综合运用军事学、战术学、军事管理学、安全学、人类学、历史学、地理学、政治学、社会学等学科深度研究城市战。

（一）从社会学角度论述城市战的基本构成、概念内涵和发展脉络

安东尼·金认为，城市是一个系统，城市战也是一个系统。《21世纪城市战》最大的学术贡献在于，他尝试用极简公式表达城市战基本构成：城市、武器和军队，这三大要素以及相关因素关联互动共同生成可辨识的"城市战争场景"，进而展开体系化的探索研究。

一是城市战的基本构成。安东尼·金鲜明提出深入理解21世纪城市战，既要研究城市，也要研究军队，2000年以来现代军队的规模数量大幅裁减，这对城市战产生了深刻而广泛的影响，军队早已不足以包围覆盖整

067

座城市，双方争夺城市的战斗主要聚集在具有决定意义的关键位置。城市、武器和军队构成一个基本系统，包括彼此关联的主要内容，相互作用形成城市战基本面貌。安东尼·金重点论述了现代城市战的主要内容，包括城市游击战、战斗防御、空中力量、战斗火力、战斗蜂群、战斗伙伴、战争叙事等。他认为，在全球化时代，城市规模快速增长，城市人口急剧膨胀，城市国际化程度越来越高，城市冲突对抗日益频繁，这对现代城市战提出严峻挑战，比如，武装反抗组织已经走出大山，他们更善于利用城市掩护、群众基础、现代军事技术等条件开展游击性袭击，如何平息城市武装叛乱是现代军队面临的重要问题。混凝土墙在城市战防御中的作用依然重要而突出，其功能和位置发生重要变化，有的用于军事防御，有的用于包围孤立，有的用于分割区域，有的用于管控治理，等等。关于空中力量，以各种类型的无人机、直升机、侦察机、轰炸机、歼击机等以及空域管理系统构成"空中建筑"，成为城市立体作战的重点关注。基于精确地图的精确打击是城市战的重要原则，无论是空中轰炸，还是地面远程火炮，精确打击是城市战的发展趋势。鼠道战术、近距离战斗、蜂群小队、局部围攻战是城市战的重要作战方式。如何拓展战斗伙伴，创新谈

探析现代战争的主战场：城市战——评《21世纪城市战》

判沟通，开展军事合作依旧是城市战的重要考虑。基于信息的认知战是城市新战场，如何赢得战争叙事，主导并影响信息传播是城市战的重要内容。

二是关于城市战概念内涵。正如安东尼·金所言，著名社会学家涂尔干的思想深刻影响着他思考城市战的过去、现在和未来，《21世纪城市战》也是一部关于城市战的社会学著作。从人口统计学角度界定城市战概念，安东尼·金根据社会学家路易斯·沃斯的城市定义（即从大小、密度和异质性三大方面解读城市），对城市战的内涵要义作出基本阐释，具有广泛的共识性借鉴意义。他尝试为城市战设定一个基本门槛，在规模大小上，城市战的人口标准起始于3 000人的定居点，居住密度为每平方千米500人，居住面积为6平方千米。在冲突性质上，对抗双方具有政治动机和政治目的，而低烈度、小规模的城市暴力、抗议行为、犯罪行为等对抗不易定性为战争。

三是关于城市战发展脉络。从城堡遗址寻觅城市战的远古起源，安东尼·金明确指出，城市战具有古老的悠久历史，城市战的历史像城市本身一样古老。历史证明，战争创造了城市，城市又验证了战争，战争同城市相伴相随，是城市生活的组成部分，人们最早学会在城堡里生活定居，从而可以抵御战争和武力掠夺。他甚至把城市战原始雏形追溯到公元前9000年前的耶利哥古城，真正意义上的城堡出现在公元前3000年前后的美索不达米亚，其中，建于公元前2100年的乌尔城在巅峰时期拥有35 000居民。同时，发生在阿卡德、苏美尔、巴比伦、亚述、埃兰的攻城战成为古老帝国兴衰的鲜亮标签。类似的城市战也发生在中国、印度等原始文明地区。他还认为，古罗马帝国的力量不在于公开野战的战争能力，而在于古罗马城堡的强大防御能力，罗马城同阿莱西亚城、梅登城堡、马萨达城一样固若金汤。随着攻城战技术的不断提升，进攻与防御对抗日益激烈，这时城市战这一战争形式才真正确立起来。国际大都市是安东尼·金研究城市战的重要分析视域，规模庞大、人口密集、建筑复杂是现代城市的基本特征，三维立体空间拓展了城市战场，理解城市就是理解城市战。世界城市发展史也是世界城市战发展史。从历史对比视域观察城市战的发展演变，安东尼·金重点考察比较20世纪城市战与21世纪城市战的变与不变、继承性和拓展性，并提出创见性的论断和观点，他认为，城市战的残酷性、毁灭性没有发生本质改变，早在公元前612年，亚述帝国首都尼尼微曾被巴比伦军队洗劫一空，连国王和他的财富

探析现代战争的主战场：城市战——评《21世纪城市战》

以及嫔妃妻妾一并葬身火海。

20世纪城市战，特别是第二次世界大战期间发生的重要城市战，在火力密度、轰炸频度、厮杀强度、惨烈程度上都震惊世人，城市战犹如噩梦般萦绕在人们心中。比如斯大林格勒战役，德军和苏军双方投入兵力高达350万，伤亡总人数也超过200万，整座城市在炮火中毁灭，一线部队在街头小巷、废墟楼房里近身肉搏，"你的牙齿就是武器"，战斗极其惨烈。马尼拉战役，美军和日军的战斗让美丽的马尼拉毁于一旦，整座城市化为废墟瓦砾，曾发生火烧3000名难民、机枪扫射残杀900多名儿童等惨案，最终日军死亡1.7万人，美军死亡1000多人，伤5500多人，平民死亡10万多人。[①] 20世纪末发生的摩加迪沙战役以及第一次、第二次格罗兹尼战役，部队在狭窄空间惨烈激战的同时，城市战发生了重大变革，这也预示着21世纪城市战的划时代的转型。

研究发现，在《21世纪城市战》中安东尼·金重点深入考察分析了2000年以来世界上发生的重要城市战，主要分三大类：伊拉克战争期间的主要城市战，包括萨

---

① 参见林兵、张章：《城市特种作战》，凤凰出版社，2011，第46页。

德尔城、拉马迪、巴格达、纳西里耶、萨玛瓦、纳杰夫等；叙利亚内战中的主要城市战，包括霍姆斯、大马士革、阿勒颇、古塔、伊德利卜等；具有反恐性质的主要城市战，包括摩苏尔、贝尔法斯特、喀布尔、里约等，以及在利比亚、以色列、也门、伊朗、苏丹、马里、格鲁吉亚等国家发生的城市冲突。

（二）从典型战例挖掘解读21世纪城市战

战例案例是安东尼·金阐释城市战的重要现实依据，他善于运用比对视域探索研究城市战，战例类型丰富多样且横跨古今中外，案例剖析言简意赅且见解深刻，视野宽广，学识丰厚，引领读者在历史纵深中感知城市战的缤纷多彩，既有公元前的特洛伊攻城战、尼尼微城沦陷、洗劫耶利哥等，中国古代火攻围城（明末记载运用鸟禽火攻围城）等，也有第一次世界大战期间的轰炸伦敦、空袭普热梅希尔等，第二次世界大战期间重要城市战如斯大林格勒战役、汉堡战役、考文垂战役、马尼拉战役等，还有世界殖民地解放战争中的城市游击战，如卡斯特罗、格瓦拉、马里盖拉、吉兰在古巴、巴西和乌拉圭领导发动的城市武装反抗，中东巴勒斯坦大起义中的城市暴动、非洲肯尼亚"茅茅党"城市反抗以及塞浦

探析现代战争的主战场：城市战——评《21世纪城市战》

路斯、阿尔及利亚阿尔及尔、也门亚丁等地城市斗争，等等。此外，还有20世纪中后期朝鲜战争中的汉城战役、越南战争的顺化战役等，20世纪末海湾战争、科索沃战争中的主要城市战：空袭巴格达、空袭贝尔格莱德以及第一次和第二次格罗兹尼战役。

更重要的是，安东尼·金浓彩重墨对21世纪20年来发生的典型城市战深度解析。既有贯穿全书主题的摩苏尔战役，重点从兵力比例、火力运用、精确空袭、战术战法等多种维度认知把握"第二次世界大战以来影响力最大的城市战"，也有非典型的现代城市游击战，如北爱尔兰城市叛乱、迪维斯公寓战斗、巴西帮派城市冲突；既有美军发动参与的著名城市战役，如入侵伊拉克战争期间的城市战，特别是2004年第二次费卢杰战役、2006年拉马迪战役、2008年萨德尔城战役、2016—2017年摩苏尔战役，也有俄军参与的叙利亚内战中的城市战、2008年俄格战争中的哥里、茨欣瓦利城市战以及乌克兰顿巴斯地区的城市军事行动，还有英军参与的贝尔法斯特战斗，以色列军队伞兵2002年突袭纳布卢斯，印度军队平息2008年孟买袭击事件，菲律宾军队打击伊斯兰"圣战"分子的军事行动——2013年在三宝颜和2017年在马拉维，等等。此外，既有城市防御战，也有城市进

21世纪城市战

攻战，还有城市维稳战，不同性质的城市战的作战形式各不相同，国家间战争中城市战本质上是侵略和反侵略的战争，内战中的城市战是政府和武装反抗力量的镇压斗争，帮派组织引发的城市暴力，一旦具有政治动机和政治目的后其行为就会发生本质改变。打击恐怖组织的军事行动具有天然的正义性。政治诉求的多样性、社会贫富悬殊、地缘矛盾、宗教信仰等问题让有些城市战变得更加错综复杂、更加棘手敏感。由此看来，安东尼·金重点是从20世纪城市战透视21世纪城市战，从变与不变中观察城市战的丰富样貌，观察分析国家间战争中的城市战和国家内战中的城市战，对比理解恐怖组织发动的城市袭击和帮派组织引发的城市冲突，从参战官兵回忆中述说城市战的真实体验，从军事技术创新运用中展现城市战的发展趋势。安东尼·金不是简单评析解说世界城市战例，也不是仅仅梳理世界城市战史，而是基于城市战例阐释作战概要、敌我双方、兵力运用、军事行动、战法创新、经验总结等内容。概言之，《21世纪城市战》是一部集极简城市战史、经典城市战例、精辟城市战理论于一体的教科书式的学术读物。

探析现代战争的主战场：城市战——评《21世纪城市战》

（三）探索现代城市战新面貌

帮助人们理解现代城市战，是《21世纪城市战》这本军事著作的鲜明主旨。安东尼·金认为，城市战这一特殊作战形式，不仅仅是战争问题、军事问题，也是一个极其复杂的社会问题、国际问题，牵涉到每一个人的切身利益，影响广泛而深远。当今世界，社会在发展、时代在变化、科技在进步，城市战也随着战争理念的变化而变化，呈现出独特丰富的新景象，"一场深刻的军事变革——甚至是城市战变革——已经发生，同时改变了在城市进行军事行动的特点规律"，安东尼·金认为，"现代城市战正在经历一种激进的历史性新征程"，发生一系列全新变化，呈现出日新月异的面貌景观。安东尼·金重点从城市、军队和武器三大要素相互作用的视域解读现代城市战：

一是在时代定位上，提出21世纪初是城市战兴起的年代。安东尼·金认为，城市战是一场21世纪的军事变革，他明确提出，城市战已经成为21世纪最主要、甚至最典型的战争形式，城市既是军事行动的中心，也是主要战斗的爆发地，城市战对现代军队要求极高，这充分彰显城市战突出而重要的地位。

075

二是在运行规律上，提出从城市的物理结构、社会结构、文化结构如何同军队及其运用的武器装备相互作用的机理上把握城市战。安东尼·金明确指出，现代军队规模数量的缩减对城市战产生深刻影响，兵力的不对称性、城市环境的复杂性、军事技术的先进性、互联网社交媒体的便捷性、政治博弈的敏感性从根本上改变城市战的内在结构。他的主要观点有，20世纪战争部署在广阔野外，21世纪战争聚集在城市内部；现代军队规模不足以包围覆盖整座城市，激战集中在城市具有决定性意义的关键位置和核心目标；城市战是立体作战，既有地面行动，也有空中袭击，还有地下战场，也是精确作战，远程火炮精准打击，空中导弹精准猎杀，狙击定点清除的杀伤方式日益频繁，更是高端作战，主要表现有：高中低空察打一体的无人机作战、人工智能机器作战试验、24小时全天候实时战场监控、三维立体全息作战地图、网络社交媒体深度参与、信息舆论大博弈等。与此同时，城市战术不断创新发展，他主要结合美军在实战中的做法深入阐释近距离战斗（"五步入门法"）、房间清理、鼠道战术、蜂群战术等战法打法，探索研究小单位级别的更快速、更精确、更灵活的城市战术等。

探析现代战争的主战场：城市战——评《21世纪城市战》

三是在外在形态上，提出现代城市战面貌发生重大变化。通过对比考察20世纪城市战和21世纪城市战，安东尼·金认为，现代城市战具有新颖性，在形态面貌上发生一系列变革。主要体现为四大方面：现代城市战是三维立体城市战，城市因其复杂性一直以来难以理解，但基本来讲，复杂的城市环境，既是一个三维立体空间，也是一个复杂生态系统。安东尼·金分析指出，20世纪城市战主要在二维空间展开，地面部队为主，空中轰炸为辅，粗放火力既不精准又消耗性大，附带人道主义伤害严重。现代城市越来越现代化、全球化、都市化，世界人口向城市大规模迁移，现代城市是军队不得不面临的主战场。城市环境决定了战场环境、作战空间，21世纪城市战主要在三维立体空间作战。现代城市规模急剧扩张，在平面空间向周围地域大拓展，城市面积越来越大，在纵向空间向上不断上升，楼宇建筑高耸林立，空域越来越高，同时向下不断延伸，地下建筑空间、隧道通道四通八达，错综复杂。地上建筑物内部结构犹如迷宫般多元多样。他深入阐释了现代城市战的三维立体作战案例，以2004年第二次费卢杰战役、2016—2017年摩苏尔战役为立体城市战典型，美军在城市空域形成一个高度精密、多元立体的作战空间，高中低空域周密部署不同类型的侦察机、轰炸机、直升机、无人机等作战飞机，专门研发空管调度系统"高度密度空域管制"，科学调度空中力量，进而在城市上空形成一个异常复杂空中建筑，包括飞行区域、飞行高度、飞行象限和空中走廊。地面部队有直接火力、间接火力支援，一线进攻小分队采用鼠道战术穿梭在楼宇建筑内，对敌展开突然袭击。现代城市战是局部微型围攻战，安东尼·金作出一个基本判断，围攻战以崭新姿态又回来了，城市战已经浓缩成一系列局部微型围攻战。现代军队规模数量、兵力比例早已不适宜开展大规模城市包围战，城市战变成了对城市局部关键位置的围攻战，作战节奏变得缓慢，时间不断拉长，速决战变成了阵地战，逐楼逐房清理，一个据点一个据点攻克，战斗焦点发生在非常狭窄的空间地带。现代城市战是蜂群机动战，安东尼·金认为，蜂群战术是一种高度机动、自主快速、协同配合的城市战术，该战术专门为城市环境定制研发，具有一整套体系化的战术设计。实战中，作战小分队、作战堆栈、突击人员灵活自主穿插在城市建筑中，以机动性、运动性、突袭性为特色，尤其适用于楼房清理作战，局部阵地围歼作战，应对顽敌抵抗作战等场景。现代城市战是信息认知战，通过信息传播争取支持是城市战的重要内容，

探析现代战争的主战场：城市战——评《21世纪城市战》

信息的影响力越来越凸显，安东尼·金认为，认知战是基于信息的战争叙事博弈，军队在城市战中必须高度重视如何占有、传播和利用信息。现代社会是网络社会，也是信息社会，尤其是网络社交媒体重构了现代人的生活场景，赢得战争叙事，掌握话语权，控制舆论传播，是军队占领并控制城市的重要手段。

然而，该著作研究视域偏重社会学、城市学等学科阐释，相对缺乏战略学、军事科技学等分析策略，譬如任何城市战都是战略战役一体运筹中的军事行动，既有政治考虑，也有战略谋划，更有战役战术部署，在实战中强调联合作战、体系作战。以人工智能（AI）为代表的前沿军事科技具有颠覆性引领性价值，是未来战争的主角，书中虽然谈到了无人机、机器人在城市中的作战问题，但事实上对智能化城市战问题重视程度不够，研究不够深入。战争是政治的继续，是政治性质的行动，书中对城市战的政治动机、政治目的以及战争的正义性和非正义性等重大问题分析不够。但是，瑕不掩瑜，安东尼·金《21世纪城市战》是一部研究现代城市战的重要著作，提出了自己对城市战的见解思考，初步形成对城市战的学术解读、理论阐释，努力全方位展现城市战的整体概貌，预测城市战未来趋势，具有开创性、探索性、启示性，值得军事理论家置于案头，经常翻阅，时时研究。

译者

2023 年 10 月

北京万柳万泉庄

目 录

001　地图、图和表
003　前言

第一章　罪恶之城

003　一、摩苏尔
010　二、城市战的变革
020　三、城市战的起源
027　四、理解现代城市战

第二章　城市战斗员

041　一、城市战的定义
048　二、人口统计学与非对称性
051　三、国家间战争
053　四、军队规模

058　五、大规模军队的式微

061　六、前线：20世纪战争

069　七、聚集在城市：21世纪战争

第三章　城市游击战

087　一、走出大山

088　二、走出城市

096　三、武装反抗纪实

106　四、贝尔法斯特战斗

121　五、兵力比例

129　六、巴西城市战

137　七、回到城市

第四章　大都市

143　一、全球化城市

155　二、作为一个系统的城市

165　三、城市社会学

第五章　战斗防御

177　一、混凝土城墙防御

目 录

184　二、早期现代城市防御

191　三、现代城市防御

200　四、21世纪城市防御

215　五、微型围攻战防御

第六章　空中力量

219　一、立体空间

223　二、20世纪的空中力量

233　三、汉堡战役

240　四、21世纪的领空

252　五、空中建筑

第七章　战斗火力

257　一、火焰

261　二、瞄准

270　三、空袭

280　四、火炮

293　五、火力的训诫

第八章　战斗蜂群

- 299　一、分形战术
- 305　二、鼠道战术
- 311　三、近距离战斗
- 320　四、蜂群
- 326　五、围攻战归来
- 346　六、超越机动

第九章　战斗伙伴

- 351　一、叛徒
- 354　二、20世纪的战斗伙伴
- 358　三、拉马迪战役
- 367　四、坚定决心行动
- 373　五、其他代理部队

第十章　战争谣言

- 383　一、战争首要受害者
- 386　二、赢得战争叙事
- 394　三、信息战的社会学质疑

目录

401　四、摩苏尔战役

第十一章　世界末日大决战

419　一、双城记

430　二、超大城市战

438　三、智慧城市战

444　四、核武器大屠杀

附　录

451　英文原著各章图和地图二维码

地图、图和表

地图、图和表

地图

007　地图1.1　2016—2017年摩苏尔战役

066　地图2.1　1942年斯大林格勒战役

076　地图2.2　2003年伊拉克战争

080　地图2.3　1991年海湾战争

108　地图3.1　贝尔法斯特的天主教教区和新教教区

194　地图5.1　1870年的巴黎堡垒

211　地图5.2　2008年萨德尔城战役

235　地图6.1　1943年"蛾摩拉行动"空袭计划

325　地图8.1　2003年4月5—7日"迅雷突袭"行动

420　地图11.1　1942年11月斯大林格勒人民委员会
　　　　　　　　大楼战斗

图

023　图1.1　耶利哥古城墙

113　图3.1　迪维斯公寓建筑

145　图4.1　1910—2000年墨西哥城面积扩大情况

164　图4.2a和图4.2b　作为有机体的城市

187　图5.1　意大利堡垒，布尔坦赫城堡

200　图5.2　大西洋壁垒

205　图5.3　美国驻伦敦大使馆

250　图6.1　萨德尔城战役中的空中力量

303　图8.1　鼠道战术

317　图8.2a、图8.2b和图8.2c　近距离战斗：五步入门法

365　图9.1　帕特里金上尉的火柴人

表

059　表2.1　1991—2019年陆军规模（现役员额）

前 言

我记不起具体时间,可能是 2001 年或 2002 年,也可能是 2004 年或 2005 年之后,我开始转向研究军事和战争问题。但是,有一件事记忆犹新。在埃克塞特大学工作的第一年里,我的办公室很幸运正对着系学术委员会主任巴里·巴恩斯(Barry Barnes)教授的办公室。空间上的接近,让我深受巴里·巴恩斯教授的学术熏陶和悉心教导。作为社会学家,巴里·巴恩斯是一位极好的导师和朋友。我能够经常碰到他,为此,我们之间交谈很多话题,包括社会学和社会理论。在所有的谈话中,有件事让我印象非常深刻。如同平常一样,他邀请我到他的房间,在聊天过程中给我一部小巧的黄色小册子,那是他在爱丁堡教书时的一份"社会秩序"课程的阅读清单。这本小册子的封面有一幅 15 世纪晚期 16 世纪早期城市围攻战的浮雕地图,图中大炮轰开了城墙口,当战士攻击城门时遭遇到防御者的火油浇身。巴里教授激动地指着这幅地图大声说道:"看!所有的社会本质都发生在这里。"他的意思是,一旦人类组成社会团体并彼此配合,他们的力量将是无限的——无论这种力量是恶或善。

我想说,当看到那幅地图的时候,我已经决定要挑战巴里的观点并打算写一部城市战社会学论著。然而,这在当时几乎是不可能的。我一直记得那幅地图以及社会学分析家巴里的告诫,我并不是非要写一部独特的论著。2018年,当我读完一部关于作战指挥的书后,也打算撰写一部关于城市战的书。这时,英国、美国等西方国家军队都开始认真思考城市战这一重大理论和实践问题。他们很担忧日益增多的城市战。同样,西方国家军队长达10年或更长时间的城市战经验,很是吸引人们兴趣。实际上,我在2013年出版的《战斗士兵》(*The Combat Soldier*)中已经阐释过城市战术。但是,当我开始研究现代城市战的时候,巴里教授那幅近代攻城战地图对我的启示越来越明显。所以,该书的写作是对巴里教授观点的一次间接的质疑回应。这是一部关于城市战的社会学论著,试图阐述军事力量和作为社会群体的城市规模和密度,如何重塑了21世纪城市战。虽然我在此书中没有提及著名社会学家埃米尔·涂尔干(Émile Durkheim)的著作,但是对任何一个了解其论著的人来说，很显然，涂尔干的思想深刻影响着我对城市战的过去、现在和未来的思考。

我感谢很多朋友和同事对此书一如既往的帮助。我由衷感谢下列人士，向他们致以最真挚的谢意。没有英国陆军和英国皇家海军的支持，特别是英国皇家海军陆战队第40、第45突击队的支持，我是完不成这部军事著作的。我要特别感谢本·贝克（Ben Baker）、詹姆斯·巴斯霍尔（James Bashall）、朱尔斯·布查奇（Jules Buczacki）、马特·坎斯戴尔（Matt Cansdale）、亚力克·凯斯（Alec Case）、英尼斯·卡顿（Innes Caton）、詹姆斯·库克（James Cook）、凯文·科普西（Kevin Copsey）、迈克·康韦尔（Mike Cornwell）、格里·优尔特·布鲁克斯（Gerry Ewart-Brookes）、亚当·弗雷泽–西钦（Adam Fraser-Hitchen）、帕迪·金恩（Paddy Ginn）、斯蒂芬·格林伯格（美国海军陆战队）（Stephen Greenberg, United States Marine Corps, USMC）、保罗·哈米特（Paul Hammett）、西格林·霍布森（Sigolene Hobson）、鲁珀特·琼斯（Rupert Jones）、詹姆斯·马丁（James Martin）、尼克·麦金利（Nick McGinley）、查尔斯·尼尔森（Charles "Jack" Nicholson, 绰号"杰克"）、尼克·佩里（Nick Perry）、吉米·鲍威尔（Jamie Powell）、丹·里夫（Dan

Reeve)、克洛·奥尼尔（Clo O'Neill）、唐·罗杰斯（Dom Rogers）、西蒙·罗杰斯（Simon Rogers）、迪基·森伯格（Dickie Sernberg）、乔里·辛普森（Jolyon Simpson）、阿尔·斯皮迪（Al Speedie）、扎克·斯腾宁（Zac Stenning）、约翰尼·斯金格（Johnny Stringer）、安德鲁·斯图尔和马特·泰勒（Andrew Stuart and Matt Taylor）、斯蒂芬·鲍恩（Stephen Bowns）、彼得·迪克森（Peter Dixon）、罗伯特·古丁（Robert Goodin）。英国皇家盎格鲁团（Royal Anglian Regiment）慷慨地支持我研究1972年的贝尔法斯特战斗并允许我使用相关图片。我同样感谢英国智库国际战略研究所的本·巴里（Ben Barry）、弗吉尼亚·科姆利和安东尼·桑帕约（Virginia Comlli and Antonio Sampaio）；红十字国际委员会马库斯·盖塞尔（Marcus Geisser）、救助儿童会詹姆斯·顿赛露（James Denselow）。华威大学乔恩·科菲和斯图尔特·艾尔登（Jon Coaffee and Stuart Elden）提供了宝贵指导。兰德尔·柯林斯（Randell Collins）、拉塞尔·格伦（Russell Glenn）、帕特里克·芬尼根和杰里米·布莱克（Patrick Finnegan and Jeremy Black）也同样给予了我宝贵指导。

　　美国军队对我的帮助也不少。西点军校现代战争研

前　言

究所提供了宝贵支持，特别是约翰·斯宾塞（John Spencer，一位极为善良的人士）、约翰·安布尔（John Amble）、利亚姆·柯林斯（Liam Collins）。承蒙道格·文顿（Doug Winton）的厚爱，我不仅感激他令人着迷的谈话，还分享他关于城市战的优秀博士论文。我期待此书早日出版并向每一位关注城市战的爱好者推荐此书。我非常感谢肖恩·麦克法兰（Sean MacFarland）、约瑟夫·马丁（Joseph Martin）、菲律宾陆军乔·奥卡拉汉和达尼洛·帕莫纳格（Joe O'Callaghan and Danilo Pamonag, Filipino Army）。感谢他们的宝贵时间和宝贵意见，感谢在北大西洋公约组织任职的杰夫·比迪斯康姆（Jeff Biddiscombe）、弗洛德·西格（Frode Rieger）、西蒙·汤姆赛特和扬·范德·沃夫（Simon Thomsett and Jan van der Werf）的大力帮助。

感谢英国政体出版社（Polity Press），非常感激约翰·汤普森（John Thmopson），他前瞻性地看到此书的潜在价值。感谢路易丝·奈特（Louise Knight），她是一位出色的编辑，感谢伊内丝·博克曼（Inès Boxman）以及萨拉·丹西（Sarah Dancy）的帮助，感谢威尔·克罗斯比（Will Crosby）帮助审校参考文献。同样，感谢阅读初稿并给予评价的所有人。英国国防部的查尔斯·希思·桑德斯（Charles Heath-Saunders）和帕特里克·杰克逊（Patrick Jackson）证实此书没有违反出版规则和安全问题，并提供了宝贵意见。克里斯多夫·丹蒂克（Christopher Dandeker）、克里斯·托基亚（Chris Torchia）以及两名匿名者的反馈意见非常有用。特别感谢帕特里克·欧文（Patrick Owen），他是我在华威大学一位好友的优秀学生。最后，帕特里克·伯里（Patrick Bury）对该书提出富有洞见、极为宝贵的指导意见。

第一章

罪恶之城

第十二章

罪恶之城

第一章 罪恶之城

一、摩苏尔

2018年7月16日，伊拉克摩苏尔城市落下最后一枚炸弹。被美军称为"第二次世界大战以来影响力最大的城市战"——摩苏尔战役结束了。① 经过9个月的残酷战斗，极端组织"伊斯兰国"（ISIS）② 被打败了，但是整座摩苏尔也被摧毁了。居民房屋、政府机构、商业大楼、企业工厂、购物商店、清真寺和医院都成为废墟。城市街道塞满了破碎瓦砾和战争碎屑。城市基础设施——居民用水、电力供应、污水处理——已经失效。发生在城市的战斗极为可怕。一位美军作战指挥官斯蒂芬·汤森德将军（General Stephen Townsend）回忆道："摩苏尔是我见过的最混乱、最无序、毁坏最严重的地方。城市遭到成片成片的破坏，某些地区特别是城市西

---

① James Verini, *They Will Have to Die Now: Mosul and the Fall of the Caliphate* (London: Oneworld 2019), p. 16.
② "伊斯兰国"（Islamic State of Iraq and al-Sham, ISIS），是一个自称建国的活跃在伊拉克和叙利亚的极端恐怖组织，该组织的目标是消除二战结束后现代中东的国家边界，并在这一地区创立一个由"基地"组织运作的酋长国。——译者注

部地带几乎被夷为平地——所有的居民区都被摧毁。"[1]其他亲临战斗的美国军官都震惊道:"你无法描述战斗面临怎样的巨大压力:在摩苏尔的杀戮是多么残忍。"[2]

血染摩苏尔堪比《旧约》中残忍的"罪恶之城"蛾摩拉场景。[3] 事实上,摩苏尔战役具有奇特的历史性对照。2500多年前,公元前612年,亚述帝国首都尼尼微(Nineveh,该城位于今天摩苏尔底格里斯河东岸)也曾被巴比伦军队洗劫一空。在尼尼微古城哈尔齐门(Halzi Gate)的废墟挖掘中发现青壮年、儿童甚至婴儿的尸体,这些尸体都是在逃离大火燃烧的城堡时被弓箭射死的。最后一位亚述国王辛沙里施昆(Sin-shari-shkun)[4] 连同他的财产、宦官和嫔妃等一同葬身火海。[5] 如同其他亚述帝国继承者一样,"伊斯兰国"武装力量同样葬身在

---

[1] Gieneral Stephen Townsend, Multidomain Battle in Megacities Conference, Fort Hamilton, New York, 3 April 2018, https://www.youtube.com/watch?v=ARz01_evGAE.

[2] Colonel Pat Work, US Army, MWI Podcast, "The Battle for Mosul," 14 February 2018, https://mwi.usma.edu/mwi-podcast-battle-mosul-col-pat-work/.

[3] 蛾摩拉(Gomorrah),也包括后文的所多玛(Sodom),一般称"罪恶之城",源自《旧约》,其旧址在今天以色列境内死海南段附近利桑半岛以南的浅水之下。——译者注

[4] 辛沙里施昆,约公元前627年至公元前612年在位,亚述巴尼拔的儿子,亚述帝国末代君主。——译者注

[5] Gareth Brereton, *I Am Ashurbanipal: King of the World, King of Assyria* (London: Thames and Hudson, 2019), p. 281.

第一章 罪恶之城

摩苏尔的废墟中。

2014年6月,"伊斯兰国"的一支小分队攻入摩苏尔。摩苏尔是伊拉克第二大城市,拥有150万人,也是一座具有重大战略意义的军事重镇。

尽管摩苏尔由拥有美式装备的20 000余人伊拉克部队负责防御,但是,面对仅有1 500人的"伊斯兰国"武装力量发动的进攻时,驻守该城的伊拉克部队却匆忙撤离。"伊斯兰国"武装力量乘坐丰田皮卡车,未遭遇任何抵抗就顺利进入城市。占领摩苏尔后,"伊斯兰国"头目阿布·贝克尔·巴格达迪(Abu Bakr Al-Baghdadi)宣称要创建哈里发帝国。在此后的2年多时间,"伊斯兰国"在叙利亚西部和伊拉克北部的边境地带通过恐怖活动维持自己的统治地位。很显然,他们的行径遭到整个国际社会的一致反对。反对"伊斯兰国"的战斗不可避免地在摩苏尔爆发。

2016年10月16日,在驻巴格达以美国为首的多国联合特遣部队的指导下,伊拉克安全部队组建94 000人的武装力量准备收复摩苏尔。[1] 最初,伊拉克军队第1步兵师和第9步兵师分别从东部和东南部开展进攻。在

---

[1] Townsend, Multidomain Battle in Megacities Conference.

伊拉克反恐部队的支持下，约10 000人组成的一个精锐特种部队编队领导指挥大部分进攻行动。伊拉克安全部队配有约1 000人的美国军事顾问团，另有2 000人提供支援。① 伊拉克精锐特种部队面临"伊斯兰国"大约5 000—8 000名战斗人员的抵御，"伊斯兰国"也得到了当地好战分子的支持，他们在城里拥有12 000人的武装力量。

从2016年10月开始，伊拉克安全部队开始进攻摩苏尔东部地区（见地图1.1）。随之，"伊斯兰国"武装力量进行强烈抵抗。空中轰炸之后，摩苏尔大约有20万栋建筑物、3 000千米的城市道路、数百万房间和成千上万平方米的地盘需要进行清理。"伊斯兰国"采取5人为一班组的战斗小分队，在防守据点上进行狂热的防御，组织频繁的反击战，经常使用地下秘密通道渗透到伊拉克军队的防线边上。

当然，在"伊斯兰国"防御计划中扮演重要角色的是，简易爆炸装置（IEDs）——地雷和诡雷。"伊斯兰国"在城市道路和街巷中布置大量简易爆炸装置，埋在建筑物的废墟瓦砾中。然而，最令人恐惧、最有效的武器

---

① Townsend, Multidomain Battle in Megacities Conference.

第一章　罪恶之城

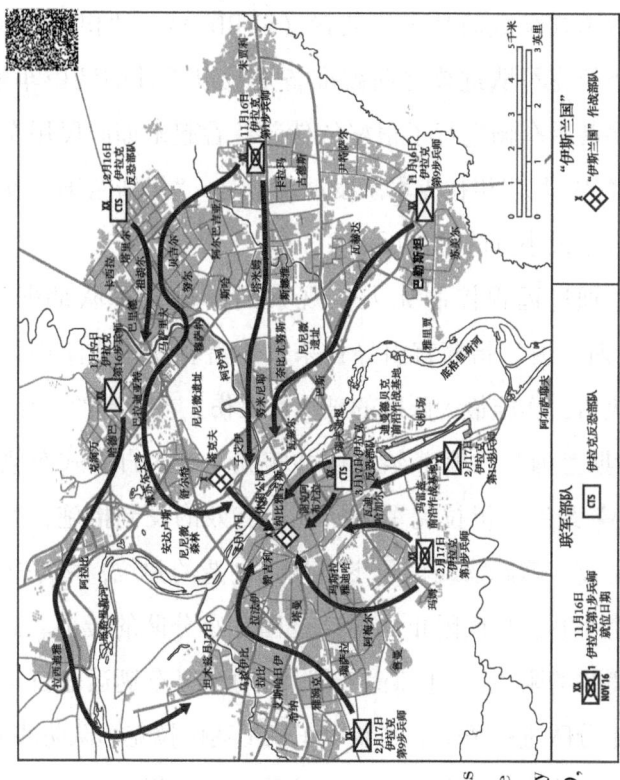

地图 1.1　2016—2017 年摩苏尔战役

资料来源：美国战争研究所授权使用地图，参见网址 http://www.understandingwar.org/map/map-mosul。地图根据汤姆斯·D. 阿诺德和尼古拉斯·菲奥里的论文制作，参见汤姆斯·D. 阿诺德和尼古拉斯·菲奥里：《摩苏尔战役的五次作战教训》，2019 年 1—2 月《军事评论》，美国陆军大学出版社，第 63 页。参见 Thomas D. Arnold and Nicolas Fiore, "Five Operational Lessons from the Battle for Mosul," *Military Review*, Army University Press, January–February 2019, p. 63。

007

是自杀式车载简易爆炸装置（SVBIED）。"伊斯兰国"在伊拉克军队进攻之前就准备了数以千计的装甲车辆。许多装甲车辆进行了很好的伪装，看起来如同民用车辆一样。① 每当伊拉克军队发动攻击时，"伊斯兰国"便组织自杀式小分队进行反击。

通过远程控制无人机观察到伊拉克军队部署后，"伊斯兰国"指挥官引导自杀车辆沿着规划线路进行穿透攻击，实施最大限度的破坏和杀伤。在所有的战斗中，"伊斯兰国"在摩苏尔城内共实施482次自杀式车辆攻击。② 最终，伊拉克军队研究出有效的反制措施，即利用坦克、障碍物或美国飞机投弹制造的弹坑，堵塞所有街道小巷，从而阻止"伊斯兰国"小分队的袭击。面对障碍物的阻拦，"伊斯兰国"借助装甲车辆运输自杀炸弹小分队进行袭击。当装甲车辆抵达伊拉克军队防线时，一个个炸弹小分队从车上迅速跳下冲向伊拉克战士，上演毛骨悚然的自杀式攻击。

摩苏尔之战是绝望之战。特别是，当伊拉克军队通

---

① Robert Postings, "An Analysis of the Islamic State's SVBIED Use in Raqqa," *International Review*, 11 May 2018, https://international-review.org/an-analysis-of-islamic-states-svbied-use-in-raqqa/; "A Guide to the Islamic State's Way of Urban Warfare," Modern War Institute, 7 September 2018, https://mwi.usma.edu/guide-islamic-states-way-urban-warfare/.

② Postings, "An Analysis of the Islamic State's SVBIED Use in Raqqa".

第一章 罪恶之城

过底格里斯河进入摩苏尔西部和老城时，双方战斗极为残酷。如同公元前7世纪亚述攻城术在现代摩苏尔再次呈现，伊拉克军队运用推土机清理掉瓦砾废墟，进而开辟道路助力部队、坦克和装甲车辆开展进攻。在后方，伊拉克军队的火炮、迫击炮和火箭弹向指定目标倾泻大量炮弹。与此同时，武装直升机、无人机、武装运输机、喷气式飞机和螺旋桨飞机对城市进行空中监视，锁定目标的加农炮、"地狱火"导弹以及精确制导炸弹等强大火力支援一线战斗。

摩苏尔战役的最后一幕场景，如同斯大林格勒战役一般惨烈。最后一批"伊斯兰国"成员被困在底格里斯河岸附近一处包围圈内，当"伊斯兰国"成员执意拒绝投降时，伊拉克军队最终用推土机推翻他们据守的建筑物并将其掩埋，用手榴弹清除了最后顽强抵抗的人员。"这让我想起第二次世界大战期间太平洋硫磺岛战役的画面：美国海军陆战队将日本军队死硬派抵抗者都埋葬在硫磺岛上"。[1] 经此一役，尽管"伊斯兰国"部分人员逃脱，但是绝大部分"伊斯兰国"武装力量则被消灭。据官方报道，伊拉克士兵战死1 400人，受伤7 000人，

---

[1] Townsend, Multidomain Battle in Megacities Conference.

实际上伤亡人数要更高。① 尽管在战役之前，成千上万平民离开摩苏尔，但是也很难估计平民的死亡数量。一般认为，平民死亡人数最低 3 000 人，最高 25 000 人。在这个区间的任何一个死亡数字都有可能。

二、城市战的变革

摩苏尔战役是 21 世纪最大规模的城市战之一，却并非独一无二的城市战。相比较而言，在当今世界，城市战已经变得常态化，甚至极为普遍，"像其他任何事情一样，战争正在变得更加城市化"。② 2000 年以来，在苏丹、阿富汗、马里、尼日利亚、埃塞俄比亚和厄立特里亚以及克什米尔、拉达克等地区的乡村、山区地带，一直存在大量军事冲突。相对而言，伊朗、叙利亚、利比亚、格鲁吉亚、也门、以色列和乌克兰等国家大量人口被迫卷入战争。但是，这些国家的军事冲突大都发生在城市地区。

21 世纪初是公认的城市战兴起的年代。1993 年 10

---

① Townsend, Multidomain Battle in Megacities Conference.
② Stephen Graham, *Cities under Siege: The New Military Urbanism* (London: Verso, 2010), p. 16.

第一章 罪恶之城

月,美国特种作战部队和"游骑兵"(Rangers)突击队因试图逮捕一名索马里军阀头目失败后,被围攻在索马里首都摩加迪沙长达 12 个小时。明显不同于海湾战争,美军"艾布拉姆斯"(Abramstank)坦克能够在数千米之远的开阔荒漠地带,提前打击伊拉克军队的苏式 T-72 坦克,而伊拉克军队往往不能提前发现美军坦克。但是,在这次战斗中,摩加迪沙城内的狭窄地带变成了杀戮地带,2 架"黑鹰"(Black Hawk)武装直升机被击落,同当地武装分子进行的激烈战斗长达 12 小时之久,最终,美军士兵战死 12 人,受伤 73 人。

一年之后,车臣首府的格罗兹尼战役(Grozny Battle)展现出未来城市战更加残酷、更加血腥的可怕迹象。1994 年 11 月,作为对杜达耶夫总统关于车臣独立声明的回应,俄罗斯军队挺进车臣首府格罗兹尼,再次明确莫斯科对此地的管辖权。车臣反抗武装先诱使俄军装甲车队孤军深入城市中心,当俄军波利托夫斯基少将(Major General Politovsky)指挥的第 131 机械化步枪旅抵达中央火车站时,有些征召士兵都认为军事冲突已经解决,甚至购买火车票准备回家。① 然而,事实上战争才刚刚开始。事后,一名旅指挥官斯迪威上校(Colonel Stavin)回忆,在听到收音机里"欢迎来到地狱"这句话的那一刻,他完全惊呆了,车臣反抗武装猎杀小组突然从高层建筑上伏击俄军,摧毁大量装甲车辆和坦克,杀死大量俄军士兵,并通过地窖和地下水道迅速转移到新的阵地。最后,俄军不得不对城市进行系统清理,最终消灭了所有武装反抗分子。1995年2月,新的武装反抗分子再次遭到镇压。尽管如此,1999—2000年,随着俄军再次从反抗分子手中夺回格罗兹尼,又发生了第二次更激烈的城市战。

1984年,原南斯拉夫首都萨拉热窝成功举办冬季奥运会。但是,仅仅10年后,萨拉热窝战役成为种族战争的象征出现在人们脑海中。1992年5月至1995年12月,塞族军队包围并轰炸这座城市,此次军事行动是波斯尼亚和黑塞哥维那战争的一部分。每天晚上,在整个欧洲电视新闻节目中,可以看到战争给萨拉热窝居民造成的可怕痛苦,他们不得不忍受狙击枪和炮火的持续射击。

---

① Timothy Thomas, "The 31 December 1994 - 8 February 1995 Battle for Grozny," in William Robertson (ed.), *Block by Block: The Challenges of Urban Operations* (Ft Leavenworth, KS: US ACGS College Press, 2003), pp. 170–171.

第一章 罪恶之城

其间，发生了一些臭名昭著的事件，包括 1995 年 8 月 28 日，一发炮弹落在萨拉热窝市中心的马尔卡莱农贸市场（Markale Marketplace），造成 43 名平民死亡，75 人受伤。

20 世纪 90 年代后期，发生在萨拉热窝、摩加迪沙和格罗兹尼的城市战役不仅被解读为重大事件，而且被视为一种趋势的开始：城市战的划时代转折。过去几十年时间充分证实了这一发展趋势。2000 年以来，城市战几乎连续不断。譬如，2003 年，美军入侵伊拉克，部分交战发生在城市地区之外，但是，发生在伊拉克城市内部的战斗更加重要。2003 年 3 月 23—24 日，发生了著名的纳西里耶（Nasiriyah）战斗。① 还有其他重大城市战役：巴格达（Baghdad）、萨玛瓦（Samawah）和纳杰夫（Najaf）战役。

入侵伊拉克的战争速度很快，这也为美军接下来的城市作战奠定了基础。从 2003 年到 2008 年，美国领导的多国部队主要开展城市内的武装反抗作战，重点打击"基地"恐怖分子、逊尼派和什叶派等民兵组织。最激

---

① 纳西里耶是伊拉克巴格达东南部一个小城，虽然城市不大，却是美军跨越幼发拉底河向巴格达挺进的重要通道，2003 年 3 月 23—24 日，美军在该城市遭遇激烈抵抗，美军海军陆战队战死 10 人，被俘 12 人，另有 12 人失踪，损失多辆后勤补给车。——译者注

烈的城市战是2004年11月的第二次费卢杰战役。① 2008年3—5月，什叶派民兵组织最终在萨德尔城（Sadr）和巴士拉（Basrah）被镇压。然而，2005年和2006年，美国在伊拉克泰勒阿费尔（Tal Afar）和拉马迪（Ramadi）又实施了大规模军事行动，打击反抗武装分子。以美国为首的联军在伊拉克很多城镇开展争夺街道控制权的战斗。有些城市战斗相对温和。在巴士拉，英国军队巡逻时一直佩戴贝雷帽，没有全副武装。到了2004年，绝大多数情况下，联军必须佩戴头盔和防弹衣，乘坐防护性好的车辆，以便抵御简易爆炸装置、火箭推进榴弹和小型武器的威胁。发生在拉马迪、费卢杰、摩苏尔和巴格达的城市战斗，都是极端暴力、甚至是骇人听闻的恶行，可以视为一种高强度的城市游击战。

中东最近发生的其他军事冲突，再次印证了城市战的残酷性这一特征。叙利亚国内战争是最突出的案例。这场战争始于2011年2月叙利亚东部城市德拉（Dara）乌尔贝人一系列抗议活动。然而，在极端镇压面前，反政府人物组成了越来越有效的地方民兵，并开始与阿萨德军队作战。在2011—2016年，反抗战斗发生在叙利亚

---

① 第二次费卢杰（Fallujah）战役，自2004年11月7日开始，2004年12月13日结束，是美军在伊拉克战争中规模最大的城市战。——译者注

第一章 罪恶之城

许多城镇，重要的战斗发生在霍姆斯（Homs）、大马士革（Damascus）、阿勒颇（Aleppo）、古塔（Ghouta）、伊德利卜（Idlib）、拉塔基亚（Latakia）、哈马（Hama）以及其他许多城镇。除了无差别的炮火袭击和空中轰炸，当局政府甚至定期释放毒气残杀平民抗议者。当地媒体和国际新闻报道已经拍摄到城市围攻战的恐怖画面。

"伊斯兰国"组织的兴衰是城市战研究的重要案例。2014年初，"伊斯兰国"开始同叙利亚西部和东部的城镇部族组织进行联盟，主要城镇有代尔祖尔（Deir Ezzor）、哈赛克（Hasaka）、拉卡（Raqqa）和德达（Dera）。结果"伊斯兰国"在2014年7月控制了代尔祖尔城，并由此地逐渐扩展所谓的"哈里发帝国梦"。"伊斯兰国"在伊拉克城镇中安插逊尼派潜伏组织。这些组织动员当地逊尼派人支持"伊斯兰国"即将发动的袭击，并向"伊斯兰国"提供情报和支援力量。得益于逊尼派的支持，"伊斯兰国"在2014年的一场"闪电攻势"中占领了拉卡、巴布（al-Bab）、费卢杰和摩苏尔等城镇，在攻占这些城镇期间并没有发生大规模战斗，城镇就一座座迅速沦陷了。一旦在城市中心站稳了地位，"伊斯兰国"就能够控制城市周边地区。

此后，"伊斯兰国"几乎所有的进攻行动都发生在城市里。"伊斯兰国"组织的最终失败也是源于其所采取的作战方式,因为大部分战斗行动发生在城市里。以美国为首的联军攻陷"伊斯兰国"所占据的城市,重新夺回伊拉克和叙利亚的城镇,进而摧毁了所谓的"哈里发帝国"。正如一名英国军官所指出的:

> 与"伊斯兰国"所进行的战斗是一系列的城市战。城市战没有前线,战斗都发生在城市里,是不断同反抗分子进行的城市游击战。如果你看一下作战地图,就会发现它是由很多城市和城镇的一个个据点争夺战组成。在苏联时代,敌我双方存在着有大量战斗前线,但是,在城市里战斗前线不复存在了,你不得不从一个据点到另一个据点进行机动作战。[1]

发生在利比亚和也门的内战,战争的城市化程度都很高。2011年,卡扎菲倒台后,利比亚很快陷入了哈夫塔尔将军(General Hafter)所控制的政府军和的黎波里的"民族团结政府"(Government of National Accord)之

---

[1] Major-General Rupert Jones, OF-7, British Army, Deputy Commander, Operation Inherent Resolve, personal interview, 3 August 2018.

第一章 罪恶之城

间的军事斗争。在 2012 年和 2016 年，他们为争夺班加西（Benghazi）和苏尔特（Sirte）的控制权进行了重大战斗，目前这种军事斗争仍在继续。同样，也门内战也是城市化很高的战争，胡塞反政府武装和政府军为争夺萨那（Sana）的控制权同样展开一场大战。

西方世界已经被卷入到伊拉克、叙利亚、利比亚和也门发生的城市战中。所在国家爆发的战争已经迁移到城市地区。以色列的作战经验反映了战争城市化的进程。1967 年，六日战争（Six Day War）期间，以色列伞兵重新占领了耶路撒冷。六日战争和 1973 年的赎罪日战争（Yom Kippur War）之后，以色列国防军主要在西奈沙漠地带和戈兰高地进行机动作战。1982 年，以色列入侵黎巴嫩的第一阶段，军事进攻以机动作战为主要特征。从此之后，以色列国防军的军事行动日益城市化。具有讽刺意味的是，即使在 2006 年第二次黎巴嫩战争期间，大部分的激烈交战都发生在黎巴嫩南部的城市地区。尽管作战地区大都是农村、多岩石的丘陵和灌木丛地带，但是"大多数战斗发生在建筑密集的地区"。[①] 概言之，作

[①] Amos Harel and Avi Issacharoff, *34 Days: Israel, Hezbollah and the War in Lebanon* (London: Palgrave Macmillan, 2008), p.191.

战环境迫使以色列国防军的作战行动城市化。①

20世纪90年代中期,俄罗斯也经历了一场城市战变革。1994—1995年、1999—2000年的两次格罗兹尼战役表明,城市战发生了深刻变化。自车臣战争以来,俄罗斯国内发生的军事冲突再次证实城市战变革这一特征。2000年以来,俄罗斯军队在2008年、2014年先后对格鲁吉亚和乌克兰发动过军事行动。在多年的紧张局势后,2008年8月,格鲁吉亚部署了一支军队,经常炮击俄罗斯暗地支持的南奥塞梯(South Ossetia)。基于此,普京发动了一次大规模的军事行动,以夺回对南奥塞梯武装力量的控制,并把格鲁吉亚军队从该地区驱逐出去。2008年,俄格之间的战争主要发生在哥里(Gori)和茨欣瓦利(Tskhinvali)两座城市。同样,在乌克兰顿巴斯地区,大多数战斗也发生在城市地区。例如,在2014—2015年,顿涅茨克机场曾发生过一场长达6个月的大规模战斗。在这场战斗中,"顿涅茨克人民共和国"军队最终占领机场,其间,俄罗斯特种部队帮助炸毁机场航站楼以及防御此地的乌克兰军队。2016年初,顿涅茨克地区再次爆发新的战斗,主要集中在三个重要城市。阿

---

① Raphael Marcus, "Learning 'Underfire': Israel's Improvised Military Adaptation to Hamas Tunnel Warfare," *Journal of Strategic Studies* 42, no. 3-4 (2019): 357.

第一章　罪恶之城

夫迪夫卡（Avdiivka）是乌克兰军队控制的工业城市，拥有大型焦炭和化工厂。该城市也是连接亚辛诺瓦塔亚（Yasinovata）和霍利夫卡（Horlivka）的重要铁路交通枢纽。① 在每一次战斗中，乌克兰军队和"顿涅茨克人民共和国"的军队都试图夺取或控制城镇的重要工业据点或交通枢纽。

欧亚大陆和中东地区发生的所有战斗都已经城市化了。但是，战争的城市化进程是一个真正的全球化现象。在印度，2008年11月26日，来自"虔诚军"（Lashkar-e-Taiba）组织的10名恐怖分子乘船秘密抵达孟买后，携带自动步枪、手榴弹和自杀式背心，连续4天在孟买市泰姬酒店（Taj Hotel）等著名地标建筑物横冲直撞，肆意杀戮，造成174名平民和安保人员死亡。2008年孟买的连环恐怖袭击事件②再次凸显印度城市在恐怖袭击面前的脆弱。此后，印度陆军极为关注城市战能力。近年来，菲律宾军队参与2次打击伊斯兰"圣战"分子的军

---

① Paul Quinn-Judge, "Ukraine's Meat Grinder Is Back in Business," *Foreign Policy*, 12 April 2016.
② 2008年11月26日，孟买发生震惊世界的连环恐怖袭击事件，包括泰姬玛哈酒店、贾特拉帕蒂·希瓦吉火车站等多处地标性建筑和旅游场所成为袭击目标。印度警方与多名恐怖分子在泰姬玛哈酒店内的交火持续了约60个小时。事件最终造成包括十几名警察在内的多人死亡，另有300多人受伤。——译者注

事行动：2013 年在三宝颜和 2017 年在马拉维。其中，马拉维战斗是一场残酷而激烈的交战，来自"穆特组织"(Maute Group) 的激进分子，增强了伊斯尼隆·哈皮隆 (Isnilon Hapilon) 领导的"伊斯兰国""圣战"分子的武装力量，他们夺取了城市中心主要建筑的控制权。菲律宾的特种部队经过激烈战斗后，最终消灭了"圣战"分子。

就惨烈程度而言，摩苏尔战役是 21 世纪初的斯大林格勒战役。对于西方国家军队来说，摩苏尔战役无疑是过去 20 年[①]中规模最大、最激烈的一次城市战役。但是，摩苏尔战役并非一个例外。城市战已经成为 21 世纪最主要甚至最典型的战争形式。在 20 世纪，军队都准备在野外作战，但在 21 世纪，军队不可避免将要在城市作战。

三、城市战的起源

城市战的兴起令人深感不安。战争对社会造成大规模毁坏，对人类造成的苦难往往很可怕。如果说，城市战是崭新的战争形式，这种观点就大错特错了。在古代

---

① 按本书英文原版出版的时间 2021 年计算。——译者注

第一章 罪恶之城

社会,城市战就是一种经常发生的战争形式。实际上,正如《伊利亚特》和《奥德赛》所述,围攻城市和洗劫城市是古代文学作品的中心主题。罗马文学同样充满了对城市战的描述。与《伊利亚特》不同,维吉尔的《埃涅阿斯纪》不仅仅是一部关于战争的诗集,还是一部关于战争的历史记录,书中段落精彩描述了攻陷特洛伊的场景,其中,最著名的一场攻城战如下:

> 我们发现,这里的战斗如此惨烈悲壮,显得别的地方的战斗几乎不值一提,这里是城里唯一一直有人死去的地方。我们看到不可战胜的战神马尔斯。英雄的希腊人奋不顾身冲向宫殿,他们背上扛着紧扣的防护盾牌攀登云梯,左臂撑起盾牌保护自己,右手抓住墙头,争先恐后挣扎着向上爬。①

维吉尔从罗马人②攻城术中描述城市战的景象。他对战士攀登云梯作战的细节刻画令人印象深刻。他对特

---

① Virgil, *The Aeneid*, trans. David West (London: Penguin 2003), p. 37.
② 此处罗马人应该为希腊人。我们认为作者记忆有误,根据特洛伊战争的史料,这一句的正确内容应该是,维吉尔从希腊人攻城术中描述城市战的景象。后面的罗马帝国主义也跟这个错误有关。——译者注

021

洛伊城堡被摧毁的细腻描述，是对虚伪的罗马帝国主义①的一种微妙拷问。

尽管《埃涅阿斯纪》撰写于公元前29年至公元前19年的奥古斯都时期，但是维吉尔对城市战的描述，在当时也不是关于城市战的最新纪录。但是，早在公元前1世纪，攻城战已经是一种主要的，甚至是首要的战争形式。约在公元前1200年至公元前165年编撰而成的《旧约》，记载了许多洗劫城市的战争历史，包括尼尼微战役，当然也包括耶利哥（Jericho）战役："以色列军队几乎彻底摧毁城市的一切，所有男人和女人、年轻人和老人，所有牛羊牲畜都被刀剑赶尽杀绝。"② 据考古研究发现，人类最早从新石器时代，大约1万年前，就开始在城堡定居生活。古城耶利哥建城时间可追溯到公元前9000年前后。

---

① 罗马帝国主义（Roman Imperialism），是指依靠军事力量进行扩张和统治的思想，该思想源于罗马帝国的兴亡历史。罗马帝国的崛起源于军事征服、领土占领和政治扩张，这既是罗马成为强大帝国的原因之一，也是罗马帝国覆灭的原因之一。——译者注

② The Bible, Joshua 6: 21.

第一章 罪恶之城

图 1.1 耶利哥古城墙

资料来源：Daniel Case / Wikimedia Commons / CCY-SA, https://creativecommons.org/licenses/by-sa/3.0。

安纳托利亚（Anatolia）和恰塔霍裕克（Çatalhöyük）

两座古城早在公元前 7500 年至公元前 5700 年就一直有人居住。① 这两座古城的遗址面貌也显示出军事化功能的迹象。耶利哥古城被凿成的沟渠和三尺厚的城墙包围着②（见图 1.1）。耶利哥古城最初的面貌在公元前 5000 年就被战争摧毁了。尽管恰塔霍裕克古城没有明显的防御工事，但是它依然是一个战略要塞。该城堡建筑由密集的泥屋组成，人们只能通过梯子从屋顶洞口进入房间。此外，城堡周围没有外墙。古城定居点还发现了反映士兵生活的壁画。③

人类加强定居点军事防御的时间，要早于农业和国家形成的时间。但是，真正意义上的城市出现在公元前 3000 年前后的美索不达米亚。第一个城市出现在苏美尔，该城遗址处于现在的伊拉克南部地区，当时是海湾沿岸的一个河口地区。以乌尔城（Ur）为例，该城大约建立于公元前 2100 年，在巅峰时期拥有 35 000 人居住。④ 与此同时，这个地区存在其他 20 个竞争对手的城堡。在青铜时代，美索不达米亚开始呈现兴衰交替的历

---

① Wayne Lee, *Waging War: Conflict, Culture and Innovation in World History* (Oxford: Oxford University Press, 2016), p. 15.
② Edward Soja, *Postmetropolis* (Oxford: Blackwell, 2000), p. 32.
③ Lee, *Waging War*, p. 16.
④ Soja, *Postmetropolis*, p. 64.

第一章 罪恶之城

史周期,阿卡德、苏美尔、巴比伦、亚述和埃兰等重要城市不断爆发战争,尤其是攻城战,成为这些古老帝国之间持续冲突的重要特点。

公元前7世纪亚述帝国的崛起可以说明这一历史兴衰的过程。公元前711年至公元前627年,亚述帝国在与周围众多强大帝国斗争之后取得了该地区的统治权,先后出现了西拿基立(Sennacherib)、以撒哈顿(Esarhaddon)和亚述巴尼拔(Ashurbanipal)。21世纪最近发生的摩苏尔战役,战斗的暴虐之声一直回荡在亚述帝国的古城尼尼微。从公元8世纪后期开始,亚述人与埃兰人、巴比伦人等对手进行了一系列成功的战役。其中,亚述军队洗劫埃兰人、巴比伦人居住的城市。亚述巴尼拔宫殿里精美的壁画详细地刻画了攻城战的场景。亚述巴尼拔攻陷巴比伦之后,又继续进攻埃兰人,最终围攻哈马努(Hamanu)这座王城并夺取它。一幅长长的古代画卷描述亚述士兵在城墙下用盾牌防御、奋力攀爬梯子、深挖墙基的作战情景。破城之后,惨死的埃兰人尸体都被扔进了河里。①

青铜年代和铁器时代,美索不达米亚的攻城战和城

---

① Brereton, *I Am Ashurbanipal*, p. 109.

市防御战技术发展到了历史最高水平。同样，类似的城市战技术在美洲、中国和印度等最原始的文明地区也能看到。迄今为止，所有以农耕文明为基础的城邦都能够产生最强大的军事力量中心。农业文明国家能够修筑规模巨大的防御性城市，同时也能围攻、杀戮和袭击敌人的城市。此后，大约在公元前4世纪，城邦国家研制出精密复杂的攻城器械和投石机。例如，罗马帝国的实力不在于罗马军团公开战斗中的强大优势，而在于他们能够在战场上修筑强大防御工事的独特能力，以及拥有坚不可摧的防御措施。罗马城的防御措施如同阿莱西亚城（Alesia）、梅登城堡（Maiden Castle）和马萨达城（Masada）一样固若金汤。从公元前3000年到公元476年罗马沦陷，在中东和地中海的古代农业帝国时代里，城市战无疑是技术更加复杂、对抗更加激烈的战争。然而，直到希腊人和罗马人都熟练掌握高超的攻城艺术时，城市战才真正得以确定。

　　城市战的历史像城市本身一样古老。历史得出一个可悲的结论：作为具有侵略性、高智商、高度社会化的灵长类动物，人类从开始生活在城市中的那一刻起，就开始为争夺城市而相互争斗，并在城市里相互残杀。事实上，如果认为早期人类城市的发展进程是一片和平景

第一章 罪恶之城

象，这固然令人欣慰，但是，事实证明，战争实际上一直是城市生活的内在组成部分。从一开始，城市定居点主要由隔离墙界定，居民在其中被包围着也被保护着。从这个意义上讲，城市当然是文明的摇篮，却同样也是战争的熔炉。

四、理解现代城市战

城市战具有古老的历史，其源远流长的历史世人皆知。然而，城市战在21世纪的今天再次兴起，引人注目且非常重要。城市战的再次兴起受到人们深切关注，既包括在危险艰苦地区作战的武装部队，也包括政治家、政治领导人和人道主义组织，还有普罗大众。近十几年来，许多城镇因战争而毁灭，战争的破坏往往不可挽回。大量平民伤亡或流离失所，战争带来的痛苦极为可怕。毫无疑问，城市冲突和城市战在未来几十年会持续激增。城市战仍然是一个全球性问题，影响着数百万人的生活，威胁到一个国家的重要政治、经济、文化中心。如果说城市战的兴起对政治、社会的影响极为深远，那么，城市战就不能仅仅被视为一种技术性军事问题。与此相反，正因为城市战总是牵涉大量人口，所以，人们必须认真对待这一战争形式,政策制定者、学者、人道主义者、评论家和普通大众等,都要认识理解城市战这一重大而现实的问题。

当下,人们怎样才能理解今天的城市战呢?这是一个非常困难的问题。城市战是一个极其复杂、多元化的综合社会现象。世界上不存在两场相同的战斗,也不存在两场相同的城市战。现实中的每一场城市战都扑朔迷离。作为一种普遍现象,要准确把握现代城市战的特点规律则更加困难。城市战这一概念考验着人们的政治观念、社会治理、军事能力和思想认知。然而,无论如何,至少有必要去尝试理解城市战的内在结构和基本内涵。

当今时代,是从学术上研究城市战的最好时代。在今天的文献中,有两大流派研究城市战比较有影响力。

一方面,有的学者和军事专家主要强调城市战的新颖性,他们认为,一场深刻的军事变革——甚至是城市战变革——已经发生,同时改变了在城市进行军事行动的特点规律。他们对超级国际大都市里的军事行动深感不安,认为城市战对现代社会的挑战是史无前例的。理查德·诺顿(Richard Norton)2003年的文章《野性城市》,被公认为开创性地描绘了未来城市的灾难图景:

第一章 罪恶之城

想象一下,一个占地数百万平方英里的国际大都市曾经是国际经济发展的重要组成部分,现在却变成了一个巨大、破旧的建筑物集合体,变成了一个巨型病毒培养皿,既有古老疾病,也有新染疾病。城市是一个法治早已被近乎无政府状态所取代的领地,在这里,哪怕是安全这样曾经易得的事情,都要诉诸野蛮力量才能获得。如此可怕的城市想象,只能存在于世界末日和科幻小说中。[①]

对诺顿而言,未来城市的野性特征给军队带来全新的生存困境。由于军队必须在规模巨大的城市中作战,可以想象未来城市战将是史无前例的野蛮。诺顿并非唯一持这种观点的人。此外,在对人口超过1 000万的大城市开展军事行动的探讨中,有一个极具创见性的观点是:"尽管城市战并不是新鲜的话题,但是,城市战对特大城市的影响是无法想象的,所面临的挑战也是无法想象的。"[②] 超大城市战,仅凭少数军队就能释放战争的

[①] Richard Norton, "Feral Cities," *Naval War College Review* 56, no. 4 (2003): 1.

[②] Kevin M. Felix and Frederick D. Wong, "The Case for Megacities," *Parameters* 45, no. 1 (2015): 19-32.

全部破坏能量。其他人也认为，在巨大城市里实施作战是一件极其困难的事情。他们还认为，城市环境犹如最烦琐的戏剧演出一样复杂。① 对学者和军事实践家来讲，21世纪初的城市规模和复杂程度对城市战具有革命性影响。现代城市战正在经历一种激进的历史进程。尽管围攻战可能已经过时，但在21世纪城市战中却是全新的。

另一方面，其他学者的观点恰恰相反，他们不认为城市战具有新颖性。研究战争的学者大卫·贝茨（David Betz）和英国陆军军官休·斯坦福·塔克（Hugh Stanford Tuck）在其联合撰写的文章中坚持认为，城市战没有本质上的改变。这两位学者认为，城市战的基本特征持续了几十年、几个世纪，甚至上千年："即使城市战的某些方面看起来具有全新面貌，譬如媒体对战斗的报道，但也只能是表面上的不同，或者最多是古代战争的历史回响。"② 公元70年，古罗马皇帝提图斯在围攻耶路撒冷时所采用战术今天依然能看到。例如，在围攻的第二个星期，提图斯在第二堵城墙打开一个缺口，试图带领

---

① John Spencer, "The City Is Not Neutral: Why Urban Warfare Is So Hard," Modern War Institute, 4 March 2020, https://mwi.usma.edu/city-not-neutral-urban-warfare-hard.

② David Betz and Hugh Stanford-Tuck, "The City Is Neutral," *Texas National Security Review* 2, no. 4 (2019): 60-87.

第一章　罪恶之城

1 000人攻入。然而，这样的作战安排具有重大风险，因为城墙突破口太小、犹太人又在疯狂抵御，提图斯所率领的突击部队可能很难撤退，因而可能遭遇屠杀。所以，提图斯调整作战部署，"弓箭手都布置到街道另一端，率队勇敢地冲在敌人最集中的地方，同时弓箭要猛烈射击以此牵制压制敌人"，贝茨和塔克把这一古老战术转述为现代术语：

> 这场战斗尽管使用的是剑和棍棒，而不是M-4或AK-47现代冲锋枪，指派弓箭手和利箭而不是近距离攻击的武装直升机空中力量，这都无关紧要。最主要的是，这一战斗场景具有深刻的当代启示。此外，在长达数月的伊拉克摩苏尔战役中，犹太反抗分子的战术与极端组织"伊斯兰国"反抗分子的战术几乎没有任何差别。

贝茨和塔克两位学者的观点都认为，21世纪城市战一点都不新鲜。城市战自古有之。同样，英国学者爱丽丝·希尔斯也认为，"无论是正规部队或非正规部队参与战斗,城市战在激烈程度上并没有根本改变"。[1]

相关学者质疑城市战的新颖性的观点具有一定道理。事实上,很难从客观上认定城市战是全新的战争形式。在城市里作战,军队极易受到威胁。战士们也认识到,他们从一开始就深刻体会到城市战这一全新的作战经验。战士们都震惊于城市战的恐怖之处,这种感觉让人们很难从历史上客观地理解城市战。因此,很有必要对错误的城市战看法进行纠正。尽管贝茨和希尔斯等著名学者都认为,城市战的武器装备和战术战法具有历史延续性,声称当代城市战没有任何独特之处,这种说法是站不住脚的。子弹像弓箭一样压制敌人,推土机像攻城锤一样推倒城墙,但是,现代城市战并非以过去那种方式展开。尽管历史上城市战的某些特征依然存在,但是现代城市战的基本结构已经发生变革。在这一点上,有的评论家可能把城市战术同城市战相混淆。城市战术固然是一个重要的分析对象,但是,要理解城市战,仅仅关注特定武器或战术战法是远远不够的,还需要把城市战视为一个战争整体。一旦把分析的焦点上升到战争维度,就能理解城市战是一场21世纪的军事变革。现代城市战并非

---

[1] Alice Hills, *Future Wars in Cities: Rethinking a Liberal Dilemma* (London: Frank Cass, 2004), p. 153.

第一章　罪恶之城

全新的战争形式，但是现代城市战具有独特的内在结构。

从更宽广的视角理解城市战，就有可能识别出城市战的内在结构和基本内涵。虽然每一场城市战的细节都不同，但是城市战包括三大基本要素：城市、武器和军队。城市战具体由发生战斗的城市规模和地理环境、战斗人员使用的武器装备、军队规模类型来定义。这三大因素——城市、武器和军队——构成城市战的基本结构。再者，这些要素共同生成一个可辨识的"战争场景"。① 每个历史时代都有其独特的战争场景。

上述三个因素彼此之间相互作用，是我们理解城市战的关键。学者要探索研究城市的物理结构、社会结构是如何同军队及其使用的武器装备相互作用，进而形成一种特定的城市战类型。对研究者来说，这是一个巨大的挑战。人们很难把城市战的所有因素都牢记于心，也很难观察到这些要素是如何在战斗中互动的。此外，要深刻理解城市战，人们必须跨越学科化的限制约束，要进行综合性研究。实际上，城市战涉及人类学、历史学、地理学、政治学、社会学等所有门类，每种学科都不可或缺。然而，理解城市战的真正困难在于，必须对军事

---

① 我从 Arjan Appadurai, *Modernity at Large* (Minneapolis: University of Minnesota Press, 1996) 中引用了"battlescape"（逃避战争）这个词。——作者注

学、安全学有深刻的认知，同时要具备渊博的战术学、军事学和军事管理学等知识储备。再者，要从社会空间的角度理解城市运行、理解军队如何组织作战等。通常情况下，学术界对军队了解不够深入，而军事专家对城市的了解也不够深入，需要进行跨领域的融合研究。本书试图跨越不同学科门类的限制，深度分析城市、武器和军队这三大因素互相作用的特点规律，从而将社会学和军事学有机融合起来进行研究。因而，这种分析框架有助于社会学和政治学领域的专家、学生以及城市政策制定者、人道主义者和军事专家理解研究城市战。

本书的主要观点简洁又鲜明。到目前为止，学者和业内专家主要从城市人口的全球大爆炸来阐释城市战的兴起，他们认为，城市的扩张增加了城市战爆发的可能性，也决定了城市战的性质。事实上，要理解现代城市战，一个更好的方法并不是从城市开始，而是从军队本身开始。这看起来有一定的讽刺意味。认识事物的最好办法，就是从平淡无奇的小事开始，进而关注它的成长发展。20世纪末以来，世界上几乎所有国家的军队规模数量都在大幅裁减，这对城市战产生了深刻影响。如此一来，因为没有足够的军队在城市里进行防御，反而增加了城市战爆发的可能性，而且也改变了城市战的结构。

第一章　罪恶之城

20世纪的城市战已经遍布整座城市。事实上，有大规模驻军的城市，能够在城市周边和内部构筑起大规模的防线。即使固定部署在城内某处，20世纪的军队也要具备穿越整个城区的作战能力。

今天，城市容纳了军队，而军队却不足以部署到整座城市。争夺城市的战斗都发生在城市内部，精干的军队主要集中在具有决定性意义的据点上进行作战。由于军队规模数量的缩减，城市战只能形成一系列局部的微型围攻战，战斗人员在建筑物、街道、城区内进行作战。围攻战不是将整座城市一分为二，而是在特定的位置进行作战。从这个意义上讲，城市战是由一个个局部战斗组成的。

了解现代围攻战的特点，是研究城市战的主要内容。城市内的围攻战不单单包括围困封锁，也包括流动监控。现代围攻战要面临大规模的罢工和激进分子的反抗，包围这些民众合法吗？"围攻"这一术语，字面意思是包围一个城市并迫使其居民投降的军事行动。[①] 但是在本书中，一场围攻战要涉及很多非军事行动等内容。在日常使用中，"围攻"应用范围更为广泛。一场围攻战不

[①] "围攻"（siege）这个词来源于拉丁语"sedicum"，意思是"座位"。"Sieger"在法语中的意思是"坐"。——作者注

只是包围进攻，还有通常意义上的阵地战。在阵地战中，战斗人员要夺取重兵把守的阵地，作战机动性比较少，更多是阵地进攻作战。根据这一定义，现代围攻战，既包括局部封锁或临时封锁，也包括对阵地的局部进攻。21世纪围攻战主要采取第二种作战方式，既包括对城市内敌人阵地进行的局部封锁、包围和对抗，也包括进行激烈、持久的争夺阵地的进攻战。

21世纪围攻战充满了暴力和混乱。正如摩苏尔战役所显示那样，围攻战呈现出军队、坦克、装甲车和推土机等力量近距离战斗的惨烈场景。然而，真正的围攻战非常复杂，既涉及地面上的常规、混合和非常规作战力量，还涉及城市上方的空中作战平台。此外，部署在城外数英里外的精确火炮、基于信息网络的军事行动、当地民兵和民间组织的相互配合，都对围攻战的胜败至关重要。因此，城市战已经局部化为城市内特定地点的战斗，同时，城市战也通过互联网社交媒体和信息网络向全球各地不断延伸。世界各地的人们以观众、支持者、有时甚至参与者等身份目睹城市战场景。因此，21世纪城市战结构已经发生变革。尽管古老的城市战术战法在激烈的近距离战斗中依旧延续，但是现代城市战已经重塑重构，相关战术战法具有革命性创新发展。21世纪城

第一章 罪恶之城

市战地形学既浓缩在城市内部，也向世界各地延展，具有独特的现代面貌。本书主要采用跨学科的方法描述现代城市战的新架构新面貌。

目前，人们分析研究现代城市战的方法很多。研究某一个主要城市战役，并由此推断出城市战的主要特征，这是可能的。或者对比分析研究几场城市战也是可能的。但是，本书采用另一种不同的研究方法，我不会讲述某一场城市战的历史，像摩苏尔战役历史，不会单独比较几场城市战。我会调查研究一系列当代城市战的案例，进而确定现代城市战的基本结构和特点规律。因此，本书核心主题是剖析城市战并以此探索研究城市战的基本元素及其运行。首先，本书追溯分析城市战兴起的基本历史脉络，阐释军队规模数量在国内战争和城市反叛乱作战中的重要性。其次，分析研究军队局部微型围攻战及其运用的战术战法，阐释城市战中的战斗防御、空中力量、战斗火力、装备车辆、战斗伙伴和信息作战等因素的重要性及其如何相互协作等问题。上述主题在本书将依次讨论阐释，努力为研究21世纪城市战提供整体图景。最后，本书探讨预测未来20年城市战发展的可能前景。试问：我们看到的21世纪初出现的城市微型围攻战，20年后会如何发展？21世纪二三十年代，我们会在超大城市中作战吗？机器人会替代人类作战吗？现代城市会被大规模的常规武器或核武器摧毁吗？

第二章

城市战斗员

第三十二章

第二章 城市战斗员

一、城市战的定义

每个人都知道城市战。只要看一眼摩苏尔、阿勒颇或顿涅茨克的战斗画面，就知道这都是城市战。虽然城市站是怎么回事显而易见，但是很难给它下一个精确的定义。特别是，随着人口数量的减少和人们居住的分散，往往很难真正确定一个城镇由哪些人组成，因此也很难确定野外作战何时变为城市作战。虽然这两者没有绝对区分，但至少有一些实用概念上的分类。20世纪，社会学家路易斯·沃斯[1]在一篇精彩文章中依据三个特点给城市下定义，即大小、密度和异质性，[2] 认为城市是由大量的、高度密集、不同类型的人口聚集的地方。因此，城市战往往发生在人口众多、交往密集、活动多样化的人类居住区。

事实上，一个定居点在被确定为城镇之前，要更精准地确定其人口规模和居住密度。传统上，城市一般定

---

[1] 路易斯·沃斯（Louis Wirth, 1897—1952），公认的城市社会学创始人，芝加哥学派的代表人物之一，1938年发表一篇里程碑式的论文《作为一种生活方式的城市性》（Urbanism as a Way of Life, 1938），还有两种译法：《作为一种生活方式的都市生活》《作为生活方式的城市化》。——译者注

[2] Louis Wirth, *On Cities and City Life: Selected Papers* (Chicago, IL: Chicago University Press, 1964).

义为人口超过10万人的定居点。低于10万人的定居点，一般定义为城镇。这个数字似乎无可争议。而城镇定义的问题出现在最小范围方面。一个镇要小到什么程度才能完全不再是城镇呢？什么时候成为一个村庄呢？5万、2万还是1万居民？最后一个数字1万居民，是一个合理的标准。然而，一个1万人的定居点仍然是一个巨大的聚集地，在现代之前，这样的聚集地构成一个非常重要的居住区。从军事角度来看，一个1万居民的城镇是一个重要目标。军事原则适用于这里。例如，目前美国陆军和美国海军陆战队的城市作战条令将城镇范围确定为"3 000—10万人的定居点"。[①] 一个合理的城镇人口范围似乎是3 000左右。当人口达到3 000时，就达到城镇的门槛。

当然，城市环境不能仅由人口数量来定义。正如沃斯所强调，人口密度在这里也非常重要。正如阿富汗所显示的那样，一个有3 000人却分散在大片区域的定居点并不是城镇。城镇化需要人口密度。再者，如同3 000这个数字一样，在一个定居点可被定义为城镇之前，它所需的人口密度具有一定的随意性。根据各国不同的人

[①] Headquarters, Department of the Army, *ATP3-06: Urban Operations* (December 2017), pp. 1-3.

第二章 城市战斗员

口统计数据，联合国和世界银行使用的数据是每平方千米400人。因此，如果一个定居点有3 000人，人口密度为每平方千米400人，可以定义为城镇。因此，该定居点的范围集中在不超过7.5平方千米的地区。当军队开始在人口密集地区作战时，军事行动就会变成城市战，该地区是由面积不低于7.5平方千米的定居点上的常住人口和相关建筑物组成。也许，把数字整合起来使用是为了便于记忆，一般认为，城市战的人口标准起始于3 000的定居点，居住密度为每平方千米500人，居住区面积为6平方千米。当然，正如最近城市战所显示那样，一个城市的面积可能远远超出上述数字。城市战经常发生在数十万或数百万人口的定居点，面积范围超过数百平方千米。但是，每平方千米人口密度不低于400，人口总数不低于3 000，为定义城市战提供了一个有价值的参考门槛。

正如西方在阿富汗的战役中所表明的那样，军队肯定在低于上述城镇规模和密度的定居点上作战。对于连排作战单位来说，这些作战行动可能确实感觉是城市战。人口3 000以下，军队要被部署到"居住建筑区域作战"，而所使用的战术战法往往仅限于城镇之内。一般以班和排为单位参与城镇作战。然而，尽管单兵战斗发生在这样的城镇，但这样的行动——战斗——却不是城市战。在人口低于3 000的定居点作战，其聚集性和多元化程度并不符合城市战的标准。

为城市战门槛设定一个数字阈值是可能的，确定城市战的冲突范围也是有必要的。在《战争论》中，克劳塞维茨给"战争"下了一个著名定义，"战争只不过是政治通过其他方式的一种延续"。① 战争是一种为达到政治目的而进行的有组织的暴力行为：

> 战争不过是一场规模更大的决斗。无数的决斗构成了战争，但想象一对摔跤手就能形成一幅战争的整体画面。每个人都试图通过身体的力量迫使对方按自己的意愿行事；他的直接目标是将对手击倒，使其无法继续抵抗。因此，战争是一种强迫敌人按我们的意志行事的武力行为。②

按照克劳塞维茨的定义方式，当双方战斗激烈时，

---

① Carl von Clausewitz, *On War*, trans. Michael Howard and Peter Paret (Princeton, NJ: Princeton University Press, 1989), p. 87.
② Ibid., p. 75.

第二章 城市战斗员

很容易定义城市战。当两个国家的军队在一个3 000多人的定居点相互攻击时，这显然是一场城市战。在21世纪，国家与国家之间很少在城市发生战争。相反，城市战的常态是，国家行为体主要打击非政府武装。然而，即便打击叛乱分子仅仅是一项小型军事行动而已，但双方的交战程度足够激烈，因而我们很容易将双方在城市的交战描述为城市战。摩加迪沙、格罗兹尼、摩苏尔、阿勒颇和马拉维发生的战斗显然都是高强度的城市战。

就像定居点的密度和规模一样，在低烈度、小规模暴力的情况下，双方的战斗就很难被定义为城市战。城市暴力有多种形式。抗议者、恐怖分子和罪犯分子都有潜在的暴力倾向，他们都可能破坏城市秩序。然而，将违法行为和犯罪行为描述为战争是错误的，尽管他们可能令政府或公民感到不安。然而，我们要追问一下：作为城市暴力形式的抗议、犯罪和恐怖活动，究竟达到什么程度可以定义为城市战呢？

学者和分析家通常使用特定统计数据对冲突和战争进行分类。如果一年内，任何一方在战斗中死亡25人，就定义为冲突，而战争则要求一年内与战斗相关的死亡人数至少在1 000人以上。这是一个主观的数字，但是有价值的数字。因此，尽管冲突和战争两者有时界限模糊，但当1 000名战斗人员或平民在城市里由于政治冲突而丧生，且人们能够辨识出是敌对一方发动的袭击时，城市战就发生了。当然，帮派斗争、恐怖活动和公开抗议不像国内战争那样明显地成为城市战的一种形式，但犯罪活动或政治暴力在一定程度上可以定义为战争。在今天的巴西，五分之一的公民生活在大城市边缘的贫民窟（favela①）。在贫民窟地区，每年10万人中有200人被谋杀，这一情况与2003年伊拉克战争或20世纪90年代巴尔干地区战争的死亡率相当。应该来讲，巴西政府对城市内斗争的死亡数字负有责任。2019年，仅巴西安全部队就击毙了676人。贫民窟地区的冲突不是传统意义上的战争，然而，仅仅将其视为犯罪似乎也不正确。

然而，尽管死亡数字很重要，但还不足以将城市冲突定义为战争。当然，政治动机在这里非常重要。在一个大城市，可能有1 000名市民被完全随机、毫无关联地杀害。在这种情况下，公共秩序受到严重破坏，但这不是战争。当犯罪分子的目标明确变成政治目的时——当犯罪分子不仅抢劫平民或争夺毒品交易，而且积极争

---

① favela，为葡萄牙语，原义是一种含羞草类植物名字，该植物主干坚硬，长有硬刺，主要生长在半干旱的巴西东北部地区，此处指代巴西贫民窟，主要位于城市里无主的山坡、河岸、沼泽、高速路隔离带和任何一处能搭建一间小屋的地方。——译者注

第二章 城市战斗员

夺地盘并反对国家法律，迫使对手按他们的意愿行事时——犯罪活动就会转化为战争。同样，在一定程度上，当恐怖袭击开始杀死足够多的人时，就会升级为对国家的严重挑战。

虽然城市战在摩苏尔表现最为明显，但我们没有理由对现代城市战的分析局限于高强度的城市冲突。为了充分理解 21 世纪城市战的多样性和复杂性，有必要分析较低层次的城市冲突。帮派斗争、恐怖袭击和抗议活动经常与真正的城市战同时发生，它们是城市战的一部分。在巴西贫民窟，大多数居民是相对和平的，但是这里不仅存在很高的谋杀率，而且帮派之间、帮派与警察之间经常发生激烈枪战。"2018 年，高达 83 起且都持续两小时或更长时间的枪战反映了这块暴力地盘的现状"。[1] 在这种情景下，贫民窟应该被恰当地描述为战区。警察和帮派之间的激烈冲突，为现代城市战的特征提供了有益的补充，不能因为官方不宣布或不承认他们是"战争"，就忽视他们以"战争方式"的存在。

---

[1] Antonio Sampaio, *Illicit Order: The Military Logic of Organized Crime and Urban Security in Riode Janiero* (London: IISS, 2019), p. 8.

二、人口统计学与非对称性

现在,人们普遍认为,城市战的兴起主要源于城市人口统计学特征。目前,城市里居住的人太多了,人与人的冲突必然集中爆发在城市地区。1960 年,世界人口为 35 亿,其中 5 亿居住在城市。2020 年,世界人口为 70 亿,其中 33 亿居住在城市。① 早在 1996 年,评论家已经注意到世界人口向城市化转变的趋势。早期的城市专家罗素·格伦(Russell Glenn)明确指出,这场人口革命的军事意义在于:"人口统计数据的暴涨促使城市成为未来战场。"② 与此同时,一位著名的美国军官拉尔夫·彼得斯(Ralph Peters)也提出了同样的观点:"我们认为,只有傻瓜才会在城市里战斗却对未来视而不见。但是在下个世纪,在一个失控的日益城市化的世界,我们无法避免在城市里部署战斗。"③ 这两位学者的预言得到了证实。关于 21 世纪城市战兴起的主要原因,不同领

---

① Mike Davis, *Planet of the Slums* (London: Verso), pp. 1–11.
② Russell Glenn, *Combat in Hell: A Consideration of Constrained Urban Warfare* (Santa Monica, CA: Rand Arroyo Centre, 1996), p. 2.
③ Ralph Peters, "Our Soldiers, Their Cities," *Parameters* 26, no. 1 (1996): 43.

第二章 城市战斗员

域评论家的观点几乎完全一致①:"城市化的兴起及其带来的所有复杂性,确实增加了城市未来发生冲突的可能。"② 同样,美国陆军出版物《超级城市与美国陆军》(*Megacities and the United States Army*)指出,大量巨型城市群的形成增加了城市战的可能性。现在生活在城市里的人比过去要多得多,却要面对令人绝望的生活条件,因此冲突变得越来越明显。这是大城市不可避免的情景,城市化进程本身已经迫使战争进入城市:

> 在南半球,发展中国家的全球化、城市化和人口快速增长的进程以及彼此之间的关联似乎正在改变战争的特征。我们正处在一个由发展迅速的超大城市主导的"城市世纪"的顶端,这些城市内部发生暴力的可能性越来越大,

---

① E. g., Gregory Ashworth, *War and the City* (London: Routledge, 1991); Michael C. Desch, "Why MOUT Now?" in Michael C. Desch (ed.), *Soldiers in Cities: Military Operations on Urban Terrain* (Carlisle PA: Strategic Studies Institute, 2001), pp. 1 – 16; Sean Edwards *Mars Unmasked: The Changing Face of Urban Operations* (New York: Rand Arroyo Centre, 2000); Paul Hirst, *Space and Power* (Cambridge: Polity, 2005); Louis Di Marco, *Concrete Hell: Urban Warfare from Stalingrad to Iraq* (Oxford: Osprey, 2012).

② Gian Gentile, David E. Johnson, Lisa Saum-Manning, Raphael S. Cohen, … James L. Doty, III, *Reimagining the Character of Urban Operations for the US Army* (Santa Monica, CA: Rand Arroyo Centre, 2017), pp. 8-9.

049

极有可能引起重大的政治危机。[1]

人口统计学分析框架对研究城市战相当重要。然而，除了世界加速城市化，学者们还强调，弱小的非政府武装在城市战中具有非对称性优势。城市环境抵消了军队先进武器的优势，同时将自杀式袭击和简易爆炸装置的效能威力最大化了。显而易见，城市环境总是能为弱势一方提供最大的防御优势。然而，学者们认为，面对具有技术优势的国家军队，当代城市——尤其是贫民窟迅速增长的城市——为反抗分子逃避、隐藏、伏击和反击提供了最好的环境条件，[2] 同时也提高了武装冲突法和国际人道主义法的保护力度。非政府武装知道西方各大国尤其会尽量减少平民伤亡，因此他们积极寻求在民众中进行作战。[3] 事实上，城市为弱势一方提供了众多优势条件，为此，有人声称，城市叛乱构成了21世纪初的

---

[1] Michael Evans, "Lethalgenes: The Urban Military Imperative and Western Strategy in the Early Twenty-first Century," *Journal of Strategic Studies* 32, no. 4 (2019): 516.

[2] Michael Evans, *City without Joy: Military Operations in the 21st Century* (Canberra: Australian Defence College, Occasional Series no. 2, 2007), p. 14.

[3] David Kilcullen, *Out of the Mountains: The Coming of Age of the Urban Guerrilla* (London: Hurstand Company, 2013), pp. 74-76.

第二章　城市战斗员

主要军事挑战。①

三、国家间战争

当学者们提及人口统计学和非对称性，他们主要关心如何凭借这两种分析框架来研究阐释城市叛乱和国内冲突。② 21世纪以来，大部分城市战都是作为国内冲突的一部分发生的。然而，学者们也假设对国内冲突的阐释同样适用于国家间战争。例如，亚历克·沃尔曼（Alec Wahlman）在研究美国陆军城市作战史时，一开始就认为，人口统计学和非对称性是界定现代城市战的决定性变量，他接着分析研究亚琛、马尼拉、汉城和顺化的城市战役情况。在每一个战例中，包括顺化战役，都是国家之间军队的战斗，而不是镇压叛乱的战斗。沃尔曼要表达的意思很清楚，即要考虑城市的人口统计学和非对称性，美国陆军应该能够预料在未来城市中如何与同类对手作战，就像打击反抗分子一样。同样的观点也出现

---

① Frank Hoffman, "Complex Irregular Warfare: The Next Revolution in Military Affairs," *Orbis: A Journal of World Affairs* 50, no. 3 (2006): 395-411.
② Alice Hills, *Future Wars in Cities: Rethinking a Liberal Dilemma* (London: Frank Cass, 2004), pp. 16-26; Kilcullen, *Out of the Mountains*, pp. 18-40.

051

在爱丽丝·希尔斯和戴维·基尔卡伦①的研究中。未来国家之间的战争主要也发生在城市中，这是因为城市独特的人口结构和地理环境能够有效防御最先进的武器装备。

显然，尽管国家间战争和国内战争在过去十年已经融合为一种混合冲突形式，但是仍需要对两者进行更进一步的研究。我们需要解释清楚，国家间的城市战和国内战争的城市冲突两者的区别。下面将分别进行讨论。首先，讨论国家间的城市战问题比较容易，主要考虑国家间战争为什么越来越集中在城市。但是，学者们主要关注城市叛乱，他们优先考虑城市的人口统计学特征和双方使用的武器装备，不再过多考虑导致城市叛乱的其他因素。学者们认为，现代城市规模和人口数量如此巨大，城市不可避免地卷入未来的任何一场城市战。此外，先进的监视技术和精确制导武器的发展促使军队被迫进驻城市避难，以此来防御先进武器装备的打击。不可否

---

① 戴维·基尔卡伦（David Kilcullen, 1967年生），世界著名反叛乱专家、美国国务院首席反恐战略家，创建从事战略咨询的凯罗斯公司（Caerus Associates），曾在皇家澳大利亚军团（Royal Australian Regiment）担任步兵指挥官20年，具有丰富的制定平定叛乱政策经验。著有《意外的游击战：反恐大战中的各类小型战争》（2009, 英文原著时间）、《走出大山：城市游击战时代即将到来》（2013, 英文原著时间）等力作。——译者注

认，城市人口统计学和先进武器装备对城市战的重要性，这两大因素一直在城市战中发挥着重要作用，未来也是如此。然而，目前的学术文献对这个问题的研究还处于空白状态。

从历史上讲，城市战还由第三个要素——军队本身的规模构成。然而，目前的文献几乎没有深入讨论过军队规模对城市战的影响。尽管军队规模这一重要因素得到了短暂认可，但是从未得到系统性的深入研究。[1] 一般认为，军队规模似乎是一个显而易见的事实，但是它对国家间城市战的潜在意义被忽视了。通过强调军队规模（数量）的极端重要性，有可能进一步丰富现有的对国家间城市战的阐释研究。

四、军队规模

毫无疑问，在任何时代，军队规模向来是战争的一个重要威慑因素。许多军事专家充分意识到军队规模和

---

[1] Saskia Sassen, "When the City Itself Becomes a Technology of War," *Theory, Culture and Society* 27, no. 6 (2010): 37; Warfare Branch, Headquarters Field Army, Operations in the Urban Environment (Warminster: Land Warfare Centre, 2018), p. 13.

数量的重要性。德国军事史学家汉斯·德尔布吕克①对这个问题进行了研究，他的见解非常深刻独到。德尔布吕克在关于政治和军事史的名著《战争艺术史》(History of the Art of War)的开头就指出，分析战争的最佳起点永远是军队规模。"在文献允许的情况下，开展军事史研究最好从军队实力入手……如果对军队规模没有一个明确的概念，就不可能对军事史的叙述和事件本身进行批判性的研究阐释"。②德尔布吕克这部四卷本军事史巨著并不是对军队的定量研究，而是对军事行动及其政治目的和影响的批判性研究。甚至在整个论著的研究中，他特别注重运用数据阐释相关战役行动中的特殊问题，并推翻史学中那些华而不实的观点。

例如，在《战争艺术史》第一卷中，德尔布吕克令人信服地推翻一个观点，即公元前480年，当（波斯人）薛西斯③试图入侵希腊时，他率领多达200万人的军队，

---

① 汉斯·德尔布吕克（Hans Delbrück, 1848—1929），19世纪和20世纪德国的战略思想家、军事史家。著有《战争艺术史》（全四卷），他对现代战略思想的发展贡献卓著。——译者注

② Hans Delbrück, *History of the Art of War within the Framework of Political History*, Vol. 1: *Warfare in Antiquity*, trans. Walter Renfroe, Jr. (London: Greenwood Press, 1975), p. 33.

③ 薛西斯（Xerxes，公元前228年至公元前201年在任），塞琉古帝国科马基尼行省第三任总督。——译者注

第二章 城市战斗员

行军队伍长达 420 英里,当军队的前方部队已经抵达希腊时,军队的后方部队还未离开出发地点苏萨城,① 然而,这样的情况并不属实。德尔布吕克还推断出一个不同于古希腊哲学家希罗多德②的看法,即考虑到波斯军队数量和实际战场规模(实际发生在布拉纳古),他认为公元前 490 年的马拉松战役中,波斯军队规模肯定要小于 12 000 人的希腊军队。③ 对德尔布吕克来说,军队规模是批评性质疑军事历史的重要分析工具。他还能够通过分析军队规模来推断出军事行动的特征。在实践中,极小规模的军队也能够产生重大的政治影响。

德尔布吕克对军队的研究分析极具洞察力。然而,他并没有具体研究军队数量与城市战之间的关系。深入理解军队规模和城市战之间直接的历史联系,有必要求助于其他军事史学家的研究成果。克里斯托弗·达菲(Christopher Duffy)的研究同这个问题直接相关。在对早期现代堡垒的开创性分析中,达菲明确强调军队规模和城市战之间的密切关系,他深刻阐释到,城市堡垒是

---

① Delbrück, *History of the Art of War*.
② 希罗多德(Herodotus,约公元前 490 年至约公元前 425 年),古希腊哲学家、历史学家,代表作《历史》。——译者注
③ Delbrück, *History of the Art of War*. See also Gordon Craig, "Hans Delbrück: Military Historian," in Peter Paret (ed.), *The Makers of Modern Strategy* (Princeton, NJ: Princeton University Press, 1986), pp. 333, 336.

如何随着火炮的兴起而发展起来的，以及堡垒又是如何反过来改变那个时代的国家和军队的面貌特征。1500年到18世纪中期，要塞防御和围攻战这两种战术在城市战中发挥了重要作用。事实上，甚至可以说，围攻——而不是战斗——决定了当时战争的特征。然而，达菲指出，围攻战在18世纪战争中有所衰落。

至关重要的是，围攻战的衰落与武器装备的发展几乎没有什么关系。虽然火炮锻造新技术的发明能够促进轻型野战炮的生产能力，但火炮射击能力并没有发生根本改变，特别是攻城炮也没有得到发展。因此，早期的现代防御工事一直延续到19世纪50年代。18世纪晚期，导致围攻战衰落的主要原因是军队组织形态的变化。从18世纪中叶开始，特别是革命战争时期，军队规模的增长令人惊叹。1812年，拿破仑大军（Grande Armée）就高达100万人，但他的敌人同样也开始扩大军队规模作为回应。军队规模的扩大对近代早期防御工事影响深远："要塞堡垒之所以占据重要地位，是因为根据粗略的经验判断，我们发现战场上兵力越少，可用据点就越重要。"[①] 启蒙时代末期，随着军队规模的扩大，部队作战

---

① Christopher Duffy, *The Fortress in the Age of Vauban and Frederick the Great*, 1660-1789, vol. II (London: Routledge & Kegan Paul, 1985), p. 292.

第二章 城市战斗员

能够绕过要塞或防御坚固的城镇。这是因为要塞内的守军规模太小，不足以威胁到作战部队的安危或部队前进的交通线。① 同时，要塞和城市也可能被日益增多的敌人包围或征服。② 达菲对围攻战的观点相当激进。从这个意义上讲，在任何时代，战役的大小基本取决于参战的军队规模。拿破仑军队使用的武器更好，但是他的精良武器与 1708 年布伦海姆战役中马尔伯勒公爵一世约翰·丘吉尔将军（General John Churchill, 1st Duke of Marborough）所使用的武器并无本质区别。对整个战争而言，围攻战已经变得不那么重要了。克劳塞维茨的《战争论》对革命战争和拿破仑战争的回应，非常清楚地表明围攻战开始走向衰落。令人惊讶且令人不解的是，克劳塞维茨《战争论》整本书主要论述"交战"（战役），其中有三章内容讲要塞堡垒战，却没有专门讲城市战和围攻战。一部 600 页的《战争论》中涉及城市战的内容只有极少的 11 页。③

达菲认为，近代早期，城市战的胜负取决于军队规

---

① 达菲的论点与关于早期现代军事革命探讨的观点是一致的，其中一个主要因素是对 1500 年后欧洲军队规模不断扩大的讨论。——作者注
② Jeremy Black, *Fortifications and Siegecraft* (London: Rowman & Littlefield, 2018), p. 236.
③ Clausewitz, *On War*, Book Six, chs 10 and 11, "Fortresses" and "Fortresses-continued", and Book Seven, ch. 17, "Attack on fortresses".

模。这是一个非常重要的观点。如果把近代早期作为一个标志，就可能提出一个关于城市战的更广泛的假说。在任何历史时期，军队规模越小，城市就越重要。随着军队规模的压缩，城市战将获得优先地位。相比之下，军队规模越大，战场上的公开作战就越有可能胜过围城战。随着军队规模的扩张，城市战变得不那么重要了。因此，城市战的频率和重要性基本上取决于军队规模。

五、大规模军队的式微

达菲关于军队规模和城市战的观点，也与21世纪初城市战的问题紧密相关，这是因为现代军队比几个世纪前的军队规模都要小。20世纪70年代以来——尤其是最近几十年——大型军队、国家军队、西方军队几乎都消失了。20世纪常态化、大规模的公民军队（citizen army）现在也被规模较小的"全志愿兵军队"（all-volunteer forces）所取代。20世纪70年代，军事专家已经注意到西方国家军队组织形态的这一重要转变。在当时，有的西方国家已经废除征兵制度（conscription）。[1]

---

[1] E. g., Karl Haltiner, "The Definite End of the Mass Army in Western Europe?" *Armed Forces and Society* 25, no. 1 (1998): 7-36.

冷战之后，征兵制度和大规模军队变得越来越过时。到了2010年，所有西方国家都废除了义务兵役制度（national service，又译"国民服役制度"）。其结果是，西方军队的规模下降到冷战时期的一半或三分之一（见表2.1）。

表2.1 1991—2019年陆军规模（现役员额）

国家	1991年	2019年	增加百分比（%）
美国	731 700	481 750	−35
英国	149 600	83 500	−46
德国	335 000/566 000*	62 150	−77/89
法国	280 300	114 850	−61
苏联/俄罗斯	1 400 000	280 000	−80
中国（中国人民解放军）	2 300 000	975 000	−58
伊拉克	350 000	180 000	−48
叙利亚	300 000	130 000	−43
以色列	104 000	126 000	+21

注：*标号斜体数据含德意志民主共和国国家人民军。
资料来源：英国智库国际战略研究所：《1991年全球军力平衡报告》(The Military Balance 1991)；《2019年全球军力平衡报告》(The Military Balance 2019)。

例如，冷战结束后，美国陆军现役人数从70万缩减至48万，而且还将进一步缩减。的确，有的欧洲国家，如瑞典，最近已经重新引入受宪法约束的征兵制度,①但是具有选择性的征兵法案丝毫不能扭转军队规模缩减的大趋势。

美国和欧洲的评论员经常担心国家军队规模缩减的问题。然而，事实上，国家军队规模缩减是全球发展趋势。中国和俄罗斯的军队也都表现出同样的趋势。事实上，苏联解体后，俄罗斯军队规模目前远远小于其西方对手。1991年，苏联军队有140万现役士兵和275万预备役士兵。截至2021年，俄罗斯陆军有28万人，其中19.5万是正规专业军事人员，军队规模大约是其冷战时期的20%。

由于部队数量的客观下降，世界各国在最近的作战行动中部署的兵力必然要比20世纪少得多。相关参战国根本无法再进行大规模的作战行动。以色列国防军也是如此。尽管以色列国防军仍然是一支规模庞大的征兵部队，1991年以来一直保持着大规模的服役人员，但以色

---

① 受宪法约束的征兵制度（limited conscription），指的是瑞典的征兵制度。过去两个世纪内，瑞典本土从未有过战事，这促使瑞典政府于2010年结束了自1901年起实行的强制征兵制度，开始采取自愿入伍的征兵方法。瑞典军队总人数一度降到1 644。参见《瑞典政府决定重启强制征兵工作 应对安全威胁》，新华社，2017年3月4日，http://www.xinhuanet.com//world/2017-03/04/c_129500675.htm。——译者注

列在最近的战役中只部署了一小部分兵力。① 1982 年，在第一次黎巴嫩战争中，以色列部署了 78 000 名士兵。相比之下，2006 年的第二次黎巴嫩战争中，仅有 1 万名以色列士兵参战，直到战争的最后几天，在经历了一系列的失败后，以色列国防军才将部署人数增加到 3 万人。② 同样，2008 年，即使在针对加沙地带哈马斯的"铸铅行动"③ 中，以色列也仅仅部署了约 1 万人的小规模地面部队。如果达菲的论点是正确的，那么野外战场作战密度的降低就会增加城市作战的频率。国家军队规模的缩小必然要求把部队集中部署在城镇地区。

六、前线：20 世纪战争

通过对比 20 世纪战争，人们可以更好地理解军队规模缩减对现代城市战的深刻影响。当然，城市战在当今

---

① 事实上，相对于以色列人口的规模，以色列国防军在同一时期缩减了大约一半。——作者注

② Matt Matthews, *We Were Caught Unprepared: The 2006 Hezbollah-Israel War* (Ft Leavenworth, KS: US Army Combined Arms Centre, Combat Studies Institute, 2008), p. 50; David Johnson, *Hard Fighting: Israel in Lebanon and Gaza* (Santa Monica, CA: Rand Arroyo Centre, 2011), p. 69.

③ "铸铅行动"（Operation Cast Lead），是 2008 年 12 月 27 日至 2009 年 1 月 18 日，以色列在加沙地带对巴勒斯坦伊斯兰抵抗运动（哈马斯）实施的军事行动。——译者注

时代绝不是无关紧要的。第一次和第二次世界大战中，军队有时直接争夺主要城市和首都的控制权，这些城市有安特卫普、列宁格勒、莫斯科、斯大林格勒、马尼拉、华沙和柏林，以及许多较小的城镇和城市，如布雷斯特（Brest）和亚琛等。两次世界大战参战主角的宏大战略目标，都是要击败对方的野战军，进而占领对方的首都城市。城市战是两次世界大战中典型的作战方式和战略目标，有时会发生激烈残酷的战斗。

然而，整个20世纪，世界各国军队规模普遍非常庞大，导致他们不得不在野外作战。在第一次世界大战中，俄罗斯、法国、德国、英国和美国分别征集了1 200万、800万、1 100万、800万和400万的军队。在第二次世界大战中，它们又分别组织部署了1 200万、500万、1 000万、400万和800万的军队。在每次主要的陆地战役中，参战国的大规模公民军队部署在战斗前线，这一现象主要源于三个原因。首先，前线能充分发挥军队的战斗力；其次，为了避免被庞大敌军从侧翼包抄，军队必须构筑一个战线与敌人对峙；最后但是同样重要，大规模军队只有沿着铁路、公路交通系统分散部署才能有效得到后勤支持。重视前线战斗才能保护部队后方安全。这三大原因对城市战也有深刻启示。因为部队都聚集在

第二章 城市战斗员

宽广的前线上，20世纪军队都是在城市之外为城市而战。①

20世纪战争中最典型的独特战场，是二战中著名的城市战役——斯大林格勒战役。斯大林格勒战役让军事史学家和小说家们既着迷又震惊，该城市战役不仅是战争中最野蛮的战例之一，而且被认为是欧洲战争的转折点。目前，世界上对斯大林格勒战役的研究主要集中在1942年8—11月的城市战期间，② 这完全可以理解。发生在斯大林格勒城内的战斗，是第二次世界大战期间所有城市战中最激烈的战斗之一。斯大林格勒战役是世界上第一次大规模工业化军队进行的城市战，机关枪、坦克、火炮和空中力量等现代化武器都投入了战役中。

斯大林格勒战役被视为现代城市战的化身。在战术层面上，这一判断也许是对的。然而，斯大林格勒战役本身也彰显了20世纪战争更丰富的面貌。虽然这场战役是最激烈、最重要的军事行动，但德军第6集团军在斯大林格勒的作战行动也只是德军在这条战线上更大战役

---

① S. L. A. Marshall, "Notes on Urban Warfare," Army Material Systems Analysis Agency, Aberdeen Proving Ground, Maryland, April 1973, pp. 8-11.

② 斯大林格勒战役，又称"斯大林格勒保卫战"，一般认为在1942年7月爆发，持续至1943年2月，历时六个半月。苏联和德国在战役中总伤亡人数估计超过200万。——译者注

063

的一部分。第6集团军隶属德国军队（Wehrmancht，又译"纳粹德国军队"）重新部署的B集团军群（原南方集团军群），该集团军群在斯大林格勒南北数百英里的战线上策划了一场范围广泛的战役。斯大林格勒本身并不是一个特别大的城市，1941年7月，这座城市只有90万人口。① 德军的B集团军群，包括匈牙利第4集团军、罗马尼亚第3集团军、罗马尼亚第4集团军、意大利第8集团军、第4装甲集团军、第2集团军和第6集团军（150万人），大部分没有部署到斯大林格勒，而是部署到斯大林格勒周围的战场上。② B集团军群共由74个师组成。只有第6集团军和第4装甲集团军的27个师投入斯大林格勒城内和周边地区的战斗。③ 德军其他集团军都部署在该城市的野外战场。第6集团军担任主攻，夺取斯大林格勒这座城市。第6集团军由70个师组成4个兵团，④ 即使在1942年11月战斗达到高潮，在攻击街垒

---

① S. J. Lewis, "The Battle of Stalingrad," in William Robertson (ed.), *Block by Block: The Challenges of Urban Operations* (Ft Leavenworth, KS: US ACGS College Press, 2003), p. 30.

② David Glantz, with Jonathan House, *The Stalingrad Trilogy, Volume 2: Armageddon in Stalingrad: September–November 1942* (Lawrence: University of Kansas Press, 2009).

③ Lewis, "The Battle of Stalingrad," p. 31.

④ Glantz, *The Stalingrad Trilogy*, pp. 33, 719-720; Antony Beevor, *Stalingrad* (London: Penguin 1999), pp. 433-435.

第二章 城市战斗员

火炮厂和红十月工厂期间，也只有 LI 集团军（LI Army Corps）的 8 个师（第 389 步兵师、第 305 步兵师、第 14 装甲师、第 79 步兵师、第 100 空降猎兵师、第 295 步兵师、第 24 装甲师和第 71 步兵师）直接投入城市战斗中，而其他师则部署在远离城市的北部，主要保卫德军防线。[①] 苏联红军的作战部署也是如此。只有瓦西里·崔可夫将军[②]率领的第 62 军在斯大林格勒城市里作战，战斗期间，崔可夫仅能指挥 13 个师和部分旅。此外，苏联红军还组织一支庞大的部队，该部队由 60 多个师组成 8 个军，尽管人数也只是战区总兵力的 15% 左右，[③] 但是最终在 1942 年 11 月成功实施了包围德军第 6 集团军的"天王星行动"（Operation Uranus）。虽然最集中的战斗部队、最激烈的战斗都在斯大林格勒城内，但是大多数德国军队和苏联军队从未在城市部署部队。不过，斯大林格勒战役仅仅是前线更大规模战役的一部分（见地图 2.1）。

[①] Glantz, *The Stalingrad Trilogy*, p. 609; Beevor, *Stalingrad*, pp. 242–243; Lewis, "The Battle of Stalingrad".

[②] 瓦西里·崔可夫将军, General Vasili Chuikov, 崔可夫又译楚伊科夫。——译者注

[③] Beevor, *Stalingrad*, pp. 435–437.

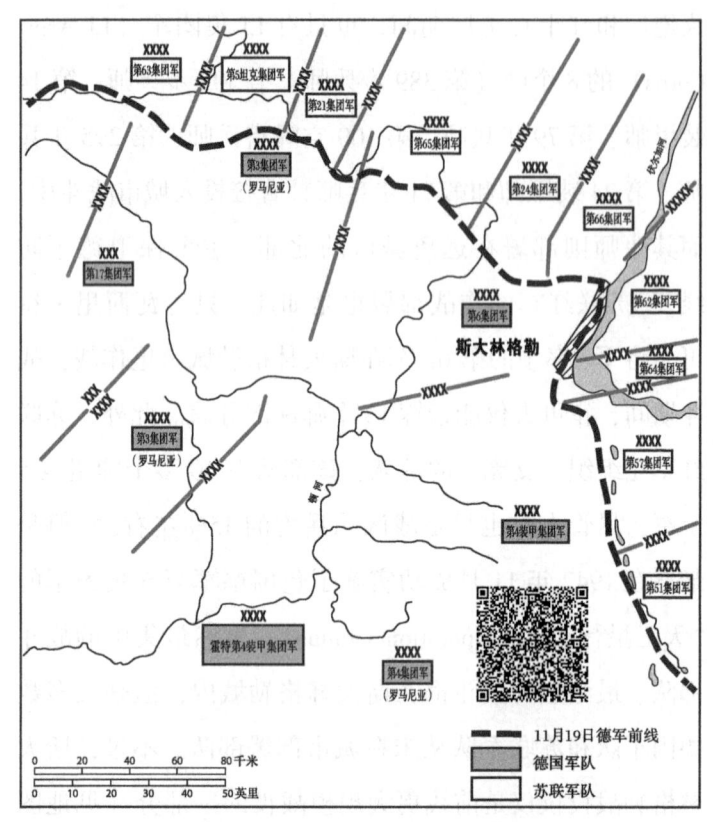

地图 2.1　1942 年斯大林格勒战役

资料来源：该地图源自 iMeowbot/Wikimedia Commons/Public domain。

人们可能认为斯大林格勒战役是独一无二的，但这是错误的认识。这一时期的盟军也发动了类似的城市战役。例如，在1944年的诺曼底登陆战役（Normandy Campaign）中，法国城市卡昂（Caen）就是整个战区的关键枢纽，

第二章 城市战斗员

该城市最终被空袭摧毁。然而，城市本身几乎没有发生任何地面战斗。盟军在阵线上包围了卡昂，第21集团军司令伯纳德·蒙哥马利将军在6月和7月试图通过一系列进攻①——"河鲈行动""爱普生行动""查恩伍德行动""古德伍德行动"（Operations Perch, Epson, Charnwood and Goodwood）——最终在侧翼夺取卡昂。诺曼底登陆战役之所以被人们记住，主要是因为野外作战的艰难，而不是城市战的艰难，这并非偶然。斯大林格勒战役期间，城外广阔的地形同样适用于20世纪开展大规模野外战役。后来的北约和华约也都沿着德国边境的线性野外战场做好了对峙准备，直到冷战结束。②

值得注意的是，整个20世纪的军事理论一般都认为，军队要避免在城市内作战。③ 这一理论也常常在今天被解释为城市战独特困难性的依据，然而这并不完全是对军事理论的误读。城市战对军队要求很高，这一点是公认的。然而，事实上，20世纪的军事理论建议避开

---

① Alexander McKee, *Caen: Anvil of Victory* (London: Souvenir, 1984), p. 247.

② John Mearsheimer, "Maneuvre, Mobile Defence and the NATO Central Front," *International Security* 6, no. 3 (1982): 116, 118; also John Mearsheimer, "Why the Soviets Can't Win Quickly in Central Europe," *International Security* 7, no. 1 (1982): 33.

③ E. g., Army Field Manual, vol. Ⅳ, part 5, *Fighting in Built-up Areas* (1983), pp. 1–2.

城市战,并不主要是因为城市战比野战防御更难以攻克——第一次世界大战的西线展示了野战防御工事的强大。避开研究城市战主要是因为,在大规模部署军队的情况下,敌人的主要力量几乎都部署在野外——而不是城镇。因此,当战争的重心在别处时,派兵进攻一个城镇是错误行动。这就是为什么指挥官们受到警告不要这样做:"作战条令强调,城市作战行动只在需要的时候进行,一般情况要远离和绕行城镇地区,而不是在条件困难的情况下冒险进行成本高、耗时长的城市作战。"① 指挥官经常服从上述作战警告。例如,1945年亚琛战役期间,美军第7集团军只派了两个营去清剿这座城市,同时将其主要兵力集中在远离城市的东边,与齐格菲防线(Siegfried Line,又译"齐格弗里德防线")上的德军主力对抗。② 在菲律宾战场,日军认为,不应该派重兵防御马尼拉,而应该尽力在马尼拉城外的山区击败美军。③

---

① Headquarters, Department of the Army, *Field Manual 90 - 10: Military Operations on Urbanized Terrain* (Washington, DC: US Government Printing Office, 1979), 1-1.

② Christopher R. Gabel, "'Knock'em All Down': The Reduction of Aachen, October 1944," in Robertson (ed.), *Block by Block*, pp. 60-90.

③ Kevin Benson, "Manila, 1945," in John Antal and Bradley Gericke (eds.), *City Fights: Selected Histories of Urban Combat from World War II to Vietnam* (New York: Ballantine, 2003), pp. 230-250.

斯大林格勒战役期间，德国将军们灾难性遗忘了"避免在城市作战"这一警告。

20世纪战争中的城市战似乎证实了达菲论文中的观点。从1914年到1991年，人们清楚地发现军队规模同城市战之间的紧密关联。城市战在战术上从属于战役行动。第二次世界大战期间，军队规模庞大到能够形成包围整个城市的广阔战线。有时，在城市作战的军队由于自身规模庞大导致大部分战斗都不得不在野外进行，从而可以在宽阔的战场部署全部兵力进行作战。

七、聚集在城市：21世纪战争

21世纪的今天，军事战略形势完全不同于以往。目前城市战的研究文献，几乎都不再关注讨论军队规模缩减的问题。但是，如果德尔布吕克和达菲关于大规模军队式微的观点是正确的，那么可以肯定的是，过去几十年里，世界各国军队规模大幅度缩减的力度很明显。要阐释战斗频率的减少和城市战之间的关联性，需要真实战例支撑。这不是一件容易的事。21世纪，虽然有的国家内战不断爆发，但是国家之间很少发生战争，发达国家之间的战争更少。所以，要分析阐释现代城市战的战例更少。事实上,近十年来,只有两场国家间战争牵涉到全球大国:一个是2003年美国入侵伊拉克的战争,另一个是正在进行的顿巴斯地区的军事斗争。① 这两个战例并不能完全说明问题。2003年,美军同一支非常弱小的伊拉克军队作战,这种军事实力不匹配的战争只持续了三个星期。战争期间,面对伊拉克军队,美国军队享有行动自由,然而,美军在面对更势均力敌的对手时肯定不会享有这样的优越性。因而,据此推断城市战的作战模式需要非常小心。同样,美军实施"伊拉克自由行动"(Operation Iraqi Freedom)在作战方式上也有优势。特别是,同1991年海湾战争相比时,入侵伊拉克就成为一个人们特别关切的战例。当然,顿巴斯地区的军事斗争并不是正式意义上的国家间战争。这是乌克兰政府和分离主义民兵(separatist militias)之间的内战。然而,俄罗斯军队的介入如此明显,以至于这场冲突更应该被理解为两个国家之间的混合战争。因此,我们要从伊拉克战争和顿巴斯地区的军事斗争中非常谨慎地推断军队规模的普遍缩减问题,但这两场作战行动至少提供了一

---

① 顿巴斯地区的军事斗争,指的是自2014年2月起,发生在乌克兰东部和南部的军事斗争,由俄罗斯控制的乌克兰东部和南部的俄语地区的亲俄势力与乌克兰政府军交战。2022年2月24日,俄罗斯总统普京宣布,在乌克兰顿巴斯地区开展特别军事行动。——译者注

第二章 城市战斗员

些证据来检验达菲的论点。

按照时任美国防部长唐纳德·拉姆斯菲尔德"阿富汗模式"的作战要求,2003年入侵伊拉克时,以美国为首的联军是小规模军队。[1] 联军部队总人数约50万,其中46.6万是美国人。此外,担负入侵作战的部队人数要少得更多,只有地面部队5个师(4个美军师和1个英军师),人数14.3万。[2] 战争开始时,美军以两个平行路线向巴格达推进:西部是第3机械化步兵师,东部是海军陆战队第1师。其他3个师(第101空降师、第82空降师和联合国军第1师)承担支援角色,负责清理战场和维护保障南部的交通线。

与此同时,伊拉克军队规模也同样遭到缩减。2003年,伊拉克军队由35万人组成:20—23个正规师,6个共和国卫队师和1个共和国卫队特别师。然而,伊拉克大多数军队阵型在战争中没有发挥作用。最终组建而成的伊拉克联军只有4个师的部队,即12 000人伊拉克共

---

[1] Rick Andres, Craig Wills and Thomas Griffith, "Winning the Allies: The Strategic Value of the Afghan Model," *International Security* 30, no. 3 (2005/2006): 124-160; Steven Biddle, "Allies, Airpower and Modern Warfare: The Afghan Model in Afghanistan and Iraq," *International Security* 30, no. 3 (2005/2006): 161-176.

[2] Andrew Cordesman, *The Iraq War: Strategy, Tactics and Military Lessons* (London: Praeger, 2003), p. 16, p. 130; Kenneth Estes, *Marine Corps Operations in Iraq 2003-2006* (Quantico, VA: USMC History Division).

和国卫队特种部队、70 000 人共和国卫队,① 此外还有 15 000—25 000 人敢死队和一支特别安全部队进行支援,部队人数共计约 1 120 000。② 战争开始之前,萨达姆部署的伊拉克军队阵型如果不算特别,也算得上是不同寻常的。③ 萨达姆把大部分军队部署在伊拉克北部或东部以对抗库尔德人和伊朗人。萨达姆将最精锐的共和国卫队和共和国卫队特别师都部署到巴格达南部,以期在城外一系列封锁阵地上保卫这座城市。最后,伊拉克的 4 个师打得非常糟糕。伊拉克军队甚至在参战之前就发生了不光彩的逃兵事件,而且战争一开始,伊拉克军队就成为美国空军的打击目标。④ 伊拉克这 4 个师部队仅仅参加过一次值得关注的战斗,就是 2003 年 4 月 2—3 日,在阿尔卡伊德桥("目标桃子"作战计划)的战斗,这是美军"与伊拉克正规军最大的一次战斗"。⑤ 在这场战斗中,美军 1 个营——第 69 装甲团第 3 营——在短短 3 小时内击败了伊拉克麦地那师第 10 装甲旅、尼布甲尼撒

---

① Cordesman, *The Iraq War*, p. 44.
② Ibid., pp. 46–47.
③ Walter L. Perry, Richard E. Darilek, Laurinda L. Rohn and Jerry M. Sollinger (eds.), *Decisive War, Elusive Peace* (Santa Monica, CA: Rand Arroyo Centre), p. 205.
④ Ibid.
⑤ Ibid., p. 86.

第二章 城市战斗员

师第 22 旅以及伊拉克特种部队的部分军队,而美军没有伤亡。① 与此同时,为了延续自己的政权,萨达姆在城市里部署了复兴社会党和敢死队(Fedayeen)的武装力量,尽管最后归于失败,但是他们还进行了很多战斗。

美国人担心萨达姆会把城市转变成战斗堡垒。② 当然,如果萨达姆在 2003 年把重兵部署到城市里,城市战的规模可能——或许应该——大得多。军事专家斯蒂芬·比德尔(Stephen Biddle)指出,"也许伊拉克最严重的缺点是没有系统地利用潜在的军事地形"。③ 事实上,伊拉克军官出奇地反对在城市作战:"为什么有人会在城市里战斗?"④ 然而,战斗仍然集中在城市地区。除了阿尔卡伊德桥(Al-Kaed Bridge)战斗,大部分主要交战都发生在纳西里耶、纳杰夫、萨马瓦和巴格达等城镇地区。例如,纳西里耶曾是一场大战的发生地,因为幼发拉底河上的两座关键桥梁和 7 号高速公路上的一条运河都位于那里,该要地是美军前进路线上的战略瓶颈。

---

① Perry, et al., *Decisive War, Elusive Peace*, pp. 90-93.
② Ibid., pp. 205-206.
③ Stephen Biddle, "Speedkills: Reassessing the Role of Speed, Precision and Situation Awareness in the Fall of Saddam," *Journal of Strategic Studies* 30, no. 1 (2007): 27.
④ Ibid. p. 29.

2003年3月23日,伊拉克陆军第11步兵师在敢死队战士的支援下,对美国海军陆战队的塔拉瓦特遣部队(Task Force Tarawa)进行了顽强的防御作战。① 这场战役是美军整个战役中代价最大的一次战斗:18名美国海军陆战队员在战斗中丧生。②

此外,美军第101空降师发动了大规模进攻,清除并占据纳杰夫,而第82空降师则占领了萨马沃。这两场战役是第101空降师和第82空降师都参与的规模最大的地面作战行动。尽管第3步兵师在前进过程中参与了许多战斗,但是在著名的"迅雷突袭"(Thunder Runs)行动中也遭遇了最激烈的战斗,激战之后最终抵达巴格达。2003年入侵伊拉克战争是一场相对城市化的战争(见地图2.2)。

如何解释入侵伊拉克期间城市战的规模?人口数量因素显然不是最关键的。纳西里耶、纳杰夫、萨马沃和

---

① Perry, et al., *Decisive War, Elusive Peace*, p. 65, pp. 67 - 78; Gregory Fontenot, E. J. Degen and David Tohn, *On Point: The US Army in Operation Iraqi Freedom* (Ft Leavenworth, KS: Combat Studies Institute Press, 2004), p. 89; Gary Livingston, *An–Nasiriyah: The Fight for the Bridges* (Open Library: Caisson Press, 2017); Ray Smith and Bing West, *The March Up* (London: Pimlico, 2003), pp. 31 - 48; Rod Andrew, Jr., *US Marines in Battle: An-Nasiriyah, 23 March – 2 April 2003* (Create Space Independent Publishing Platform, 2014).

② Tim Pritchard, *Ambush Alley* (Novato, CA: Presidio, 2007), p. 341.

第二章 城市战斗员

巴格达的人口数量都很大，分别为 30 万、40 万、20 万和 560 万。① 由于作战目标是巴格达，美军必须通过巴格达城区以击败伊拉克军队推翻政权。因此，很有可能会发生大规模的城市战，特别是考虑到美国武器在战场上具有强大的破坏力。虽然城市人口数量起了一定作用，但军队数量也非常重要。长期以来，军队数量在战斗中的作用一直被忽视。通过对比研究，要纠正这种错误认识。对比 2003 年的入侵伊拉克战争和 1991 年的海湾战争，我们可以形象地阐释军队数量对伊拉克独特战争面貌的影响。在 1991 年的海湾战争中，以美国为首的联军试图将萨达姆·侯赛因的军队驱逐出科威特，因为萨达姆·侯赛因曾于 1990 年 8 月入侵科威特。以美国为首的联军大规模集结后，海湾战争于（1991 年）1 月初爆发。在为期 4 天的地面战斗之前，联军进行了长达 6 周的空中轰炸。为此，伊拉克军队在伊拉克南部和科威特沙漠地带遭受惨败。可见，这两次战争之间有鲜明的相似之处。

---

① "Iraq—10 Largest Cities," http://www.geonames.org/IQ/largest-cities-in-iraq.html.

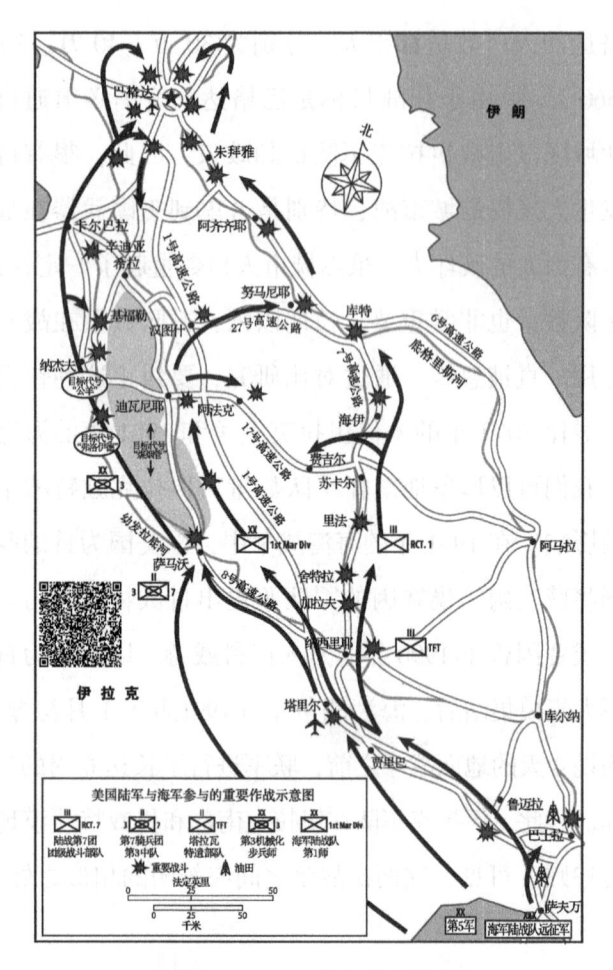

地图2.2　2003年伊拉克战争

资料来源：该地图经迈克尔 R. 戈登和伯纳德 E. 特雷纳授权许可转载，参见《眼镜蛇Ⅱ：入侵和占领伊拉克的内幕故事》，万神殿出版社，2006，第 xviii 页［Reproduced with permission from Michael R. Gordon and Bernard E. Trainor, *Cobra Ⅱ: The Inside Story of the Invasion and Occupation of Iraq* (New York: Pantheon, 2006), p. xviii］。

第二章 城市战斗员

1991年的海湾战争是在科威特和伊拉克南部进行的，这两个地方都处于沙漠。因而，人们总是认为，海湾战争没有发生城市战。这是一个相当惊人的事实。事实上，仅从人口统计的角度来看，大规模的城市战可能是预料之中的。毕竟，在1991年，科威特并非没有发生城市战。这是因为科威特的海岸线高度城市化：科威特城有150万人口，周围是一系列郊区城镇，如曼卡夫（Mangaf）、阿卜伏特哈（Abu'Fteira）和阿尔杰赫拉（Al Jafrah）。人们普遍认为，海湾战争期间城市战是不可避免的，特别是科威特城距离前线沙特边境只有100英里，这是联军的最终作战目标。然而，唯一的城市战斗——一次小规模的交战——发生在沙特阿拉伯的哈夫吉（Khafji），当时伊拉克军队在联军大规模地面部队行动之前进行了越境突袭。[1]

对上述战例分析发现，人口统计学观点不足以解释城市战的发生。尽管科威特在1991年、伊拉克在2003年都发生过重要的城市战，但两次战役之间有一个非常明显的区别：军队规模不一样。1991年海湾战争双方军队规模远远大于2003年伊拉克战争双方军队规模。1991

---

[1] Michael Dewar, *War in the Streets* (London: BCA, 1992), pp. 81-84.

年海湾战争期间,在"沙漠风暴行动"(Operation Desert Storm)中,美军部署了70万人军队,占90多万联军的大部分兵力。联军地面部队由16个师50万人组成。美国陆军和海军陆战队在近10个师中部署了33.4万人。① 相比之下,伊拉克最终动员人数高达110万,在科威特和伊拉克南部部署了43个师,约33.6万人。② 伊拉克第11师负责保卫科威特城,但萨达姆其余军队部署在科威特和伊拉克边界,形成了大约350英里长的战线。因此,在这条战线上,战斗频率和密度都非常高。

对萨达姆的军队部署需要作出进一步解释。有许多因素影响萨达姆的部署安排,他不仅要保卫科威特城,而且要保卫整个科威特国家,上述战争目标只能通过在边境部署军队来实现。此外,根据两伊战争(Iran-Iraq War)经验,萨达姆认为他的军队最有能力在沙漠中阻止以美国为首的联军,在沙漠地带,伊拉克军队可以发挥全部战斗力。事实上,他夸大了军队所能产生"战争之母"的强大威力。③

---

① Anthony Cordesman and Abraham Wagner, *The Lessons of Modern War, Volume Ⅳ: The Gulf War* (Boulder, CO: Westview, 1996), pp. 116, 118.
② Fontenot, et al., *On Point*, p. 100.
③ Kevin Wood, *The Mother of All Battles* (Annapolis, MD: Naval Institute Press, 2008).

第二章 城市战斗员

可是，萨达姆灾难性地低估了以美国为首的联军的空中力量。尽管如此，由于参战人数众多以及随后沿战线部署的原因，"第一次海湾战争的作战大都是固定阵地战斗，这也折射出类似第二次世界大战欧洲战场的景象"。① 例如，最著名的遭遇战——73东战役和目标为诺福克的战役（battles of 73 Easting and Objective Norfolk），就发生在距离居民点数英里外的沙漠中（见地图2.3）。

如果把海湾战争或入侵伊拉克战争规模仅仅简化为军队规模进行分析，这是错误的。然而，对两场战争进行比较时，人们会发现用人口统计学分析框架解释战争的局限性。最重要的是，很明显，军队规模在各自的战场中发挥了重要作用。2003年，虽然伊拉克军队和美国军队在战场上进行了几次短暂、单方面的交战，但是战争的城市化程度相对较高。由于双方都没有足够的军队形成主要战线，伊拉克军队和美国军队都主要集中在决定性的作战位置：道路、桥梁和其他交通枢纽。这些决定性的据点通常位于城市地区，因而成为战斗的焦点。相比之下，在1991年的海湾战争中，尽管在科威特城及其郊区有很大的人口潜力发动城市战，但双方只在空旷

---

① Fontenot, et al., *On Point*, p. 2.

21 世纪城市战

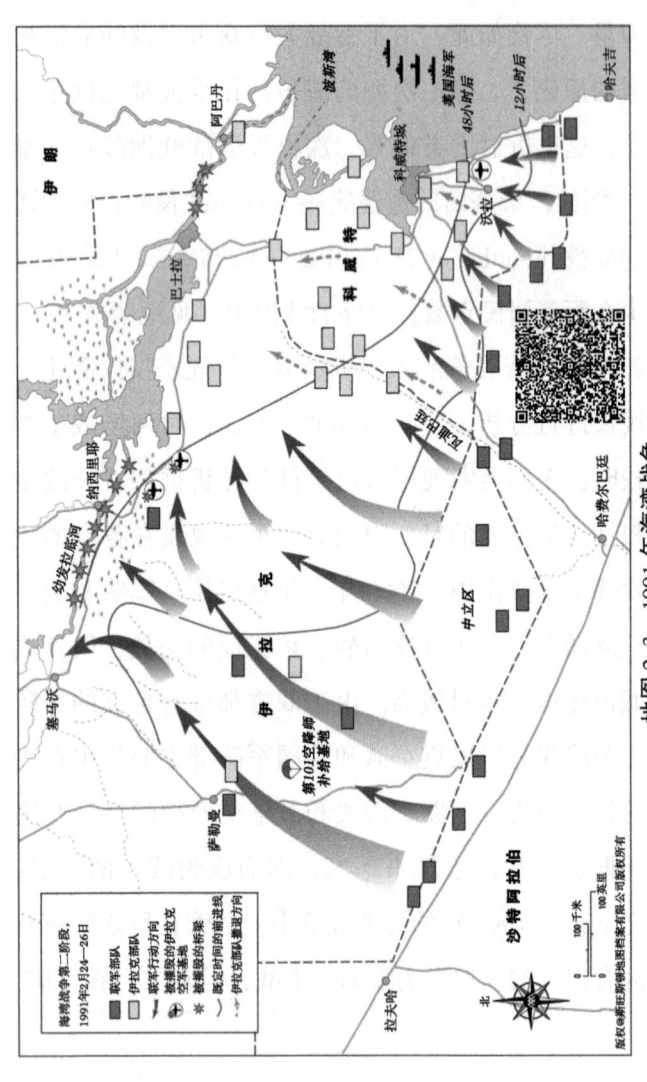

地图 2.3 1991 年海湾战争

资料来源：地图档案馆（Courtesy of The Map Archive）授权使用。

第二章 城市战斗员

的沙漠中交战,其主要原因在于参战部队的人数众多。2003年入侵伊拉克战争和海湾战争似乎证实了达菲的观点。随着军队规模的缩减,城市战变得更加普遍。

尽管需要保持谨慎态度,但为了肯定达菲的观点,有必要对1991年海湾战争进行反向思考。如果美国领导的联军和萨达姆·侯赛因在2003年都有足够的军队,那么这场战争将如何展开?如果1991年萨达姆·侯赛因用4个师和一些民兵战士保卫科威特城,而以美国为首的联军只用5个师进攻,那么这次战役情况很可能大不相同。特别是,萨达姆实际上在科威特边境的"沙漠风暴"行动中采用线性防御,然而,这一举措是毫无意义的。联军担负任务的5个师完全可以轻易绕过萨达姆在边境上的阵地,直奔科威特城。因而,伊拉克战争中的经典坦克战可能根本就不会发生。更有可能的是,由于伊拉克军队只有11.2万人,萨达姆·侯赛因被迫将部队撤回科威特城,在城市周围甚至城市内部建立一个防御圈。在空中轰炸和地面攻击下,伊拉克部队可能被赶到城市深处。从2003年入侵伊拉克战争中的战场比例看,所有战斗策源地更有可能出现在科威特城及其周边地区,而不是沙漠地区。在这种情况下,海湾战争将是一场城市化战争——主要不是因为城市人口数量,而是因为军队规模。

　　顿巴斯地区的军事斗争，似乎再次证明了入侵伊拉克战争和海湾战争中城市战的证据。在顿巴斯地区，尽管部队人数精确数字难以证实，但是军队规模在战斗中发挥了重要作用。就像2003年萨达姆军队和美国军队一样，2014年，俄罗斯向顿巴斯地区部署了一支规模相对较小的部队。大约1万人俄军就促使当地武装力量扩张到约45 000人。① 2015—2016年的夏冬战役，涉及参战的俄军、顿涅茨克人民军队和卢甘斯克人民军队约36 000人。② 同样，乌克兰也部署了64 000人的部队。因而，大概共计有10万人的部队在1.5万平方英里的狭小战场上作战。除了一开始规模较大的战斗，随后的战斗降为低烈度的跨境小规模军事冲突，主要沿着一条300英里长的军事边界"灰色地带"进行。③ 但是，2014年和2016年，乌克兰军队和分离势力之间的战斗主要集

---

① https://www.abc.net.au/news/2015-06-09/ukrainian-rebels-have-army-the-size-of-small-european-state/6530828.

② Amos Fox, "'Cyborgsat Little Stalingrad': A Brief History of the Battles of the Donetsk Airport, 26 May 2014 to 21 January 2015," May 2019, https://www.ausa.org/sites/default/files/publications/LWP-125-Cyborgs-at-Little-Stalingrad-A-Brief-History-of-the-Battle-of-the-Donetsk-Airport.pdf, p.10.

③ Paul Quinn-Judge, "Ukraine's Meat Grinder Is Back in Business," *Foreign Policy*, 12 April 2016, http://foreignpolicy.com/2016/04/12/ukraines-meat-grinder-is-back-in-business.

中在卢甘斯克地区，特别是顿涅茨克地区。事实上，最激烈的战斗发生在德巴尔塞夫（Debal'tseve）、阿夫迪夫卡（Avdiivka）和皮斯基（Pisky）等城镇附近。曾经发生过战斗的一些城镇，其人口规模也不小，譬如，霍尔利夫卡（Horlivka）有25.7万人口。其他的城镇人口规模小得多，伊洛瓦伊斯克（Ilovaisk）有居民15 600人，德巴尔赛夫有居民25 000人，阿夫迪夫卡有居民35 000人，皮斯基有居民2 000人。人口规模似乎并不是顿巴斯地区城市战的主要驱动力，这些地方并不是高度城市化的地区。但是，在每一次作战中，乌克兰军队和分离势力都试图夺取或控制城镇内的关键工业或交通枢纽点。规模缩减的乌克兰军队和俄罗斯支持的分离势力武装力量，由于双方军队规模都不足以形成包围式的战线，不得不都聚集在便于作战的城镇地区。

近几十年来，学者和军事专家主要通过人口统计学和非对称性的分析框架阐释城市战的兴起。现代城市发展迅速，城市规模越来越大，城市环境天然地为反抗分子提供了抵御先进武器的保护屏障。现代战争不可避免地转移到城镇地区。人们普遍认为，出于同样原因，国家间战争也会集中在城镇地区。人口统计学、武装力量非对称性似乎能解释城市叛乱的发生。然而，当涉及国家间的战争时，人口统计学和武装力量非对称性的分析框架就不能很好地解释城市战问题。对于国家间战争而言，军队规模的大小对作战很重要。入侵伊拉克战争和顿巴斯地区的军事斗争都暗示了这个问题。上述两场战争中，参战国家的军队规模都太小，双方都形不成20世纪战争中典型的大规模地面作战。战斗密度——即部署到一个战场的军队规模——很可能在21世纪城市战中发挥越来越重要的作用。因为现代国家的军队规模相比以前小很多，所以军队一般都部署在具有决定性意义的城镇地区。现在，大规模野外集聚的战役已经被更分散化的战斗取代，军队一般都集中部署在可以确定为关键战斗和关键作战目标的城区。随着传统战争前线的消失，城镇现在既是军事行动的中心，也是重要战斗的爆发地。

第三章

城市游击战

第三章

法古都市社

第三章　城市游击战

一、走出大山

当前，国家间战争的发生地点正向城市地区转移，其原因不仅在于城市规模的扩大和现代武器装备为作战提供了条件，而且很大程度上在于军队规模和数量的缩减。近十年来，城市战研究的最新文献主要关注国内战争、叛乱暴动和恐怖袭击，而不是国家间城市战。例如，美国陆军对超大城市的作战前景深感忧虑，不是因为要同俄罗斯或中国这样的大国开战，而是因为担心被拖入城市进行平叛的作战，这种战争类型难度远远超过伊拉克拉马迪或费卢杰发生的城市战。研究城市战的专家都认为，平息城市叛乱最有可能是军队未来最具挑战性的行动。戴维·基尔卡伦坚持认为，叛乱分子已经"走出大山"，农村叛乱分子已被城市叛乱分子取代。在基尔卡伦看来，这一现象主要由四个相互关联的因素导致：人口增长、城市化、自由化和连通性。此外，还衍生另一种灾难性后果，"世界上的城市即将被人口浪潮淹没，这将迫使城市在短短一代人的时间内吸收1960年以前整个地球上人口增长的数量"。① 基尔卡伦坚信,在21世纪的城市大爆炸中,城市叛乱毫无疑问是现代社会的主要威胁。

作为著名的社会评论家,基尔卡伦提出一个论断,即城市叛乱的时代已经来临。这一提法并非孤例。例如,目前北约的作战条令认为,"现代军队面临的最大威胁是隐藏在平民中的敌人,他们有机动能力、通信能力和能够打游击战的火力,却没有明确的军事组织形式"。②尽管北约认为俄罗斯、朝鲜等有核国家以及核武器扩散的其他国家构成越来越多的挑战。但是,城市游击战的威胁绝对成为当今世界安全讨论的主题,这是确凿无疑的既定事实。

二、走出城市

基尔卡伦以及其他评论家认为,近几十年来,叛乱者已经从山区走出来。事实上,城市叛乱已经是20世纪战争的一个显著特点。在整个冷战期间,英国、法国和

---

① David Kilcullen, *Out of the Mountains: The Coming of Age of the Urban Guerrilla* (London: Hurstand Company, 2013), p. 29.
② ATP-99, *Urban Tactics* (NATO, February 2017), 2.9.

第三章 城市游击战

美国在非洲、中东和东南亚等地区进行了一系列的平叛行动，尤其是在巴勒斯坦、马来亚（Malaya）、肯尼亚、塞浦路斯、阿尔及利亚、阿曼、也门、越南和北爱尔兰。当然，上述平叛行动大部分都是在野外进行，英国、法国和美国的军队大部分在干旱山区、茂密丛林或沼泽地进行反叛乱作战。如果认为平叛行动完全是乡村作战，那就大错特错了。这是因为，几乎在每一个反叛乱的战例中，双方的冲突都有鲜明的城市特征。军事史上的平叛行动都明确说明了这一点。

第二次世界大战前，英国军队镇压了巴勒斯坦的阿拉伯人起义。此后不久，英国军队又被拖入圣地（指耶路撒冷）的第二次军事冲突，即犹太人争取独立的斗争中。这一军事冲突是一场严重的城市暴动。1946年7月，"伊尔根"[①]炸毁了耶路撒冷的大卫王酒店（当时英国驻本地的行政中心），爆炸袭击造成91人死亡。1948年4月，"伊尔根"又发动对雅法城（Jaffa）的袭击，进而从阿拉伯守军手中夺取了雅法。英国当局一开始的反应令人困惑，后来他们在5月份才尝试夺回这座城市。"伊尔根"顽强的防御作战发挥了重要作用，最终迫使

---

① "伊尔根"（Irgun Gang），是英国统治巴勒斯坦时期进行地下活动的犹太复国主义右翼组织。——译者注

英国决定从巴勒斯坦撤军并承认以色列独立。

巴勒斯坦爆发的城市战也不例外。英国在马来亚、肯尼亚、塞浦路斯和也门的行动也都涉及城市战。例如，马来亚因其丛林战斗而被铭记——这是大多数共产党游击队最终驻扎的地方，因此，马来亚的斗争变成了一场在乡下村庄的斗争。然而，第二次世界大战以来，马来亚共产党发展到村庄、集镇和城市等不同地区。1948—1951年，马来亚共产党被强权当局从人口稠密的地区驱逐出去。其间，殖民地当局在面积大小如同英格兰的土地上雇用了4万名英国和英联邦部队，6.7万名警察和25万名乡卫队，主要镇压8 000人的游击队。殖民地当局的武装力量能够重新安置和管理当地人口，并凭借绝对力量优势统治了城市地区。不过在1951年之前，马来亚的武装反抗一直是农村特有的社会问题，且大多数战斗发生在丛林中。①

肯尼亚也可以看到类似的乡村战模式。"茅茅党"②是20世纪50年代初在白色高地（White Highlands）的

---

① Karl Hack, "The Malayan Emergency as Counter-insurgency Paradigm," *Journal of Strategic Studies* 32, no. 3（2009）：383-414.

② "茅茅党"（Mau Mau），是肯尼亚起义者，亦称土地自由军，在1950年时开始遭到当局的镇压，但是其反抗活动一直持续到1956年，反抗者才逐渐平息。——译者注

第三章　城市游击战

吉库尤（Kikuyu）、梅鲁（Meru）和恩布（Embu）等部落出现的一个武装反抗组织。对土地分配问题的核心争议引发了武装起义，这无疑是一群权益被剥夺的群体的反抗行为，他们日益增长的人口对土地的要求，同殖民地当局土地所有权之间的矛盾越来越尖锐。尽管"茅茅党"出现在白色高地等偏远地区，但很快就渗透进内罗毕等大城市。1954年，在当地居民大力支持下，"茅茅党"在肯尼亚首都内罗毕有了大量分支机构。意识到对殖民地当局的威胁后，英国陆军将军、东非总司令厄斯金（General "Bobbie" Erskine, Commander-in-Chief, East Africa，绰号"务实"）发动了一场大规模的行动清除内罗毕城内的反抗组织。1954年4月24日，在当地警察和自卫军的支援下，2万人英国和英联邦部队作为"铁砧行动"（Operation Anvil）[1] 的一部分进入城市。在48小时的行动中，殖民当局的安全部队对11 600名吉库尤人的身份进行了一一检查辨别，逮捕了疑似效忠"茅茅党"的人。1954年5月26日行动结束时，殖民当局审查拘留了50 000名吉库尤人，其中妇女24 100人、儿童4 000人。[2]

---

[1] David Anderson, *Histories of the Hanged: Britain's Dirty War in Kenya and the End of Empire* (London: Weidenfeld and Nicolson, 2005), p. 201.

[2] Anderson, *Histories of the Hanged*, pp. 202-205.

可见，尽管"茅茅党"的反抗斗争进行了4年多，但是，当殖民当局进行强力镇压，还是把他们赶回了山地森林里。面对强大的对手，武装起义斗争的失败是不可避免的。

1954—1958年，格里瓦斯上校（Colonel Grivas）发起的"塞浦路斯全国战士组织"武装起义，是一场极具农村色彩的斗争运动。由于格里瓦斯的武装组织大都在塞浦路斯的农村地区作战，英国军队很难控制他们。然而，在整个反抗运动时期，"塞浦路斯全国战士组织"的武装人员在尼科西亚（现塞浦路斯首都）城内开展了卓有成效的斗争活动。除公开示威活动之外，格里瓦斯还把隐藏在城里的80个人编成15个战斗小组，主要通过精心设计的街头炸弹、暗中袭击等方式进行斗争。其中臭名昭著的事件，是该组织特工专门射杀"非执勤"的士兵，并在1958年10月3日还杀害一名中士的妻子，引起人们的强烈谴责。由于发生了一系列袭击事件，尼科西亚的莱德拉街甚至被称为"谋杀街道"。[1] 发生在塞浦路斯的武装斗争显然不是城市战，但是，"格里瓦斯

---

[1] Anthony Burton, *Urban Terrorism: Theory, Practice and Response* (London: Leo Cooper, 1975), p. 169.

第三章 城市游击战

巧妙地利用城市和农村互通互联的特点进行战斗"。①

其他殖民地区的武装斗争也同样城市化了。1964—1966年，英国军队到亚丁同"民族解放阵线"（National Liberation Front）、"南也门民族解放阵线"（Front for the Liberation of South Yemen）进行作战。"民族解放阵线"控制了亚丁城市的重要街道，亚丁城人口最密集的克雷特地区一度成为"禁区"。但是，英军科林·米切尔中校（Lieutenant Colonel Colin Mitchell，"疯子米奇"）② 通过在阿盖尔和萨瑟兰高地的残酷镇压行动，最终重新占领了亚丁。发生在马来亚、肯尼亚、塞浦路斯和亚丁的战斗案例，都充分说明城市游击队是武装反抗力量的重要组成部分。但是，具有绝对优势的英国军队把大部分武装反抗组织都从城市里驱逐出去了。

二战后，英国在城市里镇压武装反抗活动的经验绝非独一无二。在法国殖民地，阿尔及利亚独立战争（Algerian War of Independence）就涉及很多重要的城市战役。的确，1958年以来，阿尔及利亚内战的大部分战斗都发生在阿特拉斯和卡比列山脉以及摩洛哥边境一带。

---

① Robert Taber, *War of the Flea: A Study of Guerrilla Warfare Theory and Practice* (Washington, DC: Potomac Books, 2002), p. 127.

② Burton, *Urban Terrorism*, pp. 175-176.

093

然而，独立战争的关键战役发生在阿尔及尔城市（阿尔及利亚首都），参战双方为法国雅克·马絮将军（General Jacques Massu）及其第10空降师和阿尔及利亚"民族解放阵线"（Front de libération nationale，FLN）。战斗开始于1957年1月，在一系列炸弹袭击之后，法国4 000名伞兵部署到城内街道上，他们撬开商店的百叶窗，强行把店主拖进自己的商店并制止"民族解放阵线"的总罢工运动。在随后10个月的密集行动中，第10空降师控制了卡斯巴（Casbah），逮捕了数千名阿尔及利亚武装反抗分子，其中3 000人被"秘密处决"。10月8日，法国军队最终将阿尔及利亚"民族解放阵线"最后一名首领阿里·拉波因特（Ali la Pointe）逼入绝境并将其击毙。虽然阿尔及尔战役结束了，但武装反抗斗争一直持续到1962年，其间，阿尔及利亚游击队主要在城外同法国军队作战。就像英国军队在肯尼亚和马来亚一样，尽管法国军队最后输掉了战争，但他们在武装斗争早期还是将反抗分子赶出了城市。

20世纪60年代，越南还是一个彻底的以农业为主的国家。越南国家的这一情况，导致美军不得不在山区、丛林和稻田进行作战，反抗美军的武装力量的群众基础都是南方农民。尽管美国支持的南越政权在政治和军事

第三章 城市游击战

上都很无能,但南越政权一直统治着城市中心直到战争结束。美军在越南的作战模式有一个例外情况,那就是春节攻势战役,特别是在1968年2—3月的顺化战役。顺化战役,实际上是美国军队和南越军队对抗北越军队的一场常规战役。越南共产党将北越军队第5团部署到顺化城市。在当地越南共产党的协助下,该团在1月13日就成功渗透并控制了顺化。随后是一场两周的艰苦战斗,美军海军陆战队的1个团和越南共和国的1个营最终付出了巨大代价才击败北越军队,重新夺回顺化。顺化战役具有重要启示意义,[1] 就像阿尔及尔、马来亚和内罗毕的城市战一样,该战役表明:在20世纪,一支武装起义力量,即使是越南共产党这样大规模的军队,要渗透和控制城市也是极其困难的。在当时,顺化主要被南越的安全部队及其支持的民众控制,武装起义部队很难在城市站稳脚跟,在城市起义很难取得成功。

由此,我们从20世纪的武装起义中发现了一种崭新作战模式,即大部分战斗具有鲜明城市色彩。武装游击队经常活跃在城镇地区,有的游击队对当局政权进行了成功的攻击和威胁施压。但是,每一次重要起义,农村

---

[1] Mark Bowden, *Hué 1968* (London: Grove, UK, 2017).

武装反抗仍然占主导地位，城市游击队最多是武装反抗的一种支持力量，并不占据主导地位。

三、武装反抗纪实

为什么农村游击队在 20 世纪占据了重要地位？戴维·基尔卡伦及其同事对这个问题有一个清晰的分析框架——人口统计学。20 世纪的城市规模普遍小得多、人口数量也少，不能像 21 世纪大城市那样给武装反抗人员提供掩护，因此，在城市发动起义很困难。但是，第二次世界大战之后，很多城镇成为巨大而复杂的都市。例如，1957 年，阿尔及利亚首都阿尔及尔人口有 90 万，其中市内卡斯巴城堡就有 7 万左右。肯尼亚首都内罗毕在 1954 年约有 10 万，也门首都亚丁在 1966 年约有 20 万，北爱尔兰首府贝尔法斯特在 1970 年才超过 30 万，南越西贡（今越南胡志明市）在 20 世纪 60 年代才有 200 万。人们可能认为，城市居民的人口众多、社会结构复杂，这都不适宜进行任何形式的城市起义。毕竟，成功的城市起义是罕见的，如何在城市进行武装起义是一个令人迷惑的难题。

在 20 世纪，研究武装起义的文献相当丰富，主要聚

第三章 城市游击战

焦探索如何教育潜在的革命者发动起义，同时也很好地阐释了为什么城市游击战是次要的。其中，众所周知，毛泽东是农村游击战的主要创建人，他曾专门撰写系列文章阐释中国共产党的游击战争思想，[①] 为中国革命胜利指明了斗争方向。第二次世界大战之后，亚非拉国家先后出现一系列武装起义的作战指南，主要有切·格瓦拉[②]（Che Guevara）的《论游击战》（*Guerrilla*, 1966）、亚伯拉罕·吉兰（Abraham Guillén）的《城市游击战战略》（*The Strategy of the Urban Guerrilla*, 1966）、雷吉·德布雷（Régis Debray）的《革命中的革命》（*The Revolution in the Revolution*, 1967）和卡洛斯·马里盖拉（Carlos Marighella）的《城市游击战小指南》（*Mini-manual of the Urban Guerrilla*, 1969）。

大部分文献研究认为武装反抗是一种农村现象。譬如，毛泽东和切·格瓦拉都对农村武装起义感兴趣。当然，土地革命战争时期，毛泽东领导的武装反抗革命运动也反映了毛泽东的个人斗争经历。20 世纪三四十年

[①] 毛泽东游击战思想主要体现在《井冈山的斗争》（1928）、《论抗日游击战争的基本战术——袭击》（1938）、《抗日游击战争的战略问题》（1938）等军事论著中。——译者注

[②] 切·格瓦拉（1928—1967），出生于阿根廷，是马克思主义革命家、军事理论家，是古巴共产党、古巴共和国和古巴革命武装力量的主要领导人之一。——译者注

代，中国社会是半殖民地半封建社会，中国仍然保留基于庞大农民经济为支撑的农耕文明，人口众多，但城市规模很小、数量也很少。但是，推动毛泽东进行革命的动因并不是对中国人口统计学的分析。1934年，面对强大的国民党军队，在第五次反"围剿"失败后，中国工农红军被迫走上长征之路。面对具有压倒性优势的国民党军队，毛泽东游击战的核心思想是分散行动，游击队利用广阔地域同敌人周旋，从而在行动中对敌人的弱点进行袭击。毛泽东这一作战思想主要针对广阔、偏远的农村地区，因为无论军队如何强大也无法覆盖全部的农村地区，这为游击机动作战提供了有利条件和环境。

格瓦拉进行武装反抗的方法类似毛泽东游击战，他极力主张到人迹罕至的广阔腹地开辟根据地，以此作为成功开展军事行动的必要条件：

> 那些教条地认为群众斗争的中心是城市运动的人应当注意到这一点，他们完全忘记了农村人民在美国所有不发达地区的广泛参与性。当然，不应低估城市中有组织的工人群众斗争，但是，必须仔细分析他们从事武装斗争的真正的可能性……在这种情况下，工人运动面临着

第三章 城市游击战

巨大的变化。他们没有武器,必须秘密行动。在开阔的乡间地区,行动并没有那么困难。乡下是当局的镇压力量无法到达的地方,武装游击队还可以支持民众争取权益。①

针对农村地区,格瓦拉也提出了武装反抗这一命题。在20世纪,农村是有效开展武装起义的地方,主要原因在于当局政权无法深入农村,他们无法像控制城镇一样控制农村。事实上,正是因为这个原因,菲德尔·卡斯特罗②曾公开表示,"城市是革命者和革命资源的墓地",③ 他也悲观地指出,每当游击队领导人到城里参加政治会议或参与行动时,他们都会被逮捕。

毛泽东和格瓦拉都确信,武装反抗斗争必然是农民革命运动,这是避免当局进行镇压的唯一办法。当时也有著名革命理论家对此持不同观点,譬如,巴西最著名的革命家卡洛斯·马里盖拉专门为城市游击队撰写了一部著作《城市游击战小指南》,他认为,城市游击队在

---

① Ernesto Che Guevara, *Guerrilla Warfare* (BN Publishing, 2007), p. 8.
② 菲德尔·卡斯特罗(Fidel Castro, 1926—2016),是马克思主义革命家、政治家,古巴共和国、古巴共产党和古巴革命武装力量的主要缔造者,被誉为"古巴国父",是古巴第一任最高领导人。——译者注
③ Régis Debray, *The Revolution in the Revolution?* (Harmondsworth: Penguin, 1972), p. 66.

革命战争中能够发挥关键作用。由于城市游击队在重要城市开展武装斗争，给当局政府造成很大压力，那么他们的影响力就放大了，甚至能够"威胁到巴西国家政体和北美在巴西维持统治的三大城市力量，即里约热内卢、圣保罗和贝洛哈里桑塔"。① 很明显，就人口数量、地理环境和安全部队而言，城市的安全防御能力要远远高于农村地区。因此，要想有效地发动袭击、抢劫银行和暗杀，城市游击队就必须比农村游击队更有适应能力、更灵活、更机智，要表现出独特的超强素质，他们必须是"优秀的战术家""优秀的射击手"，具有"高尚的道德品质"。② 此外，他们还必须"熟悉城镇地区的大路、街道、小巷、出入口以及各个角落，熟知城里的各种通道和捷径，熟悉城里的空白地带、地下通道、城市管道和下水道系统，熟悉警察当局不了解、不经常巡逻和不易通行的地形"。③

然而，尽管马里盖拉赋予城市游击队一个特别重要的角色——明显有别于格瓦拉和毛泽东关于游击队的观点，但是他不认为仅依靠城市游击队就能推翻当局政府

---

① Carlos Marighella, *Minimanual of the Urban Guerrilla* (Alanta: Spade, 1969), p. 21.
② Ibid., pp. 3-4.
③ Ibid., p. 17.

第三章 城市游击战

或将拉丁美洲从美国的霸权中解放出来。《城市游击战小指南》对这一观点进行了很清楚的阐释。书中指出，虽然城市游击队可能会把军阀和独裁政权逼到"崩溃边缘"，但是农村游击队的武装斗争具有最终决定意义。农村游击战是"革命的脊梁"，"民族解放革命军的精髓力量将从农村这个骨架中产生"。① 从这个意义上讲，马里盖拉对游击战的根本观点与毛泽东或格瓦拉的并不矛盾。马里盖拉并没有建议用现代城市游击队取代传统农村游击队。特别是在巴西这种特定的大城市环境中，他看到了城市游击队推动革命发展的机会。尽管马里盖拉没有深入探讨原因，但是在书中都有暗示：城市游击队无法单独发动革命，因为当局政府的力量在城市十分强大。事实上，城市游击队必须机智、隐蔽地开展行动才能生存下去。事实上，马里盖拉的职业生涯证明了这一点，1969年11月4日，他在圣保罗的一次伏击战中被击毙，随他一起行动的战友也被逮捕了。

亚伯拉罕·吉兰代表了毛泽东和格瓦拉游击战思想的另一个版本。如果马里盖拉关于城市游击战的论著是

---

① Marighella, *Minimanual*, p. 41.

小指南，那么"吉兰的论著是关于城市游击战的大指南"。① 吉兰坚定地相信，城市武装反抗确实能发挥作用，产生影响。吉兰原本是西班牙人，曾被囚禁在佛朗哥，后来设法逃脱，之后于1948年移民到阿根廷。1960年，他成为庇隆主义②革命者激进组织的成员。1962年，他在乌拉圭首都蒙得维的亚寻求政治庇护，最终成为乌拉圭激进组织"图帕马罗斯"（Tupamaros）的领袖。根据在乌拉圭的武装反抗经验，吉兰相信城市游击队可以成为革命的主要力量。因为农村武装反抗在战术上和政治上具有一定的让步性，吉兰认为，城市起义有巨大优势，"当革命可以在城市几小时或几天内就能决定结果时，在山区进行游击战则是不可能的"。③ 他反复强调以下观点："如果一个国家70%的人口是城市人口，那么人口和经济的结构就决定了革命战略的具体规则。军事行动的中心绝不应该在山区或村庄，而应该在人口足够多的大城市，在这里可以组建革命军队。"④ 吉兰还认

---

① David Hodges, *The Philosophy of the Urban Guerrilla: The Revolutionary Writings of Abraham Guillén* (New York: William Morrow and Company, 1973), p. 30.
② 庇隆主义（Peronist），是指以国家复兴和民族解放为主，同时主张集权的革命者。——译者注
③ Hodges, *The Philosophy of the Urban Guerrilla*, p. 234.
④ Ibid., p. 237.

第三章 城市游击战

为,在20世纪60年代,城市规模普遍巨大,民众情绪普遍不满,这样的情况有利于城市爆发武装反抗活动。

但是,人们应该深入细致地理解吉兰关于城市游击战的观点。吉兰既看到城市在人口规模等方面的优势,同时也看到在20世纪50年代和60年代拉丁美洲大城市开展起义的困难性。因此,他不提倡举行大规模的城市起义,因为很容易遭到镇压。他对城市地形有着深刻的理解,认为城市游击队要关心的不是占据多少城市地盘,而是产生多大影响力。事实上,在一个特定的城市社区建立鲜明的革命根据地反而会招致灾难,"如果革命战争没有扩散到一个辖区以上,就不得不面对线性战斗,特别是在敌人大规模使用坦克、轻型火炮、装甲兵和步兵时,城市游击队很容易被打败"。[1]

因此,城市游击队应该组建一支小规模、专业化、独立自主的小分队,能够在城市里自由移动,绝不驻留在一个地点或长期聚集在一起。"对城市或农村游击队来说,'菜蓟策略'[2] 是最谨慎、最安全的办法:一点一

---

[1] Hodges, *The Philosophy of the Urban Guerrilla*, p. 250.
[2] 菜蓟策略(strategy of the artichoke),菜蓟,又称"朝鲜蓟",洋蓟,被誉为"蔬菜皇后",是一种菊科、菜蓟属多年生草本植物。茎粗壮直立,有条棱,瘦果为长椭圆形,被茎叶层层包裹,形似"莲花灯"。菜蓟策略是指逐步渐进的革命斗争策略,犹如吃菜蓟一样需要一层层剥开吃。这一斗争策略本质上如同毛泽东提出的"零敲牛皮糖"斗争策略。——译者注

点地吃掉敌人"。① 因此，经验丰富的城市游击队可以在城市中穿梭发动袭击，不断向民众展示当局的软弱和腐败，促使人们"像暴怒的狮子一样集体反抗"。② "今天，人们同样正在受到少数城市游击队员的煽动。"③ 对吉兰来说，城市提供了一种独特的政治优势。只要他们不把自己固定在一个地方，游击队员就可以完全隐姓埋名，避免被发现，被逮捕。城市游击队也可以通过突如其来的袭击效果在城市激起人民自发的革命热情。在这种情况下，城市游击队克服了传统武装反抗的劣势，他们能够广泛动员民众，而不把自己或人民暴露在当局的镇压之下。

在城市发动袭击，进而动员人民自发革命，这是一个巧妙的主意。然而，这从未真正成功过。尽管城市游击队也需要一个大本营开展行动，归根结底，吉兰肯定了毛泽东、格瓦拉和马里盖拉游击战的观点，他也认识到城市游击队的巨大脆弱性。由于当局政府在城市中的强大力量，因此，从城市根据地发动常规武装反抗是不可能的。正如吉兰所指出的一样，当局政府会组织坦克

---

① Hodges, *The Philosophy of the Urban Guerrilla*, p. 250.
② Ibid.
③ Ibid., p. 257.

第三章 城市游击战

对城市游击队据点进行攻击。历史上对城市大起义的镇压很好地说明了这一点。1830年、1848年和1871年,巴黎的武装反抗运动轻而易举地就被大规模的国家力量镇压了。尽管吉兰主张城市不仅是起义的主要场所,而且是唯一必要的场所,但是他最终承认,在城市发动和维持一场革命运动相当困难。政府的军队数量众多,而且在如此接近政府所在地、警察局、军营、法院和监狱的环境下,武装反抗人员根本不可能有效地开展行动。

基尔卡伦认为,21世纪的武装反抗人员已经离开了山区。事实上,20世纪的武装反抗活动往往涉及城市地区。然而,正如武装反抗文献研究所表明的那样,武装反抗组织只有在非常熟悉地形或当局力量分散的情况下,才能在城市地区有效进行活动。巴勒斯坦和塞浦路斯的武装反抗情况也是如此。在其他地方,武装反抗组织不可能建立一个大本营,也不可能在城市内部发起重大行动。强大的政府力量,能够多次将武装反抗组织赶出城市地区。内罗毕、阿尔及尔、亚丁和顺化等城市武装反抗行动的失败,都非常清楚地证明了这一进程。在20世纪,大部分武装反抗力量都被驱逐出城市。因而,21世纪的游击队并非从山区来到城市,因为他们从未真正离开过城市。21世纪城市的游击队根本不需要山区,主要因为城市规模扩大和军队规模变小，让游击队有了生存发展的条件。

四、贝尔法斯特战斗

二战后的武装反抗文献充分表明，作战双方力量的对比对城市叛乱具有重要影响。一个具体的战例将充分证明武装人员的数量同城市反抗活动具有内在关联性。北爱尔兰问题，[①] 特别是早期贝尔法斯特暴力事件，为研究战后城市游击战提供了很好的案例。尽管北爱尔兰问题在史学中没有受到完全承认，但是1969—1972年，临时爱尔兰共和军和英军在贝尔法斯特的斗争，习惯性地被理解为一场漫长战争中的独立战役。1969年8月14日，英国开始在北爱尔兰部署军队，1972年7月31日，英军发动"机动战士行动"（Operation Motorman），最终镇压了临时爱尔兰共和军发动的城市叛乱。其间，为了争夺贝尔法斯特的控制权，双方发生了惨烈而血腥的战斗。

---

① 北爱尔兰问题（"Trouble" in Northern Ireland），是指北爱尔兰归属问题，第一次世界大战后，爱尔兰爆发武装起义。1937年南爱尔兰宣布为独立共和国。1948年爱尔兰宣布脱离英联邦时，英国却继续保留爱尔兰北部6个郡的统治权，加之该地区复杂的宗教等问题，从而衍生一系列抗议活动，包括贝尔法斯特战斗。——译者注

第三章 城市游击战

北爱尔兰问题的历史脉络众所周知,① 从 1922 年持续到 20 世纪 60 年代中期。在北爱尔兰,天主教徒和占统治地位的新教统一党之间一直处于不稳定的和平状态。然而,面对工作、住房和法律方面的系统性歧视,天主教徒开始为争取权益举行游行和抗议。此后,游行升级为两个教派之间的公开对抗。1969 年 7 月,新教游行季在伦敦德里(Londonderry)和贝尔法斯特引发了新的暴力事件。到了 8 月,贝尔法斯特的福尔斯路沿线发生了重大骚乱,新教徒和天主教徒都试图将对方赶出他们的社区(见地图 3.1)。在这一过程中,许多民众房屋,特别是天主教堂的房屋被烧毁了。② 北爱尔兰皇家阿尔斯特警察部队(Royal Ulster Constabulary, RUC, 简称"皇家警察部队",或"阿尔斯特")随后对骚乱失去了控制,疲于奔命,因而不得不呼吁军事支持。1969 年 8 月 14 日,英国政府命令英军走上街头维护秩序。于是,贝尔法斯特战斗打响了。

---

① E. g. Tim Pat Coogan, *The IRA* (London: Fontana/Collins, 1987); Patrick Bishop and Eammon Mallie, *The Provisional IRA* (London: Corgi, 1988); Richard English, *Armed Struggle: The History of the IRA* (London: Macmillan, 2003); Frederick Boal (ed.), *Ethnicity and Housing: Accommodating the Differences* (London: Routledge, 2018).

② The Sunday Times Insight Team, *Ulster* (Harmondsworth: Penguin 1972), pp. 126–143; English, *Armed Struggle*, pp. 101–102.

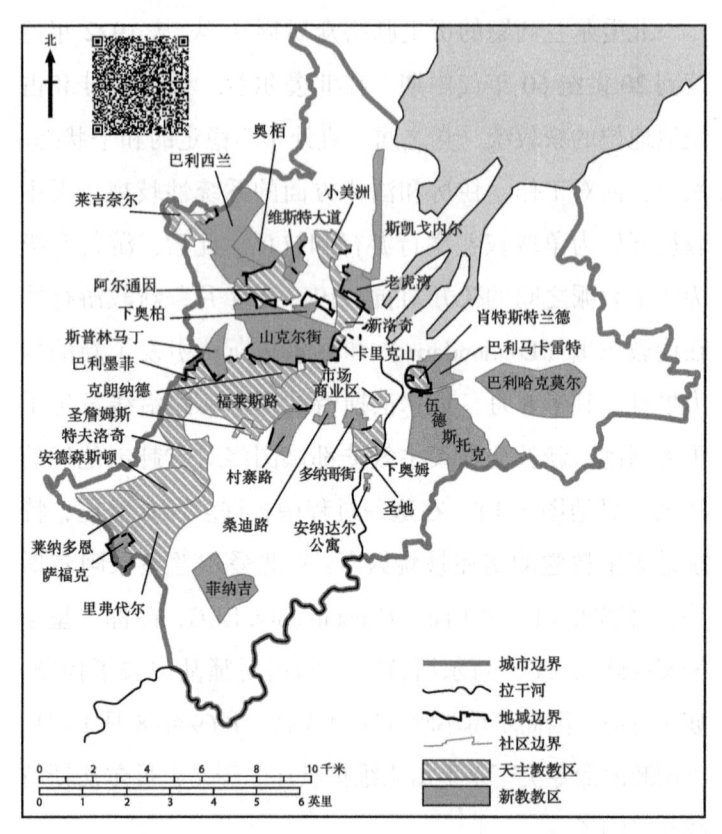

地图 3.1　贝尔法斯特的天主教教区和新教教区

资料来源：该地图经皮特·库梅尔和马尔科·克维斯授权转载，参见皮特·库梅尔和马尔科·克维斯：《理解北爱尔兰贝尔法斯特空间隔离的隐喻》，《地理学刊》2015 年第 87 卷第 2 期，第 87 页。Peter Kumer and Marko Krevs, "Understanding the Implications of Spatial Segregation in Belfast, Northern Ireland," *Geografskivestnik* 87, no. 2 (2015), https://doi.org/10.3986/GV87204。

最初，英军成功恢复了贝尔法斯特的社会秩序。英

第三章 城市游击战

军成功保护了天主教地区不再受新教徒的侵害，并约束北爱尔兰皇家阿尔斯特警察部队的掠夺行为。尽管爱尔兰共和军一直反对英国军队的驻扎部署，但是大多数天主教徒一开始都支持英国进行干预。然而，到了1970年夏天，情况完全改变了。英军开始对天主教徒（但不是新教徒）的房屋强行搜查，以暴力镇压暴动，并骚扰、攻击和逮捕个人。[1] 英军不再被视为中立的一方——更不是盟友——而是阿尔斯特新教徒统治政权的压迫性力量的一部分。1970年7月3—5日，英军在巴尔干街开展一次具有暴力性、破坏性的行动，目的是搜查临时爱尔兰共和军的武器。英军对巴尔干街的搜查行动是一个转折点，结果导致了一场持续6天的暴乱，英军在暴乱中射出1 454发子弹，并实施了一项非法的宵禁规定。[2] 因而，英军也变成了当地的敌人。

---

[1] E. g., Ciarán DeBaróid, *Ballymurphy and the Irish War* (London: Pluto, 2000), p. 42; Rod Thornton, "Getting it wrong: The crucial mistakes made in the early stages of the British Army's deployment to Northern Ireland," *Journal of Strategic Studies* 30, no. 1 (2007): 73-107; Frank Burton, *Politics of Legitimacy* (London: Routledge and Kegan Paul, 1978), p. 113.

[2] Tony Geraghty, *The Irish War: A Military History of a Domestic Conflict* (London: Harper Collins, 2000), pp. 33-40; Nickvander Bijl, *Operation Banner: The British Army in Northern Ireland 1969-2007* (Barnsley: Penand Sword, 2017), p. 35; David Barzilay, *The British Army in Ulster* (Belfast: Century Service Ltd., 1973), pp. 11-16.

临时爱尔兰共和军最初出现在1921—1922年的独立战争期间。整个20世纪，临时爱尔兰共和军一直存在着，在都柏林还有一个军事基地。然而，随着1969年动乱的开始，该部队没有能力保护天主教教区。由于爱尔兰北部的危机，临时爱尔兰共和军在1969年从"正统派"爱尔兰共和军中分离出来，成为实施伦敦德里和贝尔法斯特贫民区袭击活动的主要组织。[1] 尽管临时爱尔兰共和军的主要领导人来自传统爱尔兰共和军的家庭，但关键人物如马丁·麦吉尼斯（Martin McGuinness）和格里·亚当斯（Gerry Adams），都是本地区波格赛德（Bogside）和福尔斯路（Falls Road）出生长大的贫穷工人阶级天主教徒。他们拒绝了"正统派"爱尔兰共和军的劝说，自己制订了一项迫使英国政府放弃爱尔兰的计划，认为北爱尔兰将通过与共和国的统一而获得独立。为了达到这个目的，临时派[2]制定了双管齐下的战略：他们试图在伦敦德里和贝尔法斯特建立天主教飞地，把当局的安全部队排除在外，这样就可以对那里的天主教徒行使政治领导权，并创建一个可以发动袭击的大本营。

---

[1] English, *Armed Struggle*, pp. 105-107, 160.
[2] 临时派（the Provisional），是指在北爱尔兰坚持武装斗争的党派。——译者注

第三章 城市游击战

他们计划采用汽车炸弹从飞地向市中心发动一场纵深战斗。

临时爱尔兰共和军通过布置路障、暴动抗议、使用汽油弹和小型武器等方式袭击皇家警察部队和英国陆军巡逻队,并试图以此建立一个活动禁区。① 在贝尔法斯特,福尔斯路从来没有像波格赛德那样成为一个完全和平禁区,尽管英军同意沿着两个社区之间的福尔斯路建立"和平线",但天主教地区成为活动禁区。然而,皇家警察部队不能独自巡逻福尔斯路。白天,英军不断遭到抗议(例如,当地妇女敲打着垃圾箱盖子,尾随在英军巡逻队后面肆意谩骂),甚至遭到有组织的暴力袭击和枪击。夜间,英军在这些地区进行巡逻更加困难。分析研究塞浦路斯战役和亚丁城市战役之后,临时爱尔兰共和军得出如下结论:如果他们能够杀死 36 名英国士兵,英国政府可能就会屈服投降。② 尽管目标是暗杀英国士兵,但是狙击依然作为一种主要的防御战术,其目的是让英国士兵远离天主教地区——或者让英国士兵感

---

① M. L. R. Smith and Peter Neumann, "Motorman's Long Journey," *British Contemporary History* 19, no. 4 (2005): 419.

② Smith and Neumann, "Motorman's Long Journey," p. 419; M. L. R. Smith, *Fighting for Ireland: The Military Strategy of the Irish Republican Movement* (London: Routledge, 1995), p. 97.

觉到进入天主教地区极其危险。

1972年,贝尔法斯特城内福尔斯路北端的迪维斯公寓周围成为著名的天主教聚居区。迪维斯公寓建筑群位于福尔斯路末端,毗邻市中心的圣彼得大教堂附近,① 该建筑群是野兽派建筑风格的现代公寓楼,主要由10幢7层的大楼组成,楼与楼之间通过混凝土走道连接,还有一个30层的塔楼。同当时英国城市出现的许多现代建筑项目一样,建设迪维斯公寓是一项积极主动、甚至是道德高尚的举动。规划者和建筑师打算将3 000名天主教徒从居住条件糟糕的维多利亚式住房中迁出,并将他们安置在新住所。然而,迪维斯公寓楼的建筑质量非常低劣,同时,贫穷的天主教家庭又付不起暖气费,导致整个公寓楼的环境潮湿发霉,楼内电梯无法正常运行,进而整个建筑群的居住功能很快陷入瘫痪。最后,迪维斯公寓变成了一个废弃庄园,"从埃舍尔绘画角度看,迪维斯公寓就像一个噩梦,一个由楼梯、通道和拥挤的公寓组成的混凝土大杂院"。② 该建筑后来被讽刺为"空

---

① Patrick Webb, "The Battles for Divis Flats: A Study in Community Power," (PhD thesis, Ulster University, 2016).

② Patrick Radden Keefe, *Say Nothing: A True Story of Murder and Memory in Northern Ireland* (London: William Collins, 2018), p. 7.

中贫民窟"①（见图 3.1）。

图 3.1　迪维斯公寓建筑

资料来源：公寓图经英国陆军《皇家盎格鲁团学报》授权使用，参见《皇家盎格鲁团学报》1973 年第 17 卷第 1 期，第 79 页 [Courtesy of Castle, *The Journal of the Royal Anglian Regiment* 17, no. 1(1973)：79]。

迪维斯公寓在北爱尔兰动乱期间声名狼藉。1969 年 8 月，皇家警察部队使用 0.5 毫米勃朗宁机枪，向公寓建筑进行无差别扫射，杀死一名正在睡觉的 9 岁儿童。②此后，在 1972 年，临时爱尔兰共和军将一名有 10 个孩子的母亲珍·麦康维尔（Jean McConville）从公寓里掳走，并将其定为告密者而杀害。迪维斯公寓在贝尔法斯

---

① Radden Keefe, *Say Nothing*, p. 33.
② Geraghty, *The Irish War*, p. 22.

113

特城市战中充当两个重要功能。一是这里居住着大量支持临时爱尔兰共和军的民众,因此,"变成了武装反抗的据点"。① 二是他们还占领了福尔斯路尽头的一个重要战术据点,这一据点是通往天主教地区的关键通道。该据点具有突出的军事功能,屋顶设有一个向英军巡逻队投射石头和汽油弹的绝妙垛口。据点内楼层房屋众多、走道网络复杂,为射击手提供了许多射击位置、藏身之地和安全逃离路线。

特别是街区的人行道,这是最受推崇的狙击阵地。贝尔法斯特战斗期间,迪维斯公寓成为临时爱尔兰共和军的一座现代混凝土城堡。事实上,它已经成为"迪维斯堡垒"。在公寓附近进行一场重要战斗,英军往往需要部署两个半营的兵力。

1972 年,英国陆军皇家盎格鲁团第 3 营充分认识到迪维斯公寓具有领土政治意义,部队应当进行安全巡逻。1972 年 4 月,该营约 600 名士兵部署到下福尔斯路地区(Lower Falls Road area),进行为期 4 个月的巡查。英国皇家盎格鲁团第 3 营把指挥部设在迪维斯街道阿尔伯特街的一个磨坊附近,而迪维斯公寓属于某公司管辖,不

---

① Radden Keefe, *Say Nothing*, p. 34.

第三章 城市游击战

受英国军队管辖。所以,英国皇家盎格鲁团一抵达就遭到迪维斯公寓居民和"正统派"爱尔兰共和军有计划的袭击。事实上,英国皇家盎格鲁团将前两周的行动命名为"迪维斯公寓战斗"①。骚乱活动始于当日下午,公寓地区不断向第3营巡逻队投掷石头发动骚乱,渐渐到了晚上,双方的对抗程度越发激烈,直到英国皇家盎格鲁团遭到迪维斯公寓的猛烈枪击。

  骚乱袭击从下午3点开始,一直持续到凌晨1点、2点,天天如此。关键是当地居民把迪维斯公寓作为战斗基地,从那里向我们射击,通常在公寓街区之间的连接处进行射击。我们从阿尔伯特街磨坊基地出发时极易遭到袭击,因为公寓建筑位于高处,可以完全俯瞰我们的行动。②

事实上,双方的枪战并非小规模而且孤立的战斗。4月19日,该营遭到177次射击,4月26日,遭到559次

---

① Michael Barthorp, *Crater to the Creggan: The History of the Royal Anglian Regiment 1964-1974* (London: Leo Cooper, 1976), p. 108.
② Steven Bowns, *Aden to Afghanistan: Fifty Years of the Royal Anglian Regiment 1964-2014* (Oxford: Osprey, 2014), p. 167.

射击。最暴力的一天是 4 月 16 日，英国皇家盎格鲁团第 3 营遭到迪维斯公寓的持续射击，射击人员主要是临时爱尔兰共和军的青少年武装人员。① 据一名目击者观察：

> 我看到了来自地狱的景象：15 岁的男孩们拿着冲锋枪和半自动步枪。他们聚集在一个废弃的电梯井旁，接受像隆美尔战争疯子般的煽动性命令。子弹四处弹跳，这些精神错乱的孩子打完一个又一个弹夹，肆无忌惮地射向任何地方、任何人。②

事实上，在这一天，临时爱尔兰共和军确实找到了射击目标。他们的一发子弹打穿了一辆巡逻装甲车的观察缝，击中并杀死了尼古拉斯·赫尔中尉（Lieutenant Nicholas Hull）。最终，临时北爱尔兰共和军对英军的攻击渐渐消停了，他们在整个过程中也同样受到反击。如果不是被确定为禁区，迪维斯公寓和下福尔斯（Lower Falls）早早就沦为对手的领地（英军称为"印第安人领地"），英军永远不能在那里自由巡逻。英国皇家盎格

---

① Barthorp, *Crater to the Creggan*, p. 108, p. 110.
② Bowns, *Aden to Afghanistan*, pp. 168–169.

第三章　城市游击战

鲁团第 3 营在执行任务期间死亡 3 人，全部死于对方狙击手。

正如英国皇家盎格鲁团第 3 营巡逻时所显示一样，贫民区对临时派来说具有重要军事价值。当安全部队与他们对抗时，共和党的"恐怖分子"就抓住绝佳的机会来攻击军队，或者激怒英国士兵疏远天主教徒来进行报复。由此看来，迪维斯公寓成为临时派对贝尔法斯特商贸地区发动系统袭击的重要基地。从 1971 年 3 月起，临时派开始轰炸市中心，目的是给阿尔斯特造成经济损失，向人们表明城市已经无法有效治理。尽管临时派将盘踞飞地的防御作战描述为同英军的一场近距离战斗，但是在阿尔斯特的爆炸行动，则是与皇家警察部队、总部位于斯托蒙特（Stormont）的北爱尔兰政府以及英国政府对抗的一场激烈战斗。1972 年 3 月 4 日，"阿伯康爆炸"（Abercorn Bombing）发生之后，当临时派因杀害和伤及无辜平民而受到强烈谴责时，双方为此也宣布一份 72 小时停火协议。作为试图达成政治解决方案的一部分，英国政府命令军队保持低调并减少巡逻。因此，临时派得以巩固在飞地的地盘，并在 6 月 22 日为新的进攻作好了准备。7 月 9 日史称"血腥星期五"（Bloody Friday），在下午 14：10—15：13，临时派在贝尔法斯特市中心引

117

爆了20枚炸弹，造成9人死亡，130人受伤。这一惨重事件被描述为"自1941年德国闪电战以来，死亡人数和破坏程度最严重的一天"。① 同时，该事件也被视为当局取消安全部队巡逻后导致的直接后果。

"血腥星期五"事件之后，英国政府决定执行一项新的计划。英国政府不再同临时派进行任何谈判，并命令英军控制伦敦德里和贝尔法斯特。波格赛德和福尔斯路的"禁区"也被取缔。接下来部署的是英军"机动战士行动"，7月31日凌晨4时开始。英军随后涌进伦敦德里和贝尔法斯特这两座城市，② 皇家工兵装甲车在前进中移除城内非法路障，同时向该地区部署22 000人的部队。在贝尔法斯特，英军向被围困的守备部队增加了4个营的兵力支援。单单在贝尔法斯特西部地区，英军就部署了11个作战单位，③ 他们清理了福尔斯路并在共和党人所在的整个地区建立了巡逻网络。贝尔法斯特的军事形势一下子发生了很大变化。尽管驻扎此地的英军

---

① Alan Parkinson, *1972 and the Ulster Troubles: "A Very Bad Year"* (Portland, OR: Four Courts Press, 2010), p. 207.

② Andrew Sanders, "Operation Motorman (1972) and the Search for a Coherent British Counter-insurgency Strategy in Northern Ireland," *Small Wars and Insurgencies* 24, no. 3 (2013): 465-492.

③ Huw Bennett, "From Direct Rule to Motorman," *Studies in Conflict and Terrorism* 33, no. 6 (2010): 522; Barzilay, *The British Army in Ulster*, p. 47.

第三章　城市游击战

也面临危险，但是英军还是平息了迪维斯公寓的暴动。天主教和新教地区新产生的临时派所占据的飞地也被清理了，英军永久性夺回了迪维斯街道的控制权。"机动战士行动"之后出现了一张崭新的联结巡逻基地和观察哨所的防御网络，这是天主教地区唯一的安全体系构架。只有天主教地区和新教地区之间受官方认可的"和平之墙"依旧保留不变，① 临时派再也不能保护他们所盘踞的飞地。

贝尔法斯特战斗再次确认了政府镇压城市叛乱的历史记载。临时派试图发起一场城市袭击，他们相信这样的行动足以击败1972年驻守的英军。然而，临时派发动袭击行动会招致政府的镇压，这个结果是可以预见的。英国政府不可能作出重大政治让步，政府会专门部署超过22 000人的部队镇压临时派的袭击行动。作为对"机动战士行动"的回应，临时派爱尔兰共和军别无选择，只能改变反抗方式。此后短时间内，临时派袭击人员躲到地下藏身，行动首领要么躲起来，要么越过边境逃往

---

① Frederick Boal, "Integrating and Division: Sharing and Segregating Belfast," *Planning Practice and Research* 11, no. 2 (1996): 151–158; Frederick Boal, "Territoriality on the Shankill-Falls Divide, Belfast," *Irish Geography* 41, no. 3 (2008): 349–366; Frederick Boal, Paul Doherty and Dennis Pringle, *Social Problems in the Belfast Urban Area: An Exploratory Analysis*, Occasional Paper, no. 12 (London: Queen Mary College, 1978).

爱尔兰共和国。当然，20世纪70年代，贝尔法斯特的暴力事件一直居高不下，骚乱、枪击和爆炸司空见惯。但是，临时派再也没有能力挑战英国对这座城市的控制权。此外，到20世纪70年代中后期，临时派不得不彻底改变斗争策略，他们将自己转变为一个专业的城市袭击组织，致力于长期战斗。后来，临时派正式采用了一种融合暴力与政治的双重策略——"阿玛莱特步枪加投票箱"，即武装反抗加民主选举策略。此后，他们仍然在贝尔法斯特和伦敦德里继续制造炸弹袭击，策划暴乱行动。更重要的是，临时派爱尔兰共和军分支组织还在英国本土发动了一系列反抗活动，在吉尔福德（Guildford）、伯明翰（Birmingham）以及伦敦金丝雀码头（Canary Wharf）和曼彻斯特（Manchester）等地策划爆炸案。与此同时，临时派反抗组织向南转移到了边境，来到了匪徒聚集的南阿尔马地区（South Armagh）。在那里，得益于当地的充分支持和漏洞百出的边界管辖，临时爱尔兰共和军能够同英军继续打消耗战。实际上，爱尔兰城市骚乱，在某种程度上复制了阿尔及利亚、肯尼亚和马来亚等国家特殊城市环境下的武装反抗行动。城市袭击失败后，临时派又继续在农村向英军发起挑战——正如格瓦拉、毛泽东和马里盖拉所建议的那样，在农村进行武装斗争。由此可见，在20世纪，城市游击队在武装反抗中扮演了重要角色。然而，城市游击队的力量总是非常脆弱——很难能够抵御庞大国家军队的反击，通常情况下，国家军队能够把他们赶出城市。

五、兵力比例

二战后，武装反抗人员普遍强调发动一场城市叛乱的困难主要在于城市部署了太多的安全部队。政府也充分认识到，兵力比例在镇压武装反抗中起到了重要作用。为了彻底禁止武装反抗，政府既要拥有足够多的部队掌控地盘，也要同当地平民保持密切联系。例如，20世纪五六十年代，英国和法国研究城市叛乱的著名理论家罗伯特·汤普森（Robert Thompson）和戴维·加卢拉（David Galula）就非常重视战斗中的兵力比例问题。汤普森和加卢拉分别在马来亚和阿尔及利亚服过役，汤普森后来曾加入英国驻越南军事顾问团（British Advisory Mission in Vietnam）。他们两位根据工作经验撰写了平息城市叛乱的经典著作。汤普森认为，不可能对平叛力量和叛乱分子的兵力比例给出一个精确数字。但是马来亚和越南的平叛经验都认为，1次叛乱大约需要20倍的平叛力量进行镇压。① 加卢拉也认为,"平叛力量和叛乱分子的兵力比例是 10∶1 到 20∶1 的情况很常见"。② 在双方对抗期间,平叛力量同平民人数之间比例通常是,1名士兵需要保护 50 名平民,这往往是取得胜利的最低要求。1957 年,法国给卡斯巴地区的 7 万平民增派了 4 000名伞兵,进一步加强本已相当庞大的安全部队。在贝尔法斯特的"机动战士行动"中,英国政府部署了 6 000多名战斗人员同皇家警察部队并肩作战,共同控制 10 万人的天主教地区。在阿尔及利亚和贝尔法斯特,安全部队的兵力比例达到了大约 1 名士兵对 17 名平民。依靠兵力优势,法国和英国的军队都能够将新生的城市叛乱分子驱逐到乡村地区。

然而,兵力比例在 21 世纪发生了重大变化。在最近的城市战中,安全部队人数不再超过叛乱分子的数量。此外,当地居民人数往往远远超过安全部队人数。例如,入侵伊拉克后,英国在伊拉克的驻军比例远未达到 20 世纪的水平。2004—2008 年英国驻军巴士拉的人数,同1969 年和 1972 年驻军贝尔法斯特的人数形成了鲜明对

---

① Robert Thompson, *Defeating Communist Insurgency: Experiences from Malaya and Vietnam* (London: Chatto & Windus, 1974), pp. 47–48.

② David Galula, *Counterinsurgency Warfare* (Westport, CT: Praeger, 2006), p. 21.

第三章 城市游击战

比。2006—2007 年，在巴士拉暴动最激烈的时候，东南地区联军的英国指挥官仅有 1 个营的兵力，不得不联合伊拉克军队以及常常不可靠的伊拉克警察力量，一起包围这座 130 万人口的大城市。20 世纪 70 年代，时任巴士拉指挥官的理查德·谢瑞夫将军也曾在贝尔法斯特的街头服过役，他将这两次战役进行了鲜明对比：

> 负责一个 130 万人口城市的营长告诉我，在一个大城市里，他只能在地面上部署不超过 13 个半排或几个连的部队，总人数才不到 200。举个例子，你可以把这一情况同我回忆中 70 年代末在贝尔法斯特西部地区当一名年轻排长时的情况进行比较，当时有一个旅的兵力部署在地面。[1]

同"机动战士行动"形成鲜明对比的是，英军在巴士拉的作战兵力比是 1∶370，即 1 个兵士兵对应 370 名当地平民。[2]

在 2007 年美国对伊拉克增兵之前，美军一直在争取

---

[1] Lieutenant General Sir Richard Shirreff, "Evidence to Chilcot Inquiry," https://webarchive.nationalarchives.gov.uk/20110119122500/http://www.iraqinquiry.org.uk/.

[2] Warren Chin, "Why Did It All Go Wrong? Reassessing British Counterinsurgency in Iraq," *Strategic Studies Quarterly* 2, Iss. 4 (Winter 2008), p. 128.

增加兵力密度。这是因为，相对于叛乱分子的力量，美军当时的兵力比例远远低于可接受的比例，因此，美军难以控制街道。然而，特别是2007年美军增兵之后，美军在巴格达、拉马迪和费卢杰三个城市提高了兵力密度，并由此极大拓展了伊拉克安全部队的规模数量。2007—2008年，联军在伊拉克地区增兵期间，各种类型的安全部队（主要包括联军、伊拉克人、"伊拉克之子"①）的人数超过了武装反抗人数，达到10∶1的比例甚至更多。相比之前的驻军兵力比例，美军甚至一度取得驻当地部队人数和当地平民人数比例为1∶60的优势，即大约60万人的安全部队在3 000万人的伊拉克国家执行任务。值得注意的是，驻伊拉克美军只有同当地的正规和非正规武装力量合作才能达到上述兵力比例。增兵期间，美军自身也从13万人增加至16.5万人，增加兵力约3.5万人。同法国和英国部署在阿尔及利亚、肯尼亚、马来亚、塞浦路斯和北爱尔兰等国家和地区的城市里的军队规模相比，美国驻伊拉克的军队显然是一支规模庞大的部队。美军和当地居民的比例高达1∶181，即每1名美军对应181名伊拉克公民。在萨德尔城战斗最激烈的阶段，

---

① 伊拉克之子，主要是指伊拉克逊尼派民兵和库尔德武装力量。——译者注

第三章　城市游击战

这一比例甚至更高,但是以美军为首的联军从未试图清理城市并长期驻守该地区。一个大约120万人的萨德尔城在3 000名美国士兵的支援下,骚乱得到了平叛——当然包括美军在伊拉克的盟友的帮助。在萨德尔城,大概1名美军士兵对应400名什叶派民众,①加之驻地部队规模的缩减,美军想要把反抗分子完全赶出城市变得越来越困难。21世纪初的几十年里,城市地区的快速扩张导致军队部署密度必然降低。在伊拉克,反抗组织之所以能够守住阵地,主要因为在对抗期间,美国、英国和伊拉克政府根本没有足够的军队清除他们。

并非只有西方国家在城市地区面临兵力比例偏低的问题,其他很多国家也面临这样的问题。如果有什么区别的话,在叙利亚、也门和利比亚等国发生的战争更加凸显兵力比例的问题。这些国家发生的每一次战争都存在政治上的复杂性,战争爆发的根源及其发展不能仅用兵力比例进行阐释。但是,在暴乱活动中,双方兵力比例悬殊,一方对另一方具有压倒性优势。叙利亚内战问题很好地说明这一情况,即不能仅从兵力比例的角度来

---

① John Spencer, "Stealing the Enemy's Urban Advantage: The Battle of Sadr City," Modern War Institute, 31 January 2019, https://mwi.usma.edu/stealing-enemys-urban-advantage-battle-sadr-city/.

解读战争。叙利亚内战的爆发证实了大多数文献所提出的人口统计学分析框架,双方的军事冲突主要源于城市化的快速发展及其衍生的社会不公问题。例如,叙利亚城市霍姆斯战斗的爆发深刻说明,城市快速发展衍生出的社会不平等问题,进而会引发重大冲突。从2000年到2010年,霍姆斯城市人口从50万增加到70万,[1] 其中,贫困农民移民到城市的人口占了绝大多数。与此同时,霍姆斯这座城市变得越来越两极分化,一个少数人享有特权的全球化大都市被多数贫困棚户区包围着。最终,2012年2月,来自巴巴艾默(Baba Amr)等地区被剥夺权益的居民,有组织地占领了市中心的钟楼广场,并以此抗议叙利亚政府。当抗议居民遭到总统巴沙尔·阿萨德的军队袭击时,他们组成反政府民兵力量进行对抗。[2]从一开始,反抗组织就利用了城市所衍生的贫富悬殊、

---

[1] United Nations, *World City Populations 1950-2035*, 2018, http://luminocity3d.org/WorldCity/#6/34.715/31.157.

[2] Christopher Phillips, *The Battle for Syria: International Rivalry in the New Middle East* (New Haven, CT: Yale University Press, 2018), pp. 47-48; Mouna Al-Sabouni, *The Battle for Homs: Memoir of a Syrian Architect* (London: Thames and Hudson, 2016); Robin Yassin Kassab and Leila Al-Shami, *Burning Country: Syrians in Revolution and War* (London: Pluto Press, 2016), pp. 43-44, 56, 82; Stephen Starr, *Revolt in Syria: Eye-Witness to the Uprising* (London: Hurst and Co., 2015); Nicholas van Dam, *Destroying a Nation: The Civil War in Syria* (London: I. B. Tauris, 2017); Jonathan Little, *Syrian Notebook: Inside the Homs Uprising* (London: Verso, 2015).

第三章 城市游击战

社会不公等问题,从民众当中吸纳力量进行武装反抗。

人口统计学分析框架能够解释叙利亚内战为什么是从城市地区开始爆发的,但是这一分析模式并不能解释战争的后续发展。叙利亚城市武装反抗起始于2011年,到了2020年,经历了9年后,双方冲突依旧表现出城市化的鲜明特点。一旦战争起始于一场城市斗争,那么,战争就一直具有城市战性质,交战双方都致力于争夺城市的控制权。因此,很有必要进一步解释战争城市化的问题。

兵力比例对城市战具有启示意义。尽管在1967年、1973年和1982年,叙利亚每次都被以色列击败,但是叙利亚仍然能维持一支规模庞大和装备精良的部队。2013年,在叙利亚内战早期,叙利亚军队拥有17.8万名士兵。[1] 但是,叙利亚士兵大部分是逊尼派义务兵,并且大部分还是叛乱组织成员。因此,叙利亚当局可信任的士兵不超过6.5万—8万名,只有其精锐部队、共和国卫队、第4装甲师和特种部队完全可靠。[2] 此外,叙利亚政权还得到5万—6万名的国防部队以及沙比哈派

---

[1] Phillips, *The Battle for Syria*, p. 120.

[2] Van Dam, *Destroying a Nation*, pp. 106-108; Phillips, *The Battle for Syria*, p. 161.

（Shabbihah）民兵的支持。为了对付武装反抗组织，黎巴嫩真主党和伊朗都为叙利亚提供大量支援部队。为此，阿萨德政权在战争期间储备了大约15万名战斗人员，这是一支规模不小的武装力量。

然而，城市武装反抗最终波及叙利亚的每一个主要城市和大部分城镇，动员了逊尼派的大部分人口。叙利亚政府军试图镇压阿勒颇、大马士革、霍姆斯、拉卡、伊德利卜、拉塔基亚、哈马和德拉以及其他小城的武装反抗。2011—2018年，叙利亚阿萨德政权的15万人部队部署到8个主要城市以及许多较小城市。在这些城镇中，阿萨德政权动用了大量部队兵力，却难以彻底击败武装反抗组织。事实上，在2015年俄罗斯干预之前，阿萨德政权就决定放弃叙利亚北部的大部分地区，专注于打击叙利亚东部的"残余"地区，该地区主要包括从南部的苏韦达（Suwaids）城市到北部海岸线的地区。叙利亚政权只有在俄罗斯空军、伊朗圣城旅（由当时卡西姆·苏莱曼尼指挥）①和黎巴嫩真主党的支持下，才能从反政府武装手中夺回城市地区。即便如此，叙利亚城市内的

---

① 伊朗圣城旅（Iran's Quds force），是伊朗伊斯兰革命卫队下属精锐部队，该部队曾经的著名指挥官是苏莱曼尼。2020年1月3日，苏莱曼尼在伊拉克首都巴格达国际机场附近遭到美军无人机发射的导弹袭击而身亡。——译者注

战斗仍然激烈而漫长。如同美英在伊拉克一样，叙利亚武装部队也面临严重的兵力短缺。因此，叙利亚政府军无法把他们的对手赶出城市。最终的结果众所周知，叙利亚政府不断遭到武装反抗组织的长期围攻，这也是叙利亚内战中城市战的可怕之处。

六、巴西城市战

20世纪60年代和70年代，城市游击队主要是一个由吉兰、马里盖拉和德布雷创立提出的拉丁美洲概念。通常情况下，由于无法确保自身安全，城市游击队不得不像适应性很强的"恐怖分子"一样行动，还经常被压倒性的国家力量击败。在20世纪这一历史时期，国家力量完全掌控城市，城市游击队面临很大困难。然而，现在的情况完全不同了。由于军队部署兵力比例的下降，武装反抗活动实质上已经城市化。对此，马里盖拉提出一个别样的对比分析，20世纪60年代末，他在城市策划了一场反对巴西军事政权的左派革命运动，但是他们在圣保罗的游击队根据地被轻松摧毁，从而以失败告终。不过，马里盖拉城市游击队的后继者引起人们极大兴趣。这些后继者不再是行动上的激进者，甚至相关行动跟政治之间没有任何关系。马里盖拉所创立的城市游击队被城市超级帮派取代,这些帮派组织控制着巴西原首都里约热内卢①、圣保罗以及巴西其他主要城市的大片无人管辖区域。马里盖拉的真正继承人实际上是"红色司令部"(Comando Vermelho)和"首都第一司令部"(Primeiro Comando da Capital),这些组织也标志着对国家权威的真正挑战。"红色司令部""首都第一司令部"的出现为21世纪的城市武装反抗提供了"样板",也展示出军队规模的缩减是如何在客观上方便了武装反抗组织的崛起。

从历史上讲,贫民窟最早出现在巴西,时间是在19世纪的最后十年。1898年,从卡努杜斯战争②结束后回乡的复员士兵,由于虚假的土地分配承诺得不到实现,他们不得不在里约热内卢城外的摩洛山(Munt Moro)定居下来。这个定居点后来演变成为贫民窟,这一名字最初源于一种生长在本地的类似含羞草的植物名字。③ 从1900年到20世纪70年代中期,巴西城市边缘的贫民窟

---

① 里约热内卢(Rio de Janeiro),曾是巴西的首都(1763—1960年),位于巴西东南部沿海地区。巴西新首都是巴西利亚(Brasilia),位于巴西伊亚斯州境内。——译者注

② 卡努杜斯战争(Canudos War, 1898),是发生在近代巴西的一次农民战争,是由于农民缺乏土地而引起的,是巴西农民争取土地的斗争。——译者注

③ Janice Perlman, *Favela* (Oxford: Oxford University Press, 2010), p. 24.

第三章　城市游击战

规模激增。贫民窟地带是生活贫穷、健康堪忧和地域性低端犯罪人员的聚集地。贫民窟社会在20世纪70年代开始发生质的变化，在推动贫民窟恶化的进程中，有两件事情发挥了重要作用：一是巴西刑罚政策的不合理；二是毒品的泛滥。从20世纪60年代末开始，巴西军事政权将越来越多来自贫民窟的罪犯关押在声名狼藉的格兰德岛坎迪多·门德斯监狱。① 贫民窟犯罪人员和左派分子政治犯关押在一起，其中一些人曾是马里盖拉的同事。② 虽然作为城市游击队失败了，但是左派分子成功地向贫民窟的年轻罪犯灌输了他们的思想。贫民窟的罪犯对马克思主义理论的细节不感兴趣，但对严格管理和人民支持的重要性印象深刻。新出现的贫民窟领导人试图将左派分子的斗争经验教训应用到他们出狱后的事业当中。

在贫民窟领导人政治意识开始觉醒的同时，发生了另一个事件，即可卡因从20世纪70年代末开始成为一种重要的国际毒品。贫民窟的低端犯罪团伙，很快成为

---

① 格兰德岛坎迪多·门德斯监狱（Candido Mendes Penal Institute on Ilha Grand），又称"恶魔熔炉"，始建于1903年一个山脉苍郁的原始岛屿，是当时巴西政府关押各种最危险犯人的监狱。——译者注

② Antonio Sampaio, *Illicit Order: The Military Logic of Organized Crime and Urban Security in Riode Janiero* (London: IISS, 2019), p. 9.

可卡因在本地和国际上进行贸易的主要参与者,[1] 也成为哥伦比亚革命武装力量（Revolutionary Armed Forces of Colombia, RAFC）和哥伦比亚贩毒集团的重要伙伴。在难以置信的金钱资助和膨胀野心的鼓舞下，自封的"红色司令部"和"首都第一司令部"帮派组织在里约热内卢和圣保罗诞生并开始垄断毒品贸易。后来，内部对立派从最初的两个帮派中又分裂出两个超级帮派[2]："朋友之友"（Amigos dos Amigos）和"首都第三司令部"（Terceiro Comando da Capital）。

巴西超级帮派在守护自己利益方面非常残忍无情。"红色司令部"的领袖威廉·利马·达席尔瓦（William Lima da Silva）一生中大部分时间都在监狱度过，他个人对数百人的死亡负有责任。帮派头目们为了确保自己安全并震慑击败对手，必然会陷入暴力和反暴力的

---

[1] Ioan Grillo, *Gangster Warlords: Drug Dollars, Killing Fields, and the New Politics of Latin America* (London: Bloomsbury, 2017), pp. 72-76.

[2] Grillo, *Gangster Warlords*, p. 77; Perlman, *Favela*, p. 178.

第三章 城市游击战

恶性循环。[1] 跟20世纪城市游击队不同，21世纪巴西超级帮派最显著特点是，他们掌控管辖既定地盘。巴西超级帮派都与特定的贫民窟存在密切联系，贫民窟是帮派领导层和团伙组织的根据地。贫民窟对超级帮派来说至关重要，帮派人员进行的活动不再受政府干预，这是因为贫民窟特殊的地理环境往往需要大规模警察维持稳定，但是巴西政府不会组织大批警察到这里。因此，贫民窟已成为犯罪团伙的完美基地，其成员在光天化日之下可随处藏身，同时，贫民窟离政治权力中心的距离很近，[2]方便开展活动。毒品、违禁品和武器可以安全地储存在贫民窟，方便犯罪团伙从贫民窟基地贩运毒品或向国外输出可卡因。此外，贫民窟还为帮派提供大量劳动力，青年男女被雇用为侦察兵、步兵、越境运毒人、人贩子

---

[1] Misha Glenny, *Nemesis: One Man and the Battle for Rio* (London: Bodley Head, 2015); Desmond Enrique Arias, *Drugs and Democracy in Riode Janeiro* (Chapel Hill: University of North Carolina Press, 2006); Desmond Enrique Arias, "The dynamics of criminal governance: Networks and Social Order in Rio de Janeiro," *Journal of Latin American Studies* 38, no. 2 (2006): 293 - 325; Desmond Enrique Arias, "Trouble en route: drug trafficking and clientelism in Rio de Janeiro shantytowns," *Qualitative Sociology* 29, no. 4 (2006): 427-445.

[2] Kees Koonings and Dirk Kruijt, "The Rise of Megacities and the Urbanization of Informality, Exclusion and Violence," in Kees Koonings and Dirk Kruijt (eds.), *Megacities: The Politics of Urban Exclusion and Violence in the Global South* (London: Zed Books, 2009), pp. 8-28.

和妓女。

巴西帮派内部的管理非常残忍。一旦发现有偷窃或告密行为将被处死,而且处死的尸体很难被发现。然而,巴西帮派确实公开拥护20世纪70年代的政治犯灌输给他们的社会民主主义学说,他们有些举措体现出某种道德情怀,并试图为贫民窟的居民提供就业、安全、社会帮助和社会正义等服务。"首都第一司令部"的正式标志是一个阴阳符号(yin yang symbol),其座右铭是"一种用智慧平衡善恶的方法",而"红色司令部"的座右铭是"自由、正义与和平"。① 显然,帮派的标志符号更多的是说辞而不是现实。在贫民窟地区,尽管超级帮派有的行事方式令人震怒,② 但是他们承担着缺位的政府管理职责。2020年新型冠状病毒大流行期间,尽管雅伊尔·博索纳罗(Jair Bolsonaro)政府淡化这种病毒的影响而不进行任何隔离限制举措,但是贫民窟帮派仍实施了自己的隔离规定,他们似乎比国家更关心居民健康。巴西帮派取得了20世纪六七十年代城市游击队未能取得的成就:他们建立了自己的安全大本营,并以此为据点

---

① Alverado De Souza Pinheiro, *Irregular Warfare: Brazil's Fight against Criminal Urban Guerrillas* (Hurlbert Field, FL: JSOU Press, 2009), p. 10.

② Perlman, *Favela*, p. 105.

第三章 城市游击战

在整个城市进行运营管理，甚至在某些方面取代国家政权进行自治。

2010年以来，巴西政府一直试图取代超级黑帮对贫民窟的控制。巴西在20世纪80年代创建了专业的准军事警察部队——警察特别行动营（Batalhão de Operações Policiais Especiais），负责随时突袭检查贫民窟。尽管警察特别行动营的激进行动备受争议，但一直发挥着重要管理职能。警察特别行动营抓捕罪犯的突袭行动一般具有高度暴力性，经常同犯罪分子发生大规模枪战。为了安全准备2014年世界杯和2016年奥运会，巴西扩充建立了第二种专业警察部队——维稳警察部队（Unidades de Policia Pacificadora），该部队不负责突袭行动，而是一支永久驻扎在贫民窟的维稳部队，其目的是从帮派手中夺取对贫民窟的控制权。到2018年，巴西政府已经建立39个维稳警察部队基地，对763个贫民窟进行常态化巡逻。尽管巴西政府试图控制贫民窟，但他们缺乏足够多的安全人员来取代帮派的管控。事实上，到2019年，贫民窟的社会治安状况再度恶化。迫于无奈，巴西政府基本放弃了平叛策略，雅伊尔·博索纳罗政府最初宣布筹建的若干维稳警察部队也退役解散了,① 政府可能会寻求同贫民窟帮派进行和解。

当然,有人可能会说,"红色司令部"及其同伙只能归类为犯罪集团,他们不像典型的城市游击队那样具有政治性。的确,巴西超级帮派没有激进的政治议程,他们对搞垮巴西政府一点儿也不感兴趣,更别说搞垮这个国家了。事实上,帮派头目完全不关心真正意义上的政治或政治权力,他们并不同国家交战。帮派暴力大多是一种维护他们地盘权威的"不起眼"的方式,主要体现对内部进行惩戒管理,对外部打击敌对帮派。从这个意义上讲,巴西贫民窟的武装反抗组织——帮派性质的变化,标志着马里盖拉城市游击队理想主义的一种政治退化。

但是,当巴西超级帮派的利益受到严重挑战时,他们就会定期组织反政府暴力活动。例如,2006年5月,765名"首都第一司令部"的头目被转移到安保级别极高的监狱,② 这种转移不仅是一种名誉侮辱,这也威胁到帮派的日常运转,因为关押"头目"的监狱是监狱安全系统的总部,管控措施更加严格。为此,帮派头目想

---

① Sampaio, *Illicit Order*, p. 24.
② De Souza Pinheiro, *Irregular Warfare*, p. 2.

办法通过移动电话同贫民窟下属保持着经常联系,指挥部下开展活动。转移关押帮派"领导层"导致"红色司令部"在圣保罗上演了一场重大骚乱,全市警察局附近发生了近300起袭击事件。同样,当年晚些时候,当"红色司令部"帮派成员受到类似转移的威胁时,一名"头目"就叫嚣道:"在贫民窟,我拥有10万名自杀式炸弹袭击者。"① 这显然是一种极端的夸张吹嘘。但是,这种叫嚣主要表明一种威胁的态度。只要巴西超级帮派的活动没有受到过度影响,他们就会顺从政府的管辖。但是,当政府主动挑战他们的利益时,帮派就会变得高度政治化。然后,他们对国家和安全部队采取系统性的暴力对抗,以保护自己的安全并实现自己的利益。在这一点上,帮派成为真正意义上的政治角色。但是,他们的暴力犯罪行为因而也变得与真正的城市叛乱没有任何区别,所以也是一种战争。

七、回到城市

城市游击队的出现并不新鲜。近几十年来,叛乱分

---

① De Souza Pinheiro, *Irregular Warfare*, p. 14.

子显然不是来自山区；他们一直盘踞在城市。然而，在 21 世纪，城市已经成为暴乱活动的主要，甚至是首要舞台。叛乱分子通常把他们的行动飞地安置在城市，他们主宰管控周围街区，甚至把街区变成禁区。城市暴动的兴起——而不是无处不在的恐怖分子——能够部分说明武装反抗兴起的原因：一方面，城市规模变得如此巨大，为抗议暴动提供了藏身的环境条件；另一方面，叛乱组织的力量在一定程度上完全压倒了政府的安全部队。正如巴西贫民窟所显示的一样，贫民窟是城市帮派的理想天堂，而安全部队几乎无法深入其中。

此外，还有一个经常被忽视的因素，这个因素有助于解释为什么城市游击队在现代冲突中发挥了重要影响：兵力比例。同 20 世纪的国家军队相比，现在国家军队的规模变小了。今天的国家无法为每 50 名公民部署 1 名士兵负责安全保护。在 20 世纪 50 年代、60 年代和 70 年代，国家军队很容易把叛乱分子赶出城市，正如内罗毕、阿尔及尔、亚丁和贝尔法斯特城市战斗所显示的那样，但是现在有的国家政权不能完全主宰城市的所有地区，无法巡逻城市所有的街道和小巷。因此，近几十年来，在政府机构缺位的地方，城市叛乱分子会迅速涌现出来。都市贫穷避难所一般出现在城市社会结构内在的深层部

第三章　城市游击战

位，对此，安全部队很难渗透进去或进行清除。作为21世纪城市冲突的鲜明特征，城市内部的长期对峙日益显著，叛乱分子和国家武装力量一直围绕争夺城市主导权进行着无休止的斗争。

第四章

大都市

第四章

大砲山

第四章　大都市

一、全球化城市

到目前为止，我们深入讨论了武装力量问题，特别是侧重探讨战斗密度和城市战的问题。然而很明显，如果不了解爆发城市战的城市，就不可能理解城市战。事实上，近年来，城市战主要出现在非常特殊的人类居住区——全球化城市。具有讽刺意味的是，甚至那些偏远地区的城镇也已经全球化了。但是将一个城市或一个城区描述为全球化意味着什么呢？全球化既是一个常用概念，又是一个复杂概念，其具体含义总得不到完美阐释。在我们开始详细分析城市战之前，必须准确界定全球化城市可能是什么。不同于学术文献中对全球化复杂性的阐释，这里最好还是进行简要的说明。人们普遍认为，定义全球化城市有四个基本要素：规模、高度、社会两极分化和经济全球化。

首先，规模庞大是21世纪城市的最明显特征，现代城市人口在过去的几十年里成倍增加，城市规模不断扩大。现在人口超过10万的城市比人类历史上任何时候都要多，全世界有37个超大城市（超大城市，即人口数量超过1 000万的大城市），超大城市增长的主要地区在亚洲，包括东南亚、印度、中国等国家和地区。到2050年，世界上十分之七的人口将生活在这些地区的城市中。然而，城市规模越来越大的趋势相当普遍，由于全球人口爆炸，城市规模比以往任何时候都要大得多。放眼全球，20世纪的城市已经爆炸性地成为规模庞大且不断扩张的超大城市。随着城市规模的发展，城市同周围的小镇和郊区不断融合，逐渐形成了"利维坦"式的巨大都市。在过去，美国洛杉矶是最糟糕的横向扩张的城市例证，但是现在这种扩张模式已经很普遍了。在欧洲，鲁尔区可能被定义为一个不断扩张到阿姆斯特丹的大型城区，整个英格兰东南部也是如此。在中国，新的超大城市正以令人眼花缭乱的速度出现。由于人口的大量增长，自20世纪90年代末以来，全球各地的城市一直在横向扩张。墨西哥城的发展非常清晰地展示了这一扩张轨迹（见图4.1）。1960年，墨西哥城占地面积约200平方英里，而今天，墨西哥城占地已达573平方英里。事实上，一个现代化的大型城市必然成为一个全球性的大都市。

第四章 大都市

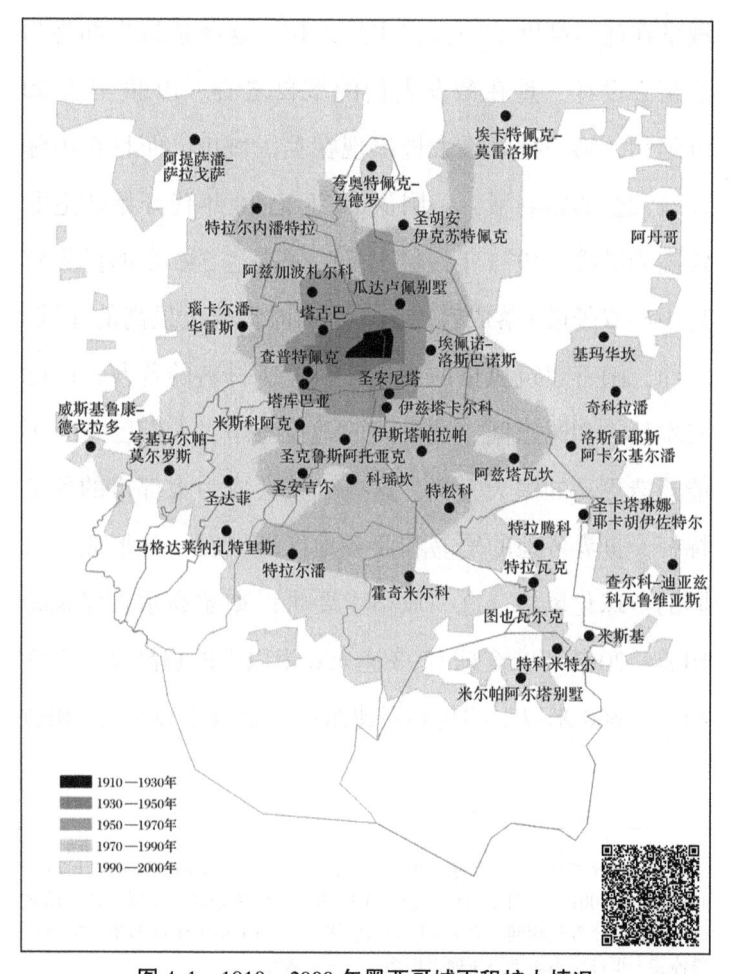

图 4.1 1910—2000 年墨西哥城面积扩大情况
资料来源：Yavidaxiu／Wikimedia Commons／Public domain。

其次，全球化城市在横向扩张的同时，纵向上也在不断增长。高度向来是城市的一个特征。宫殿、寺庙和教堂在建筑高度上一直占主导地位，这些建筑物都是刻意精心设计，重在激发人们的敬畏之心。19世纪末20世纪初，第一批摩天大楼出现在美国城市，而且在国际建筑大会的影响下，美国从20世纪30年代开始建造非常高的塔楼。1973年，位于曼哈顿高达540米的世界贸易中心双子塔①落成启用，这是当时世界上最高的建筑。然而，随着建筑风格的变化，新建筑材料的普及，国际资本投入和国家间、城市间的地位竞争，人们已经有可能建造更高的摩天大楼，这些大楼会成为大都市的象征标杆。世界各地的贸易和商务地区凝聚在一起形成了共同的全球化风格，这一风格主要由巨型超高垂直建筑物构成。2013年，全球有73座400米以上的超高摩天大楼和2座600米以上的超高层建筑——上海中心大厦②和迪

---

① 世界贸易中心双子塔（Twin Tower of the World Trade Center，1973年4月4日至2001年9月11日），位于美国纽约州曼哈顿岛西南段，西临哈德逊河，是两座外观相同，高110层的双塔楼，在2001年9月11日的"9·11"恐怖袭击事件中不幸被飞机撞击坍塌。——译者注
② "上海中心大厦"（Shanghai Tower），于2008年11月29日开工建设，2014年底土建工程竣工，2017年1月投入试运营，该大楼位于中国上海浦东陆家嘴金融贸易区核心区，是一幢集商务、办公、酒店、商业、娱乐、观光等功能于一体的超高层建筑，建筑总高度632米，是目前中国第一、世界第三高楼。参见 https://www.shanghaitower.com/ProjectIntroduction.html#c_static_001-1689209894098。——译者注

第四章 大都市

拜哈利法塔。① 值得深思的是，超高摩天大楼许多楼层都是处于空置状态，据统计，超高建筑物的高度中约有27%是多余的。然而，即使在无法拥有真正的巨型建筑物的城市，也出现了高耸的塔楼和令人眩晕的城市峡谷。这些大量超高建筑物的出现主要受经济利益的驱动，"很明显，在迈克·戴维斯（Mike Davis）和丹·蒙克（Dan Monk）所说的'新自由主义的梦想世界'中，崭新的超高层塔楼起着关键作用"。②

此外，城市向天空上升的同时也在向地下深处延伸，"与此同时，重要城市地理文献中很少提及城市在地上和地下的令人吃惊的扩张情况"。③ 城市总是有一个地下空间，罗马城内通常有地下水和污水处理系统，地铁是现代城市的重要组成部分。世界上第一条地铁于1863年在伦敦的帕丁顿和法林顿之间开通。随着城市的横向扩张，地下网络的范围也变得更广，现在几乎每个重要城市的街道下面都有一个迷宫似的维修隧道和地下通道。因此，全球化城市的复杂地形引人瞩目，它同时在横向

---

① Stephen Graham, *Vertical: The City from Satellites to Bunkers* (London: Verso, 2018), p. 161.
② Ibid.
③ Ibid., p. 6.

和纵向上双重扩张。从军事角度来看,全球化城市的不断扩张,对开展军事行动是一项重大挑战。巨大建筑物和地下通道使战场空间复杂化,进一步增加了战场面积,阻碍了空中力量作战,并为对手提供了几乎无限的掩护。

再次,随着在空间上的发展,城市往往在人口结构上实现了多元化,其社会地理环境也变得日益复杂。当然,历史上所有城市都是人口结构多元化社会,这是一个城市的标志性特征。正如弗里德里希·恩格斯的《英国工人阶级状况》和雅各布·里斯(Jacob Riis)的《另一半人的生活》等经典著作所表明的那样,20世纪的现代城市鲜明地划分为富裕和贫困地区。事实上,整个西方文学和艺术流派都致力于探索城市发展的经验及其所带来的苦难:狄更斯、陀思妥耶夫斯基、杜米埃、波德莱尔和印象派都试图为人们建构一个崭新、美好的城市世界。现代城市一般都包含贫民区和少数民族聚集区,但是它们通常被隔离成贫困区。然而,特别是同20世纪中后期的战后城市相比,现代大都市的社会结构不再是简单的割裂化,而是显著的两极分化。两极分化主要有两个主轴:经济和民族(含种族)两极化。自20世纪末以来,全球化城市的贫富鸿沟急剧增大。地理学家在20世纪90年代首次注意到贫富差异,他们描述了"二

第四章 大都市

元城市"的出现，其特点是极度富裕与极端贫困并存。新式私人安全设施——围墙、封闭社区、闭路监控电视、警卫——标志着经济地位两极分化，这些设施专门用来阻止穷人和罪犯进入富人区。也许全球化城市最简单、最具象征意义的特征，便是20世纪80年代普遍引入洛杉矶的"防流浪汉"长椅。① 为了解决无家可归者睡在公园长椅上的问题，洛杉矶在公园和街道上引入了凸面长椅（convex bench），合法居民（包括流浪汉）可以坐在长椅上临时休息，但不可以在上面睡觉。凸面长椅象征着全球化城市的排他性。

与此同时，城市已经成为种族异质化的地方。在20世纪，城市一般包含占多数的本地人口和一些少数民族社区。今天，许多城市不仅在民族上更加多元化，而且少数民族社区的规模也不断扩大。其结果是城市中出现了越来越排外的少数民族飞地。正如贝鲁特和贝尔法斯特所显示的那样，城市种族冲突并不新鲜。然而，现代城市已经形成越来越多的难以管理的种族隔离区域。城市两极分化在最近的城市战斗中扮演了重要角色，并将继续影响未来城市的军事行动。

---

① Mike Davis, *City of Quartz* (London: Vintage, 1990), p. 233.

最后，城市已经全球化了。全球化涉及本土化和跨国化的双重过程。在 20 世纪，城市是大体上统一的实体，由一个人口聚集且具有明显外部边界的限定区域构成，在行政上归唯一权威机构——市政府管辖。城市一般按等级由国家进行管理。在当今人口膨胀的大都市中，市政府和居住人口之间没有必要的关联。通常情况下，城市人口远远超出了曾经被定义为城市的管辖范围，有时，城市中的大量土地根本不受市政府的管辖或支配，城市内的贫民窟往往也不属于市政府的管辖范围。这一过程导致评论家声称，"城市性的基本特质——长期以来把'城市性'理解为单一化、包容性的术语——已经出现差异化、多态性特征"。[1]

城市之间一直进行着互通有无的贸易，但今天的城市却专注于全球化的资金、服务和人员的流通。当然，真正的大都市比偏远城镇有更密切而深层的相互联系。然而，每一个城市居民点都卷入一个日益强化的信息互通、社会经济互联的跨国网络中，城市已经融为一个全球性的实体，"城市化便是全球化"。[2]

---

[1] Neil Brenner and Christian Schmid, "Towards a New Epistemology of the Urban?" *City* 19, no. 2-3 (2015): 152.

[2] Ibid., p. 172.

第四章 大都市

显而易见，城市全球化的结果之一，是城市变得更加分散、更加割裂。有的城市地区深深融入全球经济和人口流动的浪潮，聚集在贸易和商务区域的跨国公司同其他金融中心公司的联系可能要比同周围社区的联系更密切。同样，少数民族飞地同另一个城市中的相关散居群体的联系可能与他们的同胞一样密切，"由于快捷通信、全球流动以及与国家和国际机构交往的密切联系，城市内外联系变得如此广泛，以至于人们把城市作为本地和全球联系的枢纽进行理论研究"。[1] 全球化城市不再是单一性、一元化的空间，而是围绕着一个离散的地理政治点组织起来的区域。全球化城市已经成为中心型的居住区，主要由不同的要素组成，每一种要素都以完全不同的方式融入城市环境和全球流动中。现在，城市面貌焕然一新，全球化城市向内裂变，在城市内部创造了许多局部、排他性飞地，同时也向外裂变，主要因为城市内部裂变的飞地越来越多地融入了外部的全球流动。概言之，城市化发展既向内聚集，也向外部拓展。[2]

几乎任何一个城市区域都有可能成为全球化城市发

---

[1] Ash Amin and Nigel Thrift, *Cities: Re-imagining the Urban* (Oxford: Blackwell, 2001), p. 26.

[2] Brenner and Schmid, "Towards a New Epistemology of the Urban?" p. 170.

151

展的再领土化例证。例如，由沃平（Wapping）、怀特查佩尔（Whitechapel）、斯特拉福德（Stratford）和道格斯岛（the Isle of Dogs，又称"狗岛"）之间梯形结构形成的伦敦东区。这是一个明显而熟悉的例子："伦敦码头区、道格斯岛的发展实际上是一个城市发展再领土化的象征，它是20世纪80年代资本主义城市全球化转变过程中最引人注目的例子。"[1] 从工业革命到20世纪70年代，由于靠近伦敦港和码头区，伦敦东区一直是一个贫穷但繁荣的商业区。正如查尔斯·狄更斯、阿瑟·柯南·道尔和约瑟夫·康拉德的小说中所精彩描述的那样，伦敦东区是大英帝国全球贸易的转运港。伦敦东区的部分地区——特别是怀特查佩尔附近——也经常遭到移民和难民的冲击，18世纪有胡格诺派教徒，19世纪有犹太人。然而，直到20世纪70年代，虽然他们已经迁移到埃塞克斯郡的富裕庄园，其中也有一些是巴基斯坦移民，但这里仍然是一个白人占绝大多数的地区，同时也居住了受雇于码头或相关行业的工人阶级。

英国伦敦东区在20世纪70年代发生了翻天覆地的变化。受国际竞争的加剧和运输交通系统变革的影响，

---

[1] Peter Hall, *Cities in Civilization* (London: Weidenfeld & Nicolson, 1998), p. 928.

第四章 大都市

伦敦东区港口码头被迫关闭、本地工人阶级面临大量失业，码头区变成了后工业时代的荒地。在20世纪80年代，沃平和道格斯岛被遗弃，港口仓库全部闲置空荡一片。然而，根据撒切尔政府的发展倡议，道格斯岛被定为金丝雀码头企业区（Canary Wharf enterprise zone）进行重大改造发展，该项目的实施被视为一个落后地区城市化发展的成功案例，"当时几乎没有人愿意相信金丝雀码头的传奇发展，在这个传奇中，它曾是世界上最大的城市开发项目，并且是在没有良好的交通系统确保人们通勤上班的情况下启动建设的"。① 然而，到了21世纪初，金丝雀码头已经成为一个繁荣的全球金融中心，世界重要跨国公司总部都坐落在其中的高楼大厦中。再者，地下层层覆盖的四通八达的新交通系统顺利建成，同伦敦其他地区互联互通，并且通过城市机场直通欧洲大陆。与此同时，沃平的废弃仓库被改造成高档现代化公寓，为越来越多的专业人才提供良好住宿。更具象征意义的是，1993年，米尔沃尔足球俱乐部（Millwall Football Club）搬迁到了伦敦河以南的一个新球场，该俱乐部最初位于道格斯岛冷吹巷（Cold Blow Lane）上令人

---

① Hall, *Cities in Civilization*, pp. 930-931.

望而生畏的"巢穴"(Den),因其是白人激进主义工人阶级所在地而名声在外。20年后,一项全球大型体育赛事在道格斯岛地区成功举办。在获准申办奥运会后,伦敦东部的斯特拉福德被指定为2012年伦敦夏季奥运会的举办地,该地区进行了现代化的基础交通设施建设,面貌焕然一新。然而,自20世纪70年代以来,怀特查佩尔及其周边地区变得更加贫困化和种族化,越来越多来自孟加拉国的穆斯林聚集在此地。斯特拉福德也是一个有争议的伊斯兰传道会清真寺(Tablighi Jamaat Mosque)的所在地,该清真寺宣扬保守教义,甚至宗教极端主义的伊斯兰教教义,这表明穆斯林移民社区群体同全球穆斯林群体联系的重要性。

伦敦东区已经从20世纪70年代的后工业时代得到重新规划发展,当它失去了大英帝国转运港的角色后,成功转型为一个同全球资本和人口跨国流动紧密联系的真正全球化城市区域。但是,伦敦东区的全球化发展也带来一个后果:贫穷与富裕、白人与亚洲人、基督徒或后基督徒与穆斯林、公共与私人之间形成了极大的社会反差。现在,伦敦东区码头区是一个高度分化和高度复杂的全球化区域,充分展现了全球化城市的四个特征。金丝雀码头区的摩天大楼让周边的低矮建筑都相形见绌,

第四章 大都市

拥有更加广泛便利的地下交通系统,更为异质化、私有化,而且更为全球化、国际化。简言之,今天伦敦东区码头区比20世纪的摩天大楼更高、地下交通更深、社会人员更多元化、交往更国际化。同样,伦敦东区也呈现出全球化的蓬勃发展态势,这是一个崭新的国际大都市景观。

二、作为一个系统的城市

城市因其复杂性一直以来令人难以理解。在20世纪,军队常常难以全面掌握城市情况以及对手如何在城市作战。例如,1982年,当以色列国防军进驻黎巴嫩后,对贝鲁特复杂政治局势的认识严重欠缺。虽然国家政权在贝鲁特已经崩溃,但是遗留下来的少数民族群体在城市里竞相争夺统治地位。因此,黎巴嫩"尚未定型的政治、军事和社会组织等机构同现代正规军队的作战方法和行为规范'不匹配',相互之间难以协调"。[1] 然而,全球化大都市复杂的环境,对今天的军队来讲是一

---

[1] Dov Tamari, "Military Operations in Urban Environments: The Case of Lebanon, 1982," in Michael C. Desch (ed.), *Soldiers in Cities: Military Operations on Urban Terrain* (Carlisle, PA: Strategic Studies Institute, 2001), p. 46.

个更加严峻的挑战。现代城市比 20 世纪城市规模更大、更加异质化,要深刻理解其中的动态冲突态势更为困难。以色列国防军在 20 世纪 80 年代初遇到的问题现在变得更加尖锐。现代城市变得越来越大,城市情况也越来越复杂。

为了能够在这些庞大的城市群中有效开展军事行动,要求军队对城市情况获得精准的情报和全面的了解,这很有挑战性:

> 在城市地区进行军事行动时,有两大首要挑战:一个是能够掌握城市环境,另一个是能够掌握如何在城市环境中作战。在城市环境中,这两个挑战比任何其他挑战都更难以应对。[①]

事实上,澳大利亚城市军事专家迈克尔·埃文斯(Michael Evans)在对城市战的分析中提出,为了在今天成功开展城市战,军队不能只从军事角度理解城市,仅仅确定关键地形、重要场所、生死之地等位置是不够的。

[①] John Spencer, "The City Is Not Neutral: Why Urban Warfare Is So Hard," Modern Warfare Institute, 4 March 2020, https://mwi.usma.edu/city-not-neutral-urban-warfare-hard/.

第四章 大都市

正如迈克尔·埃文斯所指出的那样,军队要想有效开展作战,还必须成为城市社会学家:

> 在城市军事行动中,从水净化、电力供应到垃圾清运,再到医疗基础设施和公共交通保障等所有民用资产的投入,都具有军事意义。在这方面,战略决策者和军事专家面临着许多同城市规划者或应急服务管理者相同的复杂城市问题。从整体上讲,"城市地形中的军事行动"(Military Operations in Urban Terrain, MOUT)概念对于战略研究的专业人员来讲,可能过于狭窄。要形成全面的城市视角,就需要战略研究者考虑接受"作为城市规划的军事行动"(Military Operations as Urban Planning, MOUP)这一更为宽泛的概念。[1]

军队是否应该成为真正的城市规划者,这是一个开放性问题。但是,埃文斯对城市战的观点是正确的。在

---

[1] Michael Evans, "Lethal Genes the Urban Military Imperative and Western Strategy in the Early Twenty-first Century," *Journal of Strategic Studies* 32, no. 4 (2009): 544.

21世纪城市战

21世纪，军队不能再简单盲目地闯入城市地区作战。现代城市已经被整合到全球体系中，是一个高度错综复杂的异质化的社会生态，任何地方性错误的升级都可能成倍地放大扩散。现代国家的军队规模太小，根本无法像当年法国军队在阿尔及尔或英国军队在内罗毕和贝尔法斯特那样部署覆盖到整个城市。全球化城市规模太庞大，军队没有能力进行支配管辖。因此，为了达到理想军事效果，军队不得不深入解读、认知城市，必须能够计算出在哪里进行军事干预能产生最大影响。不过，城市是一个令人眼花缭乱且变化无穷的复杂环境。

约翰·斯宾塞是一名美国陆军军官，曾在萨德尔城战役中担任连长，后来在西点军校担任城市战研究中心主席，他和同事约翰·安布尔都强调要深入理解城市战的内涵。城市对军队作战提出更加苛刻的环境要求，"我们需要找出一个更好的办法来理解城市"。然而，尽管美国陆军是一个高度专业化的军事组织，但斯宾塞和安布尔仍然担心美军缺乏深入分析城市环境的专业技能，这将导致灾难性的后果：

> 我们面临的主要问题是，对城市了解不够透彻，对如何优化城市军事行动知之甚少。这

第四章 大都市

种情况如同中世纪的医生一样，在不改善患者健康的情况下，对病人进行脑叶切除手术，在手术中因其血液流出常常造成死亡或终身的伤害，以至于病人只能作为自身器官缺失的个体而勉强存活下来。军队对城市造成了令人难以置信的破坏，甚至毁灭，然而，却没有任何基于研究的证据表明这些行动可以拯救城市。[1]

因此，为了提高城市作战效能，斯宾塞认为，军队必须对城市进行深入了解。与其盲目进攻，军队应当认真学习掌握城市的运行方式，这样可以在最小的附带损害和干扰下消灭对手。斯宾塞和安布尔总结道："切除像'伊斯兰国'这样的毒瘤，同时又不破坏该组织三年来的城市治理和服务供给，军队应该求助于训练有素、装备精良的军事专家进行指导来做到这一点。"[2]

显然，对军队来讲，发展一种崭新的城市军事科学是一项雄心勃勃的事业。实际上，军队一直努力探索对城市的分析研究，其中所采用的最引人注目的方法之一，

---

[1] John Spencer and John Amble, "A Better Approach to Urban Operations: Treat Cities like Human Bodies," Modern War Institute, 13 September 2017, https://mwi.usma.edu/better-approach-urban-operations-treat-cities-like-human-bodies/.

[2] Spencer and Amble, "A Better Approach to Urban Operations".

是将整座城市视为一个有机体进行分析。按照这一方法，军队已经创建出整套理解大都市问题的系统理论。1965年，亚伯·沃尔曼（Abel Wolman）在开创性文章《城市的新陈代谢》中提出，人们可以通过参照输入（水、食物、燃料）和输出（污水、垃圾和空气污染）的流量来有效分析城市运行情况。从这一分析角度看，城市本身显示出某些有机体特性。事实上，沃尔曼只关心美国城市是否有足够的生活用水，以及是否被空气污染所窒息。① 然而，他的城市新陈代谢的概念被深入广泛解读，并且在这一广泛解读的伪装下，这一概念时至今日仍具有重要影响力。

例如，在《受伤的城市》中，简·施耐德（Jane Schneider）和艾达·萨瑟（Ida Susser）跟随沃尔曼学术观点，强烈建议军队将城市视为一个"政治体"（body politic），"城市是一个支持人类生活和活动的集体组织……城市是由能源、水、人和所有其他维持生活的必需品构成的"。② 紧随施耐德和萨瑟之后，戴维·基尔卡伦已经成为这种系统性分析法最著名的倡导者之一。

---

① Abel Wolman, "The Metabolism of Cities," *Scientific American* 213 (September 1965): 179-190.

② Jane Schneider and Ida Susser, *Wounded Cities* (Oxford: Berg, 2003), pp. 33-34.

第四章 大都市

他建议:

> 如果我们将(新陈代谢的)理念应用于城市环境,并注意到环境中的主要威胁来自非国家武装组织,我们由此便能观察到城市冲突生态系统的样子,并对我们称为城市暴力微观生态学的研究有所理解。①

冲突是城市中的一种病态。基尔卡伦试图通过分析洪都拉斯圣佩德罗苏拉(San Pedro Sula, Honduras)的帮派暴力来阐释他的新陈代谢分析法,洪都拉斯曾一度是"地球上最危险的国家"。他分析认为,对帮派暴力最深刻的理解,不是观察分析帮派成员或其领导人的个人动机,而是观察分析城市内部深层次的流动情况。

> 表面上看来,地方帮派、毒品贩子和其他组织之间的暴力模式很混乱,但事实证明,这种局面是过去十年来少量宏观层面流动加速的后果。这些宏观层面流动,加上城市空间布局

---

① David Kilcullen, *Out of the Mountains: The Coming of Age of the Urban Guerilla* (London: Hurst and Company, 2013), p. 43.

(其作为国家主要经济和交通枢纽的地理位置），以及一系列城市微观环境中的当地条件，几乎说明了圣佩德罗苏拉所有可见暴力行为产生的温床。①

随着枪支、金钱和毒品流入城市，各帮派竞相争夺城市地盘和市场。②

基尔卡伦并不是唯一一位提倡用系统理论分析城市的专家，他认为，系统分析法可以帮助军队充分理解全球化城市中的冲突和暴力的复杂性。同样，军队本身也试图将城市理解为一个流动循环的系统，这些流动能被随意干扰和拦截，"作为指导战略评估的工具，基于类型学的系统论有助于指挥军官和规划人员将城市作为一个整体进行谋划思考"。③ 系统论方法强调城市环境、规模、密度、关联性和威胁程度的重要性。然而，其中的一个核心概念是流动：

---

① Kilcullen, *Out of the Mountains*, p. 46.

② Ibid., p. 50.

③ Chief of Staff of the Army, *Megacities and the US Army: Preparing for an Uncertain Future* (Arlington, VA: Office of the Chief of Staff of the Army, Strategic Studies Group, 2014), p. 10.

第四章 大都市

　　流动是指人员、资源或物资进入或离开超大城市的运动。正如一个生物体依靠流入（食物、空气和水）和流出（废物）来维持生命一样，一个城市也需要流动维持城市运行。大量能源和其他重要物资必须流入超大城市，它们必须在整个城市空间内顺利循环，而如果确保超大城市运行保持健康，消耗后的废物必须流出。未来城市理论必须优先确保城市内部的关键流动环节，确保人民的健康生活。这样一来，军队将会减少在重大城市发生冲突后不可避免地进行重建工作的需求。①

　　通过将城市解释为一个系统，军队希望对城市进行外科手术式的军事行动，在消灭对手的同时，保留大城市的基础设施及其正常运作（见图 4.2a 和图 4.2b）。在这里，系统论是一种按照城市规划执行军事行动的分析方法。

---

① Chief of Staff of the Army, *Megacities and the US Army*, p. 11.

21 世纪城市战

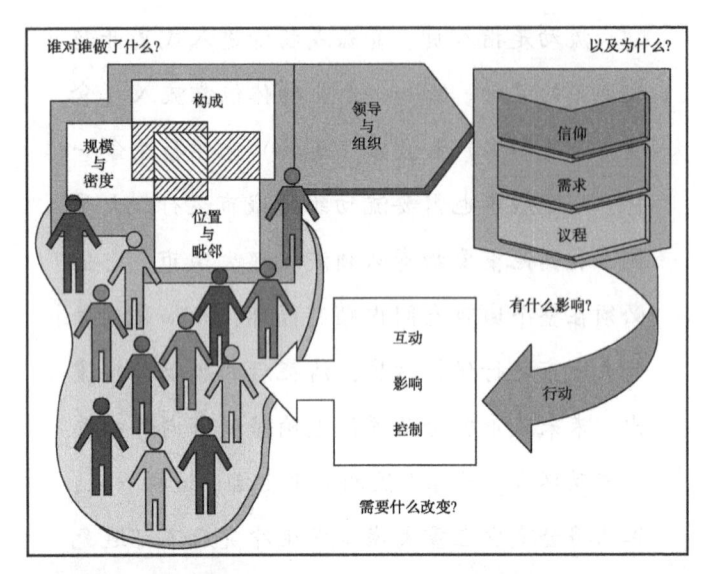

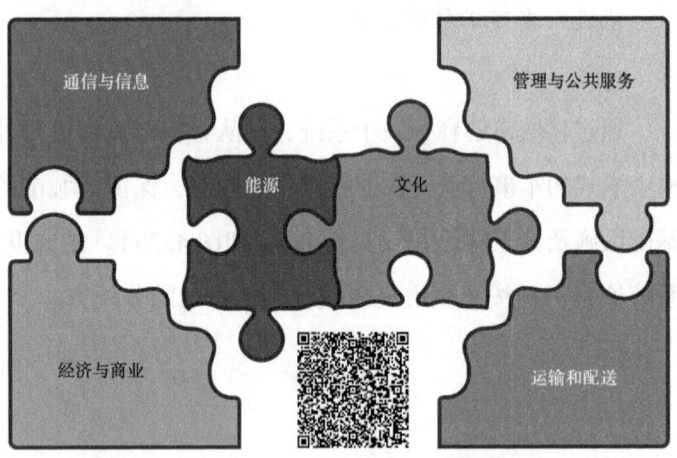

图 4.2a 和图 4.2b　作为有机体的城市

资料来源：总部，陆军野战手册 3-06:《城市作战》，参见 Headquarters, Department of the Army Field Manual 3-06, *Urban Operations* (Washington, DC: Department of the Army, 2006), 2.15, 2.19。

三、城市社会学

把城市有机体视为一个系统,这是科学的分析方法。因此很明显,为什么城市新陈代谢的隐喻在过去 20 年里得到了军事分析专家的青睐。全球化城市对军队来讲,是一个高度复杂的问题。数以万计的居民涌入规模庞大的城市地区,这一情况令人困惑。实际上,城市的复杂性超越了人类的认知和想象,其复杂性远远超出军队对城市进行的任何规划、解读和阐释,尽管这些工作都是必不可少的。军队需要了解城市,但是全球化城市超出了人们的理解能力。全球化城市实在太庞大、太多样、太易变了。对此,新陈代谢的隐喻将大都市运行简化为可变的流动。

作为一个通用的启发式分析工具,城市新陈代谢的概念在最初分析城市运行方面非常有用。显然,每天有大量的物质流入和流出城市:水、污物、电力、煤气、食物和通勤者,它们每天都在不断地流入和流出城市,没有这些物质流动,城市本身就无法运行生存下去。物质以流动的方式存在,并在时间的变化中具有相对稳定性。因此,城市新陈代谢分析模型将城市观察者视角引向城市现实情况，将注意力集中在城市的核心要素上，从而规避对城市这一复杂的社会现实进行不合理的个人化描述。

然而，城市新陈代谢分析模型也存在着一些极其严重的缺陷。该模型的描述是假定城市系统运行处于平衡状态，其中的物质流动具有规律性、稳定性、循环性，它还把城市地区视为一个有边界的实体，城市具有特定的界限，有明确的物质流出和流入。从新陈代谢的角度来看，城市系统是一个统一的、综合的、功能上相互依存的实体。在过去，特别是在工业化之前的居住区，城市可能是相对封闭和有界限的地方。但是，21世纪的全球化城市与一个封闭、稳定的系统概念截然相反。城市的扩张和变化非常迅速，城市不再具有稳定性，即使有，也很少处于平衡状态。很明显，一个可能部署军队的城市将是一个不稳定的城市，此时此刻，城市不再是一个自我支持、自我平衡的有机体，而是当地居民彼此斗争的定居点。

城市新陈代谢分析模型还有更多其他问题。尽管基尔卡伦试图将宏观层面流动与城市暴力的"微生态"联系起来，但系统论对城市运行的分析过于笼统，无法解释具体的城市冲突。城市冲突发生在城市内的微观地理

第四章 大都市

环境中，主要由为争夺具体城市地盘而交战的各方构成。城市宏观层面更广泛的流动态势充其量只是为暴力活动提供了背景，但社会流动无法解释暴力本身的实际动态，更不用说一场城市战了。在圣佩德罗苏拉，帮派之间定期争夺关键位置，如道路交叉口，该位置能够帮助他们垄断毒品贩运。与此同时，城市新陈代谢的概念在一定程度上促使一个城市去政治化，从而将城市简化为一系列纯物理、准生物的功能。然而，城市本质上不可避免地具有强烈的政治性。

城市不是一种生物体，其主要功能是基于客观现实维持现状，或对整体人口进行最有效的管理运行并对此作出相应变化调整。因而，城市在本质上不是一个有机体。城市是由其居民不断发展、调整和维护的。这些居民规划建设城市并不是完全出于理性和无私。实际上，每一个城市都是由不同的复杂的社会群体及其机构组成，主要由政府、国家行政机构、政党、教会、国家军队以及安全部队、中小学校、大学、医院、专业团体、制造商、工人、罪犯、家庭、邻里、宗族、部落和体育俱乐部等社会元素构成。在一个大型现代城市中，社会群体的相互关系错综复杂，从经验上看，人们不可能对它们的彼此关系和等级进行全面描述。有的社会群体长期存在，诸如职业群体、宗教群体或种族协会群体；有的社会群体可能是暂时存在，诸如政治群体或文化运动临时组建的团体，它们组建起来的速度很快，消散解体的速度同样也很快。此外，城市居民不只属于一个社会群体，他们还可能受雇于一家公司或在国家机构从事专业性很强的工作，但他们居住在同一个特定社区，受到自己种族和亲属关系的束缚影响，去不同教堂出席活动，或者支持不同的足球俱乐部等，在特定时候，其中的一个社会关系对人们变得更加重要。概言之，社会群体始终处于不断重叠、合并抑或分化的状态，不断变化的社会关系是常态。因此，城市的社会地理环境几乎具有无限的复杂性且常变常新。

然而，尽管人们不可能绘制出一座城市真正全面的社会地图，但至关重要的是，要从城市的人口，尤其是其组成社会群体的角度来理解城市。城市是由社会群体组成的，而不是由流动物质组成的。事实上，在城市中流动的水、电、商品和服务从来都不是客观环境的产物，无论何时何地，城市的物理地形——建筑、街道、公园和交通系统——都是政治成就的结果，它们产生于城市社会群体之间的竞争、合作和制度运行中。以城市景观的任何一个建筑特征为例，在某个地方和某个时间，一

第四章 大都市

个特定社会群体为了追求自己的利益，与他人合作或反对另一方，支持建造了某一个大厦。之后一段时间，该社会群体或其继承者长期维持或突然改变了它们的这一大厦的组织结构和功能，这是很正常的情况。由此可见，城市是由社会群体共同建设并维持运行的，而非城市内各种物质流动支撑的。

城市社会学往往能够有效描述城市的社会构成情况。作为20世纪中期芝加哥城市社会学学派的主要成员，路易斯·沃斯1928年出版的关于犹太人居住区的论著，是关于城市研究最著名的早期成果之一。犹太人居住区是一个历史悠久的城市飞地，其起源可以追溯到中世纪，最初的犹太人居住区位于威尼斯，这里的犹太人集中在火炮铸造厂周围（犹太人居住区这个词很可能就来自这个地方）。沃斯对犹太人居住区问题尤为感兴趣，并非因为其充满争议的政治历史（在他的书出版后，可能产生负面影响），而是因为犹太人居住区展示了城市的存在方式，"犹太人居住区被视为社会学家试图探索城市其他社区生活形式的典型"。[1] 城市从来都不是由一个庞大的匿名群体构成，主要是由许多位于特定街区或围绕

---

[1] Louis Wirth, *The Ghetto* (Chicago: Chicago University Press, 1956), p. 6.

特定的功能联合起来的小社区群体构成。实际上，这类城市只是一个村庄或犹太人居住区的聚集地。沃斯认为，尽管在某些方面是孤立的，但犹太人居住区也是一个富裕而有活力的社区，其成员之间交往联系很密切，该社区为那些刚迁移此地或暂未就业的不稳定群体提供社会保障和工作机会。与此同时，犹太人居住区成员的行为互相制约，这也意味着他们要为利益共同体作出贡献。为此，犹太人普遍采取一种相同的生活方式、外表和举止，以此将自己与外人区分开来。然而，犹太人居住区从来都不是完全独立于城市和其他社会群体的，犹太人居住区之所以繁荣富裕，主要因为它能够为城市其他人口提供重要的专业服务，有时甚至是禁忌服务。同城市其他社团一样，犹太人居住区既孤立又具有排他性，但从根本上融入了城市生活。最后，犹太人居住区从来不是稳定的社会群体，很多人必然会在犹太人居住区循环流动，随后他们下一代在其他地方找到新的就业机会，他们的子孙后代在外表和文化上都会远离这个群体。沃斯注意到，在20世纪初的芝加哥，一代代的犹太人获得专业性工作岗位后都迁移到该市的北劳恩代尔居民区安家。沃斯的观点不是说犹太人离开后进入了一个无名的郊区定居，而是说，他们进入了一个新的、更广阔的、

第四章 大都市

更有优势的犹太人居住区。

沃斯还研究犹太人居住区的内部动态情况。然而，他认为，芝加哥的城市特征很大程度上是由城内犹太人居住区之间的互动决定的。马克思主义地理学家大卫·哈维在1973年的经典论著《社会正义与城市》中强调了城市固有的政治特征。作为一名马克思主义者，哈维将阶级分析法作为研究城市地理学的主要方法，但是他对阶级分析法的偏爱并未得到广泛的认可。不过，他全面否定了以市场的客观运行即资金流动来分析研究服务分配的城市经济理论。在哈维看来，城市的每一处都由资产阶级利益所决定，资产阶级定义了城市，他们将资本利益强加于城市结构之中。当我们审视整个城市的公共服务时，资本利益决定城市结构这一过程就会变得非常明显。城市服务从未得到公平分配，"当外部利益存在时，市场机制无法有效地分配社会资源，这给城市经济学带来了一个重要挑战"，[1] 哈维继续谈道，"很少有人关注社会资源分配效果的公平，主要因为任何关于外部资本和利益分配的理论都涉及收入'最佳'分配的伦理和政治判断，而我们大多数人都不愿意对伦理和政治作

---

[1] David Harvey, *Social Justice and the City* (London: Edward Arnold, 1973), p. 59.

出任何判断",① 为此,他总结道:

> 像消防站这样的公共设施(或任何公共服务)的位置,它们的实际存在本身就意味着,即使在生产端,人们享受的消防保护的质量和数量相同,但是在消费端,人们享受的消防服务并不完全相同。②

城市里每座建筑都有火灾的危险。然而,消防站的服务供给并不是根据客观的公共需求,而是根据资本利益决定。实际上,消防站服务更多聚集在较富裕地区,不仅仅是消防站,交通工具、基础设施、学校、医院和城市服务都反映了城市内社会和政治权力的分布情况。通常情况下,贫困地区得到的社会服务很差,主要因为城市议会部门受重要专业协会、政党、企业、居于支配地位的民族和社会团体或特定街区的影响远远大于其他方面,所以就把更好的服务安排给富裕地区。从某种意义上讲,城市的地理位置是社会等级和共同体利益的直接表现。

---

① Harvey, *Social Justice and the City*, p. 59.
② Ibid., pp. 59–60.

第四章 大都市

　　社会学对于理解21世纪战争中的城市具有重要意义。城市，不是也从来不是基于功能和流动的自主运行生物系统，而是人类社会群体的集合体。因此，城市应该理解为一个个具体的社区，每一个社区都努力保护或促进自身同其他群体的利益，或与其他群体进行对抗斗争。那么，城市是一个彻头彻尾的社会和政治实体，其功能和流动是由城市内外社会群体的行动、互动和利益产生和引导。城市冲突不是类似生物系统自主自我流动的产物，而是独立于群体利益和具有自我意识的社会行为而自发产生的矛盾和对立情况。一般来讲，城市冲突一不小心就会爆发，这是因为城市社会群体对特定资源的竞争越来越激烈。一旦分歧矛盾发生以后，参战群体就会同其他群体结成联盟，并对冲突群体产生共同的敌意。随着城市冲突的暴力程度加大，特别是如果冲突升级为一场城市战斗，那么城市的许多复杂性问题就会消失，抑或变得无关紧要了。达到这一状态时，城市的复杂社会结构简化为交战各方之间的暴力互动，即为争夺特定社区、街区和建筑而进行的战斗。

　　21世纪的全球化城市极其复杂，已成为具有扩张性、异质性、多中心化、本土化和国际化的大都市。在研究这一令人困惑的大都市新景观的道路上，评论家和军事专家对城市新陈代谢分析模型比较感兴趣。然而，事实上，当我们超越城市表象，观察熙熙攘攘的人群、交通、商品、物质和废物的流动时，我们在城市每一个街角、机构中看到的单独个体，都是作为一个或另一个社会群体的组成成员。从本质上看，城市完全是一个人类社会环境。像其他人类生态一样，城市从根本上讲是由各种社会群体构成，这些社会群体之间不断地互动交流。即使是全球化城市，也应该理解为具有或多或少排他性的群体、帮派、社区等不同层次结构组成的人类聚集体，每个人都在城市里捍卫、拓展和开发建设自己的领地，抑或同其他群体进行斗争或联合在一起共同发展。

第五章

战斗防御

第三章

第五章　战斗防御

一、混凝土城墙防御

自古以来，城市就一直是围墙的代名词。杰里科（Jericho）、恰塔霍裕克古城都有围墙，苏美尔的城邦也是如此。根据人类学家詹姆斯·斯科特的说法，"建立苏美尔政体的标志性行为是修建城市围墙"。① 事实上，城市最初常被定义为围墙环绕的定居点，"'围墙'和'城市'是如此紧密相连，以至于一个词可以代表另一个词"。② 例如，在汉语中，"城"既表示"城市"，也代表"城墙"。因此，由于城市最初被定义为具有防御性的居住区，城墙已经成为城市战的一个必要的甚至是本质特征。从最早文明开始，城市战就涉及建造、翻越、攻破和摧毁城墙。因此，城墙和城市战彼此关联，从防御工事开始分析城市战是明智的思考方式。城墙为现代城市战提供了一个特别独特的视角。事实上，值得注意的是，防御工事在最近的城市战中发挥越来越重要的作用。防御工事在城市中不断涌现，为交战双方划定了新

---

① James Scott, *Against the Grain: A Deep History of the Earliest States* (New Haven, CT: Yale University Press, 2017), p. 119.

② James D. Tracy (ed.), *City Walls: The Urban Enceinte in Global Perspective* (Cambridge: Cambridge University Press, 2000), p. 1.

战线，圈定了作战区域。

约翰·斯宾塞在跟随美军第 68 装甲团第 1 营参加萨德尔城战役之后，对伊拉克战争提出了一个令人惊讶的看法：

> 如果你向任何一位伊拉克战争老兵询问泽西（Jersey）、阿拉斯加（Alaska）、得克萨斯（Texas）和科罗拉多（Colorado）的情况，你会惊奇地发现，所听到的战争故事不是关于美国各州的情况，而是关于具体的作战困难。许多派往伊拉克的士兵在执行任务时都变成了混凝土防御工事专家。对于作战部署来说，混凝土就像携带的武器一样具有重要象征意义。没有任何其他武器和技术比它（混凝土）更有助于实现提供安全、保护民众、建立稳定局势和消除恐怖威胁的战略目标，这在伊拉克巴格达复杂的城市地形中表现得最为明显。[①]

[①] John Spencer, "The Most Effective Mechanism on the Modern Battlefield Is Concrete," Modern War Institute, 14 November 2016, https://mwi.usma.edu/effective-weapon-modern-battlefield-concrete/.

第五章 战斗防御

在21世纪，美军武器装备在杀伤力、精确度和射程方面具有卓越性能。美军能够得到高分辨监视系统和即时处理大量信息的数字通信装备的大力帮助，他们是世界上有史以来技术能力最强的军队。然而，在伊拉克城市中，由古人发现并由罗马人发展完善的混凝土，是美军可运用到作战中最重要材料之一，混凝土防御在战争中是一种非凡的生存方式。尽管最近人们对混凝土进行了各种技术创新，但是城墙已成为现代城市战中最有用的军事装备之一。为什么城墙变得如此重要？城墙在现代城市战中是如何被使用的呢？

在整个古代和中世纪时期，建造环绕城堡的典型幕墙，① 是人们最推崇的防御方法。幕墙是人类文化中一个重要军事印记，《圣经》经常讨论这种类型城墙，人们出于神学目的把它雕刻在壁画图像上。可见，从古代开始，幕墙就经常出现在艺术作品中。幕墙的典型特征是高度和厚度，墙体越高、越厚，防御价值就越大。后来，通过建造塔楼和堡垒，幕墙的作战功能得到进一步

---

① 幕墙（curtain wall），又译"帘墙"，主要起源于中世纪欧洲城堡建设中的防御工事，典型幕墙厚度可达3米，高度可达12米，墙体高大宽厚，仿佛帷幔一样将敌人挡在外面。为了增强防御能力，幕墙底座周围设置石裙加强厚度，幕墙顶部通常有宽阔走廊以及附属建筑，譬如箭孔、塔楼等。——译者注

加强。由此可见，虽然幕墙的防御优势很明显，但实际上城墙有五个独立的军事功能：保护、射击、观察、转移和隔离。

第一，墙体保护功能是不证自明的，主要用于保护防御，为居民提供庇护，使其免受外部敌人的侵害。城墙的其他功能也许不那么明显，但也同样重要。

第二，城墙还能提高武器装备的战斗力，特别是长矛、箭和弹弓的射程和速度都因城墙高度的增加而增加，同时减少了攻击者武器的威力。在古代和中世纪，城墙的顶部通常有城垛和碉堡，弓箭手可以在这里进行射击，而不必担心被敌人的投射弹击中。城墙上的射击孔、观察孔、炮眼、枪眼、塔楼、碉楼和围板，都是为了提高防御者的武器性能而设计的。总之，城墙为投掷或射击武器提供了有利位置。

第三，正因为城墙很高，所以一直也是出色的军事观察点。通过城墙军事观察点，防御者能够比攻击者看得更远、更清楚，能够快速识别敌人的行动，同样，城堡经常充分利用山丘、峭壁和高处地势增加防御者的视野。但是，城市并不总是建在具有纯粹战术优势的地方，大多数城市的建设都位于河流或港口周围。然而，即使城市的位置没有最佳军事观察点，但是城市防御工事的

第五章 战斗防御

建设也可以最大限度地提高防御者的视野。在城市的高点地势上建造城堡、塔楼,尽管从街面上观察远处视域经常受到限制,但是,城市的统治者及其军队在高点地势上可以观察到城外情况。城墙在保护、射击和观察三个方面具有重要作用。

第四,城墙还有转移的军事用途,虽然比较隐蔽,但同样重要。城墙既能保护防御者免受外部威胁,还能将自己隐藏起来,城墙也增加了防御者的机动性。可见,城墙可以让防御者跨越地面障碍物,在阵地之间快速流转移动的同时免受敌人的攻击。自古以来,城市外围的城墙都体现这一军事用途。在葡萄牙奥比都斯(Obidos)和克罗地亚杜布罗夫尼克(Dubrovnik),人们可以在这两座城市的城墙上畅通行走,完全不受地面障碍干扰。尽管哈德良长城(Hadrian's Wall)和中国长城不是围绕定居点建造的,但它们都非常鲜明地体现了城墙的转移功能。这些伟大防御工事的某些其他功能仍在深入研究中,但是它们的主要功能之一显然不是传统意义上的防御功能。建设长城的目的不是要从地理上阻止皮克特人(Pictish)或蒙古人(Mongolian)的入侵。长城不是防线,而充当了具有保护性且高地势的通道功能,古代帝国军队可以沿着通道快速行进,为战争提供补给或加强边境堡垒或发动反击。古城和中世纪城堡都拥有城墙平台和通道，尽管规模小得多，但具有相同的军事用途，防御者可以迅速移动到进攻点。这似乎很矛盾，城墙的功能重在阻止移动，但是城墙实际上有助于进行防御性移动。

第五，虽然城墙在历史上一直保护居民不受外来者的侵扰，但是现在也越来越多地用于隔离城市人口，在这里，城墙的作用是隔离。显然，最古老、最典型的城墙隔离功能的例子，是中世纪欧洲的犹太人聚居区。时至今日，城墙这一隔离功能变得更加明显。20 世纪 70 年代，北爱尔兰贝尔法斯特的城墙隔离特征非常明显，在城市内部，人们竖起了"和平墙"①，用来隔离天主教教区和新教教区。类似的隔离建筑在柏林和尼科西亚（Nicosia）也很明显。当然，归根结底，这种类型的隔离墙是为了保护平民不受伤害，这明显与经典外墙、幕墙一样具有相同的功能。但是，隔离墙的功能并不是像幕墙那样主要用于抵御外来攻击，而是为了将城市不同社会群体隔离分开，从而维持社会稳定和城市秩序。

---

① 和平墙（peace lines），即贝尔法斯特和平墙，位于北爱尔兰首府贝尔法斯特，用来隔离天主教徒和新教徒居住区，双方在这一地带爆发过十分血腥的宗派暴力事件。——译者注

第五章 战斗防御

纵观人类历史，城墙有五种不同且不可分割的功能。然而，随着城市战的演变，城墙也在不断发展以满足新的军事需求。就纯粹功能而言，出现在费卢杰、萨德尔城、阿勒颇、顿涅茨克和马拉维的混凝土墙和简易壁垒，它们的军事功能并无新意，然而，其主要防御功能已经发生改变。例如，在21世纪，城墙很少用来射击或作为军事观察点，空中力量已经取代了这一功能。再者，在现代城市，城墙几乎从来不用于部队机动转移，而主要用于隔离人口或保护军队。了解21世纪城市战中城墙功能变化的最佳方式，是将当前的城墙建设发展置于更长的历史长河中。阐释城墙的历史演变过程，对了解防御工事具有重要价值。尽管了解掌握古代防御工事很有必要，但是没有必要一直追溯到古代。为了理解今天城墙的独特功能，要对从16世纪到最近在伊拉克、叙利亚和顿巴斯地区发生战斗的城市防御工事进行调查研究。事实上，对这一时期的城墙防御功能的分析具有很强的启发性。一个惊人的事实是，在16世纪和21世纪之间，防御墙实际上一直处于变化之中，从早期的现代城市周边到现代城市外部，再到21世纪城市内部，其功能不断更新。城墙防御从城市周边、外部再到内部的不断变迁过程，意味着城市战场的重构。因此，虽然现代城市战同以往一样残酷，但是现在城墙能够将城市一分为二，或包围特定地区，或构成防御阵地。仅从过去五百年间城墙的变化就可以发现，现代城市战场正在发生深刻变革。

二、早期现代城市防御

火药，是在中国首次发现和使用的，时间大约为唐朝末年。然而，在古代中国，火药并没有用于军事目的。火药和火器最早用于军事是在中世纪欧洲战场。早在1346年，爱德华三世（Edward Ⅲ）在克雷西（Crécy）战役中就使用了火炮，尽管事实上这场战役是由长弓手赢得的，但是火炮的运用开启了战争新景象。然而，到了15世纪，火药得到许多中世纪君主的青睐和使用。火炮的主要功能是围攻城市。在1415年对哈弗勒尔（Harfleur）的围攻中，亨利五世（Henry V）使用火炮攻破城墙。[①] 14世纪20年代至40年代，大炮直接炮轰城墙成为文艺复兴战争（Renaissance Warfare）的一个常

[①] Wayne Lee, *Waging War: Conflict, Culture and Innovation in World History* (Oxford: Oxford University Press, 2016), p.223.

第五章 战斗防御

态。① 法国在百年战争（Hundred Years' War，1453 年）中击败英国，重新征服西班牙（1492 年）和奥斯曼，占领君士坦丁堡（1453 年），火炮火力在攻城战中发挥了至关重要的作用。在火炮面前，城堡变得很脆弱。1494 年，法国查理八世运用可移动火炮攻城装备入侵意大利，该武器的强大威力几乎可以用来随意攻占城市。②

15 世纪欧洲火炮的出现，要求城市防御工事进行彻底改革。长期以来，幕墙作为所有城市防御的核心要素，现在已经过时了，"中世纪欧洲城镇和城堡的薄而高的城墙在 15 世纪末的新兴火炮的考验下防御能力完全不够"。③ 特别是，为了应对城邦之间无休止的斗争较量和易受攻击的弱点，意大利城市重新设计城市防御工事，所谓的意大利堡垒（trace italienne，又译"意大利星堡"）出现在 16 世纪早期。城墙建设发展重要时期，发生在 1500 年比萨（Pisa）围城战和 1509 年帕多瓦（Padua）围城战之间，人们降低并加固城墙以抵御火炮攻击，同时，建设一条宽阔、干旱的护城河就能够有效

---

① Lee, *Waging War*, p. 222.
② Ibid., p. 228.
③ David Eltis, *The Military Revolution in Sixteenth Century Europe* (London: I. B. Tauris, 1998), p. 77.

阻止敌人跨越防线。① 从那时起，军事专家接受了意大利堡垒是最好的城市防御体系这一重要事实。例如，马基雅维利②在《论李维》（1531年）中宣称，城市堡垒是多余的建筑，一个成功的君主应该依靠他的野战军。然而七年后，他在《论战争艺术》中赞美了"双比萨城墙"（double Pisan rampart）③的防御工事。16世纪初，有关围城战和防御工事的文献大量涌现，证实了城墙革命这一历史过程。④ 阿尔布雷希特·丢勒、米开朗琪罗和莱昂纳多·达·芬奇都对这一时期的城市防御工事作出了重要贡献。

意大利堡垒具有四个变革性特征（见图5.1）。第一，所有高大幕墙都被低矮、厚实的城墙所取代，城墙上建有大型炮台（架炮的垒道）用于火炮射击。第二，方形堡垒被五角形所取代。作为一种特色几何形状，五角形堡垒被赋予象征性、甚至神秘的意义：

---

① Christopher Duffy, *Siege Warfare* (London: Routledge & Kegan Paul, 1979), p. 15.
② 马基雅维利（Machiavelli, 1469—1527），意大利政治家、思想家、历史学家、军事家，代表作有《君主论》《论战争艺术》《论李维》。——译者注
③ Duffy, *Siege Warfare*, p. 21.
④ Jeremy Black, *Fortification and Siegecraft: Defence and Attack through the Ages* (London: Rowman & Littlefield, 2018), p. 66.

第五章 战斗防御

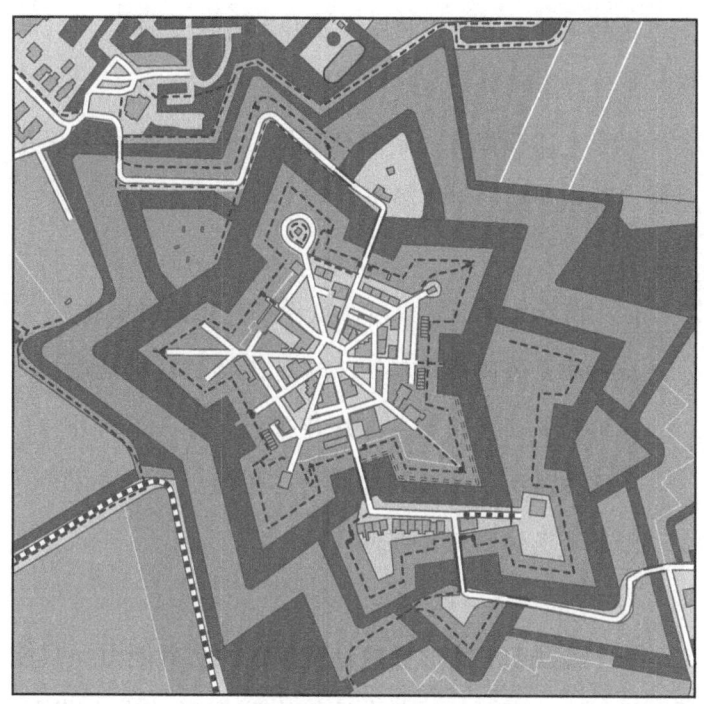

图 5.1 意大利堡垒，布尔坦赫城堡
资料来源：© 开放街道地图提供者（© OpenStreetMap contributor, https://www.openstreetmap.org/copyright）。

　　防御工事遵循的是支配建筑学所有领域的有机对称规律……有机整体的建筑理想以几何学图形呈现，反映了当时测量和制图技术的进步，也许也反映了中世纪对神秘符号和数字痴

187

迷的延续。五角形被赋予了神秘的意义。①

尽管上述解释有一定的合理性,但是,意大利堡垒之所以采用五角形主要源于其巨大的军事效用:

> 防御工事的基本特征从中世纪的方形城墙,后来演变为圆形塔楼,又演变为按其技术功能界定的五面多边形——炮座平台,其头部向外成攻击指向,但其颈部向内环压缩,从而可以沿幕墙提供侧翼火力。②

一个低矮的五角形堡垒具有较强的防御能力(只能受到倾斜火力打击),有力地扩大防御者的火力范围。第三,一种新颖的三棱堡、三角半月堡、三角堡防御体系能够保卫城堡主墙,延伸拓展防御者的火力射程。第四,城墙外设置更宽、通常干旱且带有外岸的护城河,建有步兵通行的台阶和斜坡通道,即杀戮区。由于极其精密复杂的防御工事设计,意大利堡垒的建造非常

---

① Duffy, *Siege Warfare*, p. 34.
② Martha Pollak, *Cities at War in Early Modern Europe* (Cambridge: Cambridge University Press, 2010), p. 11.

第五章 战斗防御

昂贵，但也很容易被对手模仿建设这种类型堡垒。例如，在八十年战争（Eighty Years War, 1568—1648，又称"荷兰独立战争"），荷兰通过用一系列土制堡垒加固处于劣势位置的乡村地带，并改造城镇里中世纪遗留防御工事，成功反抗了西班牙哈布斯堡帝国对荷兰长期的统治，最终获得国家独立。

最初只是个别城市设计建造意大利堡垒，并且，也通常只是将其作为防御体系的一部分。新建的防御城镇既是独立的军事据点，也是整个防御网络的组成部分。在意大利，众多不同堡垒环环相扣、相互支撑，构成完整的城市防御体系。在16世纪和17世纪，随着君主专制国家变得更加富裕和强大，意大利堡垒式防御工事在欧洲广泛流行。最著名的例子当数由路易十四和他的首席军事工程师塞巴斯蒂安·勒普雷斯特雷·德·沃邦[①]建造的城市防御工事。虽然沃邦并没有发明任何新式建筑外形，但他是围城战的真正创新者，他发明了"之"字形战壕和反战壕。最具有影响力的军事工程是沃邦负责

[①] 塞巴斯蒂安·勒普雷斯特雷·德·沃邦（Sébastien Le Prestre de Vauban, 1633—1707），法国波旁王朝时期军事工程师、陆军将军，法国元帅，代表作有《论要塞的攻击和防御》《筑城论文集》。沃邦一生共修建33座新要塞，改建300多座旧要塞，指挥过对53座要塞的围攻战。根据多年实战的经验，他系统地发展了棱堡体系的筑城法，使当时法国派筑城居欧洲首位，对欧洲筑城学的发展有重要影响。——译者注

在法国东北部建造的双前凸形堡垒（double précarré）防线，该防御工事延伸到边境最远处防线（Lines of Ne Plus Ultra），有力抵御哈布斯堡帝国及其盟友的战争威胁。沃邦在这一防御区建造了许多新型军事堡垒，同时也重建防御区内城镇的防御工事。在这一时期，中世纪的城墙被壁垒和堡垒所取代，并引入意大利堡垒式城堡。里尔城堡（Lille）是这一过程中最著名的例子之一，沃邦在该城外围建造了一座新城堡——女王城堡（Queen of Citadels）。然而，女王城堡和里尔城堡在1708年被马尔伯勒公爵围攻占领，这一仗也是马尔伯勒公爵发动的奥德纳德战役（Oudenarde Campaign）的一部分。

早期的现代国家投入大量资源建造意大利堡垒或沃邦防御工事。因此，从1500年到18世纪末，围城战成为战争的主要形式。例如，荷兰政治家约翰·德·维特（Johan de Witt）在1659年建议他的年轻表弟学习围城战，[1] 而路易十四则声称："伟大的围城战比任何其他行动都更让我高兴。"[2] 如果说意大利堡垒彻底改变了城市防御工事，那么早期的五角形防御堡垒重新配置了城市

---

[1] M. S. Anderson, *War and Society in Europe of the Old Regime 1618-1789* (Stroud: Fontana, 1988), p. 40.

[2] Ibid., p. 88.

第五章　战斗防御

作战空间。这一重要结论基于以下军事判断：环绕城市的防御城墙构筑和主要围攻战都发生在城市边缘的战斗区域。

三、现代城市防御

直到 18 世纪中期，意大利堡垒还在欧洲战争中发挥重要作用。事实上，随着欧洲帝国的扩张，意大利堡垒在世界各地大量涌现。然而，从 18 世纪 50 年代开始，这些防御堡垒变得不那么重要了——如果不是多余的话，这不是因为武器装备进步或城市规模扩大的结果，而是因为军备扩张的结果。随着军队规模的扩大，沃邦式堡垒和城镇变得无关紧要了，它们很难抵御大规模军队的围攻。18 世纪 40 年代，著名的法国将军莫里斯·德·萨克斯[1]在征服荷兰后宣称："我不是什么学生，但我从未被沃邦和科霍恩（Coehoorn）的名声吓倒过。他们花费巨资加固城镇，却没有让自身变得更强大。"[2] 萨克斯

---

[1] 莫里斯·德·萨克斯（Maurice de Saxe, 1696—1750），18 世纪法国波旁王朝军事家、军事理论家，是法国历史上六位大元帅之一，曾在丰特努瓦战役中重创英奥荷联军。他的代表作《我的梦想》《书信与回忆录》是 18 世纪的重要军事理论著作。——译者注

[2] Christopher Duffy, *The Fortress in the Age of Vauban and Frederick the Great* (London: Routledge & Kegan Paul, 1985), p. 154.

更倾向于在重要战略位置上建设临时防御工事。法国革命战争期间，萨克斯的观点得到了证明，尽管拿破仑确实对土伦（Toulon）围攻，而且在围攻战中名声远扬，但拿破仑军队的庞大规模削弱了防御城市的价值和战略意义。法国泰尔骑士（Chevalier du Theil）也曾指出："堡垒的命运几乎完全取决于战斗结果。"①

到 18 世纪末，意大利堡垒或沃邦城堡在作战上不再重要了。然而，过了几十年后，它们才开始被一个新的城市防御体系取代。人们很难精确指出新的城市防御体系是在哪一年产生的，主要因为"现代"城市防御体系的出现是一个漫长过程而不是一个个别事件。然而，当一种新的防御架构范式出现时，1850 年或那个 10 年——19 世纪 50 年代——可能会被视为一个重要转折点。那个时代，作为工业化的结果，欧洲城市已经变得太大，一个意大利堡垒根本无法容纳。现在，城市人口的大规模增长远远超出老城区范围，大量人口迁移到新的城市郊区和贫民窟。现代城市规模已经远远超出旧城城墙的范围。另外，到 19 世纪中期，欧洲国家大都实行了大规模征兵制度，军队规模变得庞大。此外，19 世纪初，火

---

① Christopher Duffy, *The Fortress in the Age of Vauban and Frederick the Great* (London: Routledge & Kegan Paul, 1985), p. 156.

第五章 战斗防御

炮武器有了重大进步,特别是远程火炮的性能远远超越拿破仑时期的火炮。新式火炮让现代早期堡垒和防御工事变得不再重要,主要因为一座城市或堡垒在几英里之外就能被轰炸,远远超出人们的视线范围。火炮性能的提升迫使城市重新部署防御工事,这一变化在当时欧洲的主要城市是表现尤为明显。

在这一时期,法国城市巴黎永远记得乔治-欧仁·奥斯曼男爵[1]在拿破仑三世统治下的革新重建,对巴黎城市重新规划的部分原因是对1848年革命战争的回应。当时,巴黎城市的辉煌设计建设深深地震撼了人们,然而,对现代游客来说,不太值得注意的是,同样重要的军事工程发展也发生在巴黎古老的城墙之外。在奥斯曼对城市内部重建的同时,一个新的堡垒防御体系建设在巴黎周围的环形地带。13个单独命名的堡垒位于城市之外的战略据点(见地图5.1)。其中,如位于市中心西部的瓦勒里昂山(Mont-Valerien)的堡垒今天仍然存在,并用于军事目的。巴黎周围的防御体系由大量火炮和驻军组成,确保敌人野战军及其重炮与城市保持足够安全

---

[1] 乔治-欧仁·奥斯曼男爵(Baron Georges-Eugène Haussmann, 1809—1891),法国城市规划师,拿破仑三世时期的重要官员,因其主持了1853—1870年的巴黎重建而闻名世界。——译者注

距离，从而使城市不会遭受轰炸。

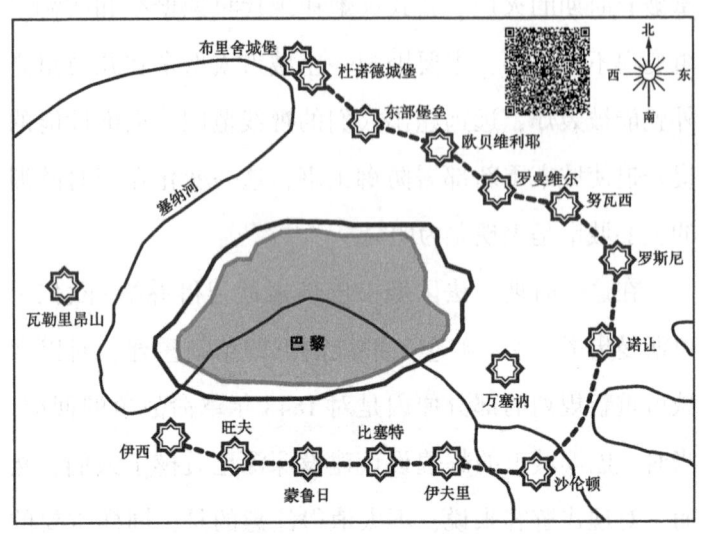

地图 5.1　1870 年的巴黎堡垒

资料来源：根据奥利维尔·勒·蒂尼耶的《巴黎的堡垒：历史纪录与防御工事》绘制的地图（Based on map from Olivier Le Tinnier 'La Place Forte de Paris' *Mémoire & Fortifications*, https://www.memoire-et-fortifications.fr/fortifications/place-forte-de-paris/）。

1870 年普法战争开始时，普鲁士军队在色当（Sedan）和梅斯（Metz）取得胜利后，从城市堡垒防御圈外包围了巴黎，最终法国新政权投降了，普鲁士军队不必为这座城市而战。然而，在随后的巴黎公社期间，当公社控制城市对抗法国军队时，堡垒防御线对其生存是绝对至关重要的。1871 年 4 月 30 日，在大规模战争开

第五章 战斗防御

始之前，公社武装人员却自愿撤出巴黎西南部的重要防御——伊西要塞（Fort d'Issy），这一事件被描述为"迄今为止对公社革命造成的最严重的军事打击"。事实上，这座要塞对保卫巴黎至关重要，结果公社革命的代表古斯塔夫·保罗·克鲁塞特（Gustave Paul Cluseret）带着不到200人再次出征，又重新占领了这座堡垒。①

巴黎的新防御体系在普法战争和随后的巴黎公社期间闻名世界。然而，其他欧洲城市也开始重建城市防御设施，维也纳城市防御就是其中典型例子。1683年，在波兰国王约翰·索别斯基（John Sobieski）的帮助下，维也纳击退了奥斯曼帝国对西欧的最后一次入侵，在围攻维也纳期间，这座城市的沃邦防御工事发挥了重要作用。然而，到了19世纪中期，维也纳古城墙防御工事已经过时了。因此，在1857年，弗朗茨·约瑟夫（Franz Joseph）皇帝采用现在著名的环城大道取代了历史遗留城墙（扫附录中Map5.2的二维码可见）。古城墙拆除后开放的区域可供开发建设，现代维也纳由此诞生。②

在19世纪，尽管英国本土具有天然海洋屏障，而且

---

① Alastair Horne, *The Fall of Paris* (London: Macmillan, 1965), pp.325-326.

② Black, *Fortification and Siegecraft*, p.198.

还拥有世界上最强大海军的保护，但是英国政府仍然定期考虑城市防御工事的需求。例如，在英国首相帕默斯顿爵士（Lord Palmerston）的指导下，19世纪60年代初曾在普利茅斯和朴次茅斯等主要海军基地外围建造了一系列防御堡垒，以回应人们对法国海军力量的担忧。但是，在法国入侵的情况下，英国要保护城市免受陆地攻击，在某种程度上他们建设的防御堡垒根本不行，这一举动后来被称为"帕默斯顿的愚行"（Palmerston's Follies）——鲜明地展现了19世纪城市防御工事不断变化的战场地形。后来在1869年，防御工事监察长约翰·伯戈恩爵士中将（Lieutenant General Sir John Burgoyne）提议，在伦敦周围构想一个防御圈，但是从来没有被建设过。在现代早期，防御城墙都环绕在城市周围，而在19世纪，城市防御工事都被重新部署在城市外部。

城市外部防御体系一直持续到20世纪。当下，现代城市不断发展，军队规模继续扩大，火炮性能持续进步，这对城市防御提出了严峻挑战。因此，面对战争威胁，人们构筑城市外部防御工事的压力持续存在。第一次世界大战之所以被人类铭记，主要原因在于西部战线的防御工事所发挥的关键作用。然而，一战期间也发生过一些重要城市战役，1871年，位于加利西亚（Galicia）的

第五章 战斗防御

奥匈帝国的普热梅希尔（town of Przemyśl）被改造成一个重要的战略堡垒，这是俄国军队到来之前奥匈帝国统治的最后一块高地。在普热梅希尔周围48公里长的椭圆形范围内，构筑17个主堡垒和18个附属堡垒。当第一次世界大战爆发时，该系列堡垒很多已经过时，火炮数量不足，保护能力也不足。① 尽管如此，它们在1914年11月至1915年3月城市围攻战中发挥了关键作用。俄国军队围攻线只能在堡垒周边延伸，成为大部分战斗的焦点。例如，1915年10月，为了争夺位于城市东南部的萨利斯·索利奥（Salis-Soglio）的Ⅰ号堡垒，双方在此处发生了激烈战斗，但是俄国军队在战斗开始阶段未能攻下该堡垒。② 1915年3月19日，当Ⅺ号堡垒被爆破后，围攻最终达到高潮，被俄国军队攻克。③

在第二次世界大战中，城市规模变得如此之大、火炮和空中力量威力如此之强，城市外部防御环体系已经变得不再那么有效了。军队开始尝试在离首都很远的战线和防线上保卫首都，有时甚至在国家领土边界上进行防御。至此，野战防御工事已经开始取代城市防御工事。

---

① Alexander Watson, *The Fortress: The Great Siege of Przemyśl* (London: Allen Lane, 2019), pp. 6-8.
② Ibid., p. 106.
③ Ibid., p. 200.

然而，野战工事体系体现出一个有趣的特点：虽然它们出于纯军事目的，但是深受城市建筑风格的影响。例如，1943年，面对盟军进攻威胁，希特勒下令从荷兰环绕整个法国北部海岸到布列塔尼（Brittany）构筑防御工事。所谓大西洋壁垒①是由沿着海岸线建造的一系列混凝土堡垒、掩体和据点等军事设施构成。大西洋壁垒曾经是，现在仍然是一个非凡的防御建筑，给全世界学者留下了深刻印象。大西洋壁垒全面贯彻包豪斯（Bauhaus）和勒·柯布西耶（Le Corbusier）的现代主义思想，全部防御设施用钢筋混凝土浇灌构筑，预示了战后时期野蛮主义建筑风格（见图5.2）。② 德国阿尔伯特·施佩尔（Albert Speer）指挥，具体任务由托特组织（Organization Todt）负责建造，他们同时也负责德国公路系统和城市规划如工厂的建设。德国城市和法国北部海岸的军事壁垒在建筑风格上有密切联系，却与五角形沃邦堡垒的唯美主义建筑风格形成鲜明对比，它们在结构上通常具有非常精

---

① 大西洋壁垒（Atlantic Wall），又译"大西洋墙""大西洋长城""大西洋防线"，是第二次世界大战期间欧洲纳粹德国用来防御西线的军事设施，该防线自挪威沿海岸线北部至法国和西班牙的边界，长达2700公里，主要用来防止盟军登陆欧洲大陆，希特勒和宣传部长戈培尔曾大力提倡，称为"不倒防线"。而诺曼底登陆的事实证明，大西洋壁垒并非不可逾越的强大屏障。——译者注

② 例如，贝尔法斯特的迪维斯公寓（第3章）。——作者注

第五章 战斗防御

致的细节,完全没有任何多余部分,所有结构都非常实用,然而,由于建筑结构极其简单,往往会呈现出一种令人震惊的建筑之美。大西洋壁垒并不是任何直接意义上的城市防御工事,它属于野外防御工事,但是代表了最终具体化的现代城市防御工事。与巴黎、维也纳和普热梅希尔的堡垒不同,现代防御工事不仅构筑在城市外部,而且尽可能地远离城市,实际上位于德国最远边境——领土的边界上,"在过去几个世纪中,防御体系从城市边界拓展到民族国家的边界,并再次迁移到新开发土地的边界上"。[1]

大西洋壁垒是一个极端的现代防御体系案例,但是它展示了19世纪和20世纪的城市防御地形学的变迁。概言之,从城墙周围迁移到城外郊区,甚至更远处的新位置。

---

[1] Paul Virilio, *Bunker Archaeology* (New York: Princeton Architectural Review, 2008), p. 40; See also Kevin Mallory and Arvid Ottar, *Architecture and Aggression: A History of Military Architecture in North West Europe, 1900-1945* (London: Architectural Press, 1973).

图 5.2 大西洋壁垒

资料来源：Supercarwaar/Wikimedia Commons/CC BY-SA, https://creativecommons.org/licenses/by-sa/4.0。

四、21 世纪城市防御

直到 20 世纪末，城市都被野外防御工事保护着，野外防御工事在 21 世纪初才开始发生变化，一种新的城市防御模式正在呈现。城墙一如既往仍然是城市战的核心特征，但是其位置和功能已经发生演变。到 2020 年，人们重新构筑防御性城墙的趋势越来越明显。然而，重新部署现代城市防御工事的过程可以追溯到 20 世纪 70 年代。此时，在国家间战争以下，城市防御和保护方式发

第五章 战斗防御

生了重大变化。在20世纪60年代,随着民权运动、罢工、学生抗议(例如,1968年巴黎学生抗议,又称"五月风暴"①)、城市骚乱(例如,1965年洛杉矶瓦茨区黑人骚乱②)以及特别是近十年的国际恐怖主义,城市成为一个日益激烈的斗争场所。因此,保护城市所面临的矛盾挑战,并非来自外部敌人,而主要是来自内部威胁,这是一个日益紧迫的课题。

大量学术研究文献表明,要么当局解决了城市矛盾,要么激进的一方抵制国家镇压,民众起来反抗。事实上,20世纪70年代,为了应对现代城市秩序混乱,理论界出现了城市社会学学派,该学派主要由亨利·列斐伏尔(Henri Lefebvre)、大卫·哈维(David Harvey)和曼纽尔·卡斯特尔(Manuel Castells)等思想家领导。城市建筑师和城市规划师奥斯卡·纽曼的《可防卫空间》是这一时期最瞩目和最重要的作品之一。纽曼认为,正如犯

---

① 五月风暴,是指1968年5—6月在法国爆发的一场学生罢课、工人罢工的群众运动,由于欧洲各国经济增长速度缓慢而导致的一系列社会问题。1968年3月22日,巴黎楠泰尔文学院学生集会,抗议政府逮捕为反对越南战争向美国在巴黎的产业投掷炸弹的学生。——译者注
② 1965年美国洛杉矶瓦茨区黑人骚乱事件,是指1965年8月11日,洛杉矶市警察以车速过高为由,逮捕了1名黑人青年。事件发生后,该市瓦茨区的黑人与警察发生冲突。黑人抢劫了白人的商店,焚毁建筑物。1965年8月16日,骚乱被镇压下去。这次骚乱造成34人死亡,1 032人受伤,财产损失达4 000万美元。——译者注

罪和暴力在某个空间中更容易发生一样，公共秩序混乱和人身侵犯发生的可能性可以通过城市规划进行限制："我们的结论是，城市环境的新物理形态可能是罪犯危害社会的最有利的盟友。"① 城市建筑可以用于劝阻潜在的不法分子，"城市设计可以让居民和陌生人都感觉到某个地区受到某特定群体无可争议的影响"，② 虽然纽曼并不认为建筑可以决定人类的实践行动，但是通过改变人类互动的城市空间，他相信城市规划可以影响社会行为。

从20世纪70年代开始，纽曼的可防卫空间思想并不总能直接纳入城市规划，当然，他自己并不投身于建设城市防御工事和城墙，纽曼开始专心研究如何重新安置城市穷人——而不是排挤他们。然而，人们普遍接受了纽曼城市重建思想，即应该回应城市内部的挑战。防御城墙越来越多，不是为了保护城市不受外界伤害，而是为了确保城市内部的社会秩序。1961年的柏林墙是城市内部防御工事的早期例子，这堵墙很不寻常，它折射出当时超级大国的政治对峙。当然，第一批针对内部威

---

① Oscar Newman, *Defensible Space: People and Design in the Violent City* (London: Architectural Press, 1972), p. 2.
② Ibid., pp. 2–3.

第五章 战斗防御

胁进行安保的城市之一，是建造"和平墙"的贝尔法斯特。然而，除了"和平墙"，英国政府还同时加固了城市的其他防御工事。为了应对爱尔兰共和军的轰炸行动，贝尔法斯特市中心周围竖立了一个"防御钢环"，禁止汽车进入市中心的经贸商务区，并在每个入口处设立了平民检查站。直到1996年动乱结束，贝尔法斯特市中心都是通过建造围墙和障碍物进行防御，城市内墙在这场冲突对抗中发挥了根本性的作用。

贝尔法斯特在城市防御方面采取的一切举措，预示着21世纪城市的未来防御趋势。从那时起，"城市化防御"已经成为一种普遍现象。现代城市在特定区域或建筑物周围竖起内墙、屏障和路障，用于确保免受犯罪和恐怖的袭击，"取代建造豪华的高楼大厦，城市的发展方向是建造具有保护性、安全性的防御工事，能够确保国际大公司和国家顶级企业正常、安全开展商贸业务"。① 自21世纪以来，恐怖主义活动的蔓延迫使人们重新部署城市防御。英国是重新部署城市防御的早期先例国家。20世纪90年代，为了应对爱尔兰共和

---

① Peter Marcuse, "The 'War on Terrorism' and Life in Cities after September 11, 2001," in Stephen Graham (ed.), *Cities, War and Terrorism* (London: Verso, 2004), p. 271.

军对英国本土商业目标的轰炸行动，英国人在伦敦市中心周围竖立了另一个"防御钢环"。"1992年4月至1997年2月，考虑到恐怖袭击和进一步爆炸风险，伦敦市进行了一系列防御性工事改造",① 其中防御措施主要包括警察检查站、路障（有永久性的，也有临时性的）和精心设计的闭路电视监控网络，这样的防御工事建设实际上已经同伦敦其他地区分隔开来。② 2001年9月11日，美国纽约和华盛顿爆发的恐怖袭击，以及随后"圣战"分子持续不断的袭击，只不过是加速重新部署城市内部防御的趋势。为了应对恐怖袭击，城市内部防御得到了加强，许多欧洲城市的主要商业中心和政治中心周围建立了新的围墙、壁垒和检查站等防御工事，其主要目的是阻止自杀式车辆的袭击。在大多数情况下，防止车辆袭击的障碍在外观上格外显眼且丑陋不堪，大型金属或混凝土路障和护柱现在阻挡了人行道、入口和大道。有时，有的障碍物的设置显然是为了震慑，但是经常伪装成长凳、雕塑或花盆。一个引人瞩目的防御工事例子，是新落成的美国驻伦敦大使馆。同格罗夫纳广场

---

① Jon Coaffee, *Terrorism, Risk and the City* (Farnham: Ashgate, 2009), p. 122.
② Jon Coaffee, "Recasting the Ring of Steel: Designing Out Terrorism in the City of London?" in Graham (ed.), *Cities, War and Terrorism*, p. 278.

第五章　战斗防御

（Grosvenor Square）传统现代主义建筑风格形成鲜明对比，2018年新落成的美国驻伦敦大使馆实际上是一座城堡（见图5.3）。有趣的是，这个新落成的大使馆让人们想起中世纪城堡的许多特征：护城河、碉堡和吊桥，实际上该建筑是专门为防御自杀式袭击而设计的。

图 5.3　美国驻伦敦大使馆
资料来源：© Kieran Timberlake。

现在,城市防御建设在整个西方国家大量激增。然而,耶路撒冷可能是展示 21 世纪城市防御的最极端的城市。自 20 世纪 90 年代以来,耶路撒冷就引起学术和政治上的广泛关注,该城市的城墙最初是为了保护以色列公民和耶路撒冷街区免受 2002 年阿克萨起义(Al-Aqsa Intifada)后的恐怖袭击,后来逐渐演变为对约旦河西岸和被占领土采取更具侵略性的国家政策的一部分。以色列学者埃亚尔·魏兹曼一直是以色列约旦河西岸军事化的著名批评者,他对利用建筑威慑已经处于劣势的巴勒斯坦人感到不安,"建筑被这样利用以确立国家对领土的控制并维护国家的统一"。① 魏兹曼还认为,2001—2006 年的以色列总理阿里埃勒·沙龙是罪魁祸首,因为是他领导建设约旦河西岸的防御工事的。有意思的是,魏兹曼声称,沙龙将他早期在赎罪日战争中西奈半岛作战的军事经验用于安抚巴勒斯坦社区的平民。沙龙在那场战争中指挥一个伞兵旅,跨越苏伊士运河向埃及发动了突然攻击,这次战争经验具有深刻的启示:纵深防御比线性正面防御更重要。对魏兹曼来说,沙龙在约旦河西岸的战略举动也表现出类似防御特征,即利用固定据

---

① Eyal Weizman, "Strategic Points, Flexible Lines, Tense Surface and Political Volumes," in Graham (ed.), *Cities, War and Terrorism*, p. 179.

第五章　战斗防御

点和城墙来构建一个全面的防御体系。在防御工事建筑过程中，以色列甚至还招募了非军事机构来参与建设。例如，沙龙赞助建造以色列据点，将其作为战略要地和军事观察点，"这种几何形散状据点，实际上可以理解为部署在城郊的监控设施"，[①] 防御城墙和据点连接起来，一方面有助于以色列保卫东耶路撒冷，另一方面也妨碍了巴勒斯坦建国。防御城墙彻底割裂了巴勒斯坦境内的所有城镇和村庄，导致巴勒斯坦到现在几乎不可能形成统一的主权。

以色列在约旦河西岸构筑城墙，是当代城市化防御的一个臭名昭著的例子。随着国家努力管理城市免受内部威胁，城墙已成为城市景观越来越常见的特征。耶路撒冷可能是独特的城市防御例子，但它显示出更多元的发展趋势。城市障碍物、路障和检查站的建设，不仅为了除掉恐怖分子，也为了除掉犯罪团伙。例如，在拉丁美洲城市，特别是巴西城市，防御城墙大量涌现。随着城市发展更加碎片化、多元化，巴西圣保罗也构筑起防御城墙。[②] 特别是巴西城市的贫民窟不断蔓延，政府更

[①] Eyal Weizman, *Hollow Land: Israel's Architecture of Occupation* (London: Verso, 2007), p. 131.

[②] Teresa Caldiera, *City of Walls* (Los Angeles: University of California Press, 2000), p. 231.

是加固以政治和经济为中心的特权区以保证其安全。城市内部防御已成为巴西里约热内卢的一个主要特征,为了确保2016年奥运会安全,里约热内卢建造了一系列城市防御墙,并将贫民窟及其犯罪团伙(如"红色司令部")与奥运场馆、运动员村或观众逗留的主要场所隔离开。例如,从机场到市中心修建了一条长长的围墙走廊,故意将最糟糕的贫民窟挡在外面以此减少犯罪事件。对贫民窟的巴西人来说,奥运会并不是一个具有包容性的全球庆祝活动,而是体现了他们被排斥的社会地位。

长期以来,路障向来是城市冲突的一个特征。在整个19世纪,路障是叛乱分子的首选工具。路障是法国大革命和随后的1830年、1848年和1871年巴黎起义的主要特征。在每一个城市冲突案例中,反抗分子都会在街道上竖起路障保护自己。然而,这与最近针对恐怖分子和犯罪团伙而建立的城墙相比具有一个重要区别。一旦反抗分子用路障对抗政府镇压,那么国家的安全部队就可以运用城市永久性防御城墙来管控人口、战胜敌人。此外,新建防御城墙的功能与德国柏林墙或贝尔法斯特"和平墙"不同。在某种情况下,国家的目的是加强对防御城墙两侧人口的控制,防御城墙是国家监督和保护全体公民的机制的一部分。今天,修建防御城墙的主要

第五章 战斗防御

目的不是扩大国家主权,而是标示界限范围,更多的是标出内部警戒线。在耶路撒冷、里约热内卢和圣保罗,城墙另一边的人口同城市和国家彻底隔离开来。城市内部的隔离墙意味着国家作为城市统一政体的权威在衰退。

因此,正如我们所看到的,在过去几十年里,城墙重新出现在城市,建造城市内墙主要是为了保护关键区域,并排除犯罪、叛乱和恐怖威胁。因此,城市内墙是低强度城市冲突的国家武器。然而,随着城市冲突变得更加激烈,并沦为真正的城市战,城墙的防御作用越来越突出。正如城墙在过去围攻战中起着决定性作用一样,城市里新建的内部防线已成为现代城市战的重要组成部分。

在 20 世纪,国家军队规模数量庞大、作战能力强大,因而它们很少使用庞大的防御工事来保护城市免受对手攻击。正如第三章中看到的,军队可以经常在街上巡逻。现在情况已经发生了根本性变化,随着部队规模数量的缩减、城市规模的扩大,事实上,军队不可能像以前那样保护城市,它们根本无法巡逻整个城市街区。因此,即使在高强度的城市战中,城墙的防御作用也越来越大。2003—2008 年,美军占领伊拉克是现代城墙防御运用最好的例子之一,也充分表明防御城墙在军事上的重要性。美军发现仅靠他们自身的力量不可能保证伊拉克城市的安全，城市人口太多，而且面积太大，仅巴格达就有大约600万人口。那么，在伊拉克城市，美军实施传统的军事覆盖战略完全不可能。即使在2007年增兵之后，美军也无法控制巴格达、拉马迪和费卢杰城市地区所有居民。防御工事——城墙——弥补了军队人员的不足，成为替代军事人员的一种手段。因此，混凝土T形防护墙和钢筋石笼（gabions），是美军所有行动中不可或缺的辅助工具。正是在这种背景下，本章开头引用的约翰·斯宾塞赞扬了混凝土的品质——混凝土代替了肉体。由于缺乏足够力量，美军建造了城市防御墙、路障和壁垒等工事，用于拯救生命并限制武装反抗部队的行动。

混凝土防御在伊拉克战争中无处不在：美军在伊拉克所有主要城市中都使用混凝土建造检查站或隔离交战区的不同教派和民族。然而，在城市战中，鲜活的防御战例展示出城墙所发挥的重要战术作用，其中最典型的战斗是2008年3月23日至5月13日的萨德尔城战役（见地图5.2）。萨德尔城战役期间，穆克塔达·萨德尔（Muqtada al-Sadr）领导的什叶派马赫迪军（Shia Jaysh al-Mahdi）发动了一场反对伊拉克总统努里·马利基

第五章　战斗防御

（Nourial-Maliki）政府的大规模起义。起义期间，政府面临来自萨德尔城的什叶派飞地（Shia enclaves in Sadr City）绿色管制区（Green Zone）的重型火箭炮和迫击炮轰炸威胁。为此，最有力的应对举措是在萨德尔城市开展清理行动。然而，马利基却禁止这样做，因为他要依靠什叶派的政治支持维持统治地位，尽管他也想粉碎武

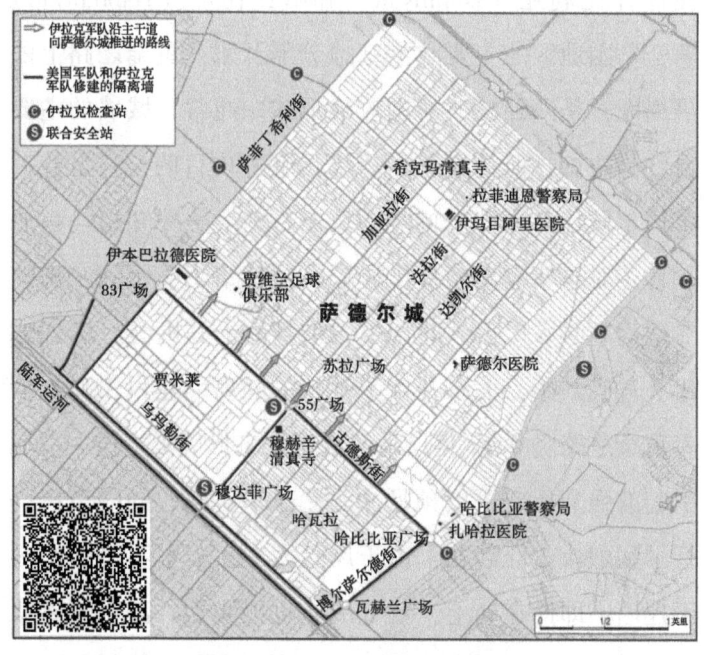

地图 5.2　2008 年萨德尔城战役

资料来源：地图由美国战争研究所授权提供，参见 Map Courtesy of the Institute for the Study of War, http://www.understandingwar.org/operation/operation-peace。

211

装分子，但是不得不妥协。

对此，美军制订了一个新的行动计划。美国指挥官决定沿着穿越萨德尔城西南端的主要道路——圣城街（又称"黄金之路"）修建一堵高大的隔离墙。这堵墙具有两个用途：首先，从物理距离上将马赫迪军的火箭炮和迫击炮阻隔在绿色管制区射程之外。其次，将马赫迪军在伊什比利亚（Ishbiliyah）和哈比比耶（Habbibiyah）两个贫困地区的主要政治基地分隔开来。黄金之路上的隔离墙，是一种经典的围攻战形式。通常，城墙的主要目的是防御，但是这道隔离墙具有进攻目的，它是针对萨德尔城什叶派蓄意挑衅的反制行为。美军知道马赫迪军肯定对这堵隔离墙提出异议，这就给了美军一个击败对手而不必入侵占领萨德尔城本身的绝好机会。从2008年3月底开始，美军开始了艰苦的隔离墙建设工作，沿着黄金之路竖立12英尺高的混凝土T形墙板。这一举动引起的强烈反应可以预见，马赫迪军对修建的隔离墙进行了猛烈攻击。起初，由于风险太大，美军不可能在白天建墙，即使在晚上，双方战斗也很激烈。甚至隔离墙修建过程中每一块板材竖立时，周围都爆发过激烈战斗。特别是开始建设的最初几周，进展非常缓慢，在最糟糕的日子里，仅有8块石板安装到位。但是，后来在美军

第五章 战斗防御

坦克、机械化步兵和空中力量援助下,隔离墙建设逐渐向前推进。美军增援建设情况将在下面的章节详细介绍。随着马赫迪军武装抵抗逐渐减弱,隔离墙建设速度加快,直到最后全部工程建成。到那个阶段,马赫迪军已经承认失败,整个隔离墙建设期间,他们损失了大约700名战士,而美军只有6名士兵阵亡。一旦马赫迪军武装反抗被平定后,美军具有隔离墙功能的检查站就发生改变,成为控制和监视什叶派群体的一种手段,因为他们必须通过检查站才能到达巴格达地区。①

黄金之路上的隔离墙战斗已成为21世纪城市内墙军事化的一个著名例子。然而,这绝不是唯一的例子。美军占领期间,防御城墙在伊拉克城市中大量出现,巴格达曾一度成为世界上最大的封闭式社区。从那以后,城墙还用于其他城市战役,例如,城墙和障碍物在摩苏尔战役中发挥了非常重要的作用,"伊斯兰国"利用城墙防御保卫摩苏尔:

"伊斯兰国"建立了一个令人难以置信的

---

① For the most comprehensive analysis of this battle, see David Johnson, M. Wade Markel and Brian Shannon, *The 2008 Battle of Sadr City: Reimagining Urban Combat* (Santa Monica, CA: Rand Arroyo Centre, 2013).

混凝土T形防御障碍物网络,他们把T形障碍物放在进城的道路上,并设置其他相关设施,然后把它们推倒——变成仰面朝天的T形障碍物。为了占领城市,美军不得不把T形障碍物吊起来用车拉走。在这方面,"伊斯兰国"具有熟练的城市防御作战技能。①

在夺回摩苏尔的过程中,为抵御"伊斯兰国"袭击并巩固部队后方和侧翼安全,联军构筑了许多防御城墙防备敌人反击,尤其是自杀式车辆的反击。因此,美军动用大量坦克、装甲车在小路上设置障碍,利用混凝土墙体或从当地收集瓦砾和碎石堵住小路,从而有效防御"伊斯兰国"的行动和突然袭击。

在拉卡战役中,库尔德叙利亚民主力量(Kurdish Syrian Democratic Forces)采取了同样的作战策略:在发动下一次袭击前设置路障。在马拉维战役中,菲律宾军队在阵地上加固防御:

> 我们用坚硬、牢固的混凝土墙覆盖阵地正

---

① General Joseph Martin, personal interview, 16 November 2018.

第五章 战斗防御

面和侧面,充分使用沙袋加固进攻阵地,从而打通公开区和杀伤区道路。在城市战中,谁占据防御位置谁就拥有一切优势,主要因为军队可以在有利位置构筑防御工事和指挥所。建筑物内的楼梯、门、窗和开阔地带都是战斗杀伤区,危险程度高,为此,在马拉维战役中,建筑物内的一切东西都被敌人利用作为掩护和防御自身。[1]

五、微型围攻战防御

混凝土墙极其平凡,也不讨人喜爱,尤其同18世纪沃邦堡垒的卓越设计相比,更显得低端简陋。现实中,人们疯狂追求更先进精密的武器装备,而容易忽视混凝土墙的价值,但是,平凡而实用的混凝土墙却是现代城市战的关键组成部分。混凝土墙既不再像16世纪那样建在城市周围,也不再像19世纪和20世纪那样建在城市外部,相反,它们已经迁移到城市里,用于构筑城市内部军事据点、堡垒和防线,其作用极大弥补了军事人员

---

[1] Lieutenant-General Danilo Pamonag, Filipino Army, personal email, 25 May 2019.

215

的不足，用混凝土或钢铁防御代替人员防守。在低强度的城市战中，混凝土墙主要用于隔离。有时，国家放弃对城市部分地区的控制以确保其对城市其他部分的主权。在高强度的城市战中，混凝土墙的重要性不言而喻，主要用于主动包围和孤立敌方，破坏敌方作战地形，或者主要用于保护己方部队免受攻击。在现代城市战中，迂回和包围再次被证明是重要的作战策略。广泛且分散的混凝土墙防御工事彻底改变了城市地形，使城市战成为局部地区的围攻战。因此，战斗不得不在城市内部的防御区周围集结爆发。概言之，如同意大利堡垒对早期现代欧洲城市具有重要意义一样，混凝土墙对21世纪城市战同样具有重要意义！

第六章

空中力量

第六章

空中代量

第六章 空中力量

一、立体空间

纵观人类历史，军队总是在二维空间中作战。人类居住的地球、部队行军的地形从根本上讲都是二维空间。特别在20世纪，战场防御工事往往低矮又隐蔽，即使在拥有防御工事的城市环境中，军队通常根据平面地形而不是立体空间进行安排部署。正如我们在上一章中所看到的，近几十年来，在城市兴起的微型围攻基本上在街道这一平面空间进行战斗。然而，与此同时，街道上方的天空也成为双方越来越激烈争夺的领域。城市战已经摒弃单纯的地面领域，城市领空成为城市局部围攻战的固有组成部分。

事实上，从20世纪90年代开始，人们普遍认为，从二维空间审视城市战越来越不适应世界新军事革命的现实。具有讽刺意味的是，最早注意到城市战二维空间缺陷性问题的并不是地理学家，而是一位美军军官——拉尔夫·彼得斯少校（Major Ralph Peters）。他于1996年在美国陆军战争学院杂志《参数》发表了文章《我们的士兵，他们的城市》，开创性探讨多维空间城市作战问题。彼得斯预先警告说，将来美国军队不得不在城市外围进行作战，还指出随着城市战的兴起，战场将变得更加立体多维：

> 在最广泛层面上，战场存在显著的空间差异。"常规"战争一直是平面战争，却具有越来越明显的垂直维度。然而，在完全城市化的地形上，战争会变得相当垂直化，向上延伸到钢筋水泥的高楼大厦，向下延伸到下水道、地铁线路、公路隧道、通信隧道，等等。①

此后，彼得斯的文章几乎被所有关于城市战的学术出版物引用。得益于彼得斯的研究，一个丰富的分支学科已经发展起来，人们开始探索城市战三维立体特征。继彼得斯之后，埃亚尔·魏兹曼在早期研究阶段发挥了重要作用，强调把城市战研究重新定位到垂直维度：

> 地缘政治是一个平面空间的术语，它在很大程度上忽略了垂直维度。地缘政治，是从现代国家的军事和政治空间中继承发展出来的制

---

① Ralph Peters, "Our Soldiers, Their Cities," *Parameters* 26, no.1 (1996): 43–50.

第六章 空中力量

图想象力。由于政治和法律都只从地图和设计规划的角度来理解空间位置，所以地图上标明的领土主张都假定如下情况：领土范围同时适用于上方和下方的所有空间。①

魏兹曼认为，对城市战的研究长期深陷在二维空间的框架中，主要因为国家及其安全部队传统上对城市地理测绘的管控方式不知不觉地影响了人们的思考。为了避免颠覆国家政权的可能性，学者们有必要重新思考城市战。

魏兹曼对未来城市战的警告得到了社会学和政治科学领域学者的广泛认可。例如，在《被围困的城市》中，英国学者斯蒂芬·格雷厄姆已经成为"立体"思维的著名倡导者，他认为："驱动当前军事思维和军事实践发展的关键概念是'战场空间'。"② 由于军队本身已经占领城市上空，学者们也必须占领城市天空。在格雷厄姆的另一部论著《垂直：从卫星到地堡的城市》中，他强调了现有城市战研究方法的不足之处。城市学者需

---

① Eyal Weizman, "Introduction to the Politics of Verticality," Open Democracy, 2002, http://www.opendemocracy.net/ecology-politicsverticality/article_801.jsp.

② Stephen Graham, *Cities under Siege: The New Military Urbanism* (London: Verso, 2010), p. 31.

要将城市视为三维空间，而不仅仅是地形的三维空间。为此，格雷厄姆宣称他自己的"雄心勃勃的学术议题"："将我们三维世界的政治理念纳入城市生活、城市建设和城市地理的相关批判性辩论中。"① 由于国家及其安全部队在垂直立体空间开展行动，学者们的研究也必须如此。

三维立体理念得到了更广泛的认可。例如，地理学家斯图尔特·埃尔登最近呼吁其他学者"保卫书卷"（Volume，具有书卷和空间两个含义）。这个双关语是故意设置运用。国家不仅致力于保护城市领土，而且还要致力于保护城市空间，因此，学者们也必须相应地同时用立体思维考虑问题："从立体角度思考国家权力及其运作方式，这为地理安全学开辟了新的发展前景。正如世界不只以平面方式存在一样，我们对安全的研究也不能平面化，安全范围也必须既能向上拓展也能往下延伸，安全空间也是立体的。"② 现实中，许多关于城市冲突的

---

① Stephen Graham, *Vertical: The City from Satellites to Bunkers* (London: Verso, 2018), pp. 13–14.

② Stuart Elden, "Secure the Volume: Vertical Geopolitics and the Depth of Power," *Political Geography* 34, (2013): 49; See also Peter Adey, Michael Whitehead and Alison Williams, *From Above: War, Violence and Verticality* (London: Hirstand Co., 2013); Daphné Richemond Barak, *Underground Warfare* (Oxford: Oxford University Press, 2018).

第六章　空中力量

研究仍然集中在街道层面。这种研究方式仍然具有一定合理性，因为尽管城市景观不断拓展，空中飞行器也不断增多，但是大多数暴力行为仍发生在地面上。最终导致的局面是，军队还在试图夺取和控制城市地盘而非城市空间。从彼得斯起始，关于城市战的研究提出了一个非常有价值的观点，与常规战争相比，现代城市战具有明显的垂直特征：城市楼宇既高耸向上又延伸地下。21世纪初的全球化城市的发展趋势也是如此，城市空间变得极其垂直化。因此，城市战地形学与传统地面战斗研究截然不同，现代城市高耸建筑物的增多和空中力量的日益突出，进一步凸显城市战的立体维度。

二、20世纪的空中力量

立体学专家一贯强调现代城市运行的三维空间特征。21世纪初，城市战的空间已经变得更加垂直化。但是，针对这个问题仍需要多加观察研究。学者们认为，20世纪初以来，空中力量就一直在城市上空开展行动。然而，当人们推崇立体空间在21世纪城市战中的重要性时，却面临着夸大城市空间重要性的风险。例如，从美索不达米亚最早的城市起源开始，城市防御工事就凭借高度获得对进攻者的作战优势。苏美尔城的城墙和塔楼从一开始就将垂直维度引入城市战。城堡的高度位置增加了武器系统的射程和杀伤力,同时降低了敌人武器的作战效能。在进攻战中,敌人不得不爬墙翻越,这本身增加了作战的困难。事实上,在古代和中世纪,几乎所有防御工事都利用高度达到对重力的运用:堞口、城垛、射箭孔、枪眼、围栏、吊闸——所有工事都要依赖高度发挥战力。可见,古代城墙的发展改变了古代战场的地形学和防御能力。然而,垂直矗立的城墙也能被地下挖掘破坏,从而失去防御能力。

由此可见,从古代起,垂直化已经是城市战的一个特征。古人很早就善于运用鸟禽这一神秘手段进行围攻战。例如,中国明末时期的一份军事记载就描述了使用鸟禽攻击城市的战例。据史料记载,这一作战方法建议,从敌人的城堡中捕获数百只小鸟,然后把易燃的杏仁粘在小鸟脚上,待小鸟放飞后,返回城里栖息处时就能迅速点燃屋顶和储藏室等建筑物,从而引起大火。[①] 然而,真正的空中作战显然是近代才有的崭新战争景象。得益于军用飞机的发展,人们才能在城市战中首次系统性运

[①] Ralph Sawyer, *Fire and Water: The Art of Incendiary and Aquatic Warfare in China* (Cambridge, MA: Westview Press, 2004), pp. 123-124.

第六章 空中力量

用空中力量。在 18 世纪后期，气球才开始用于军事目的，主要作为空中观察手段辅助地面作战。1849 年，人类第一次尝试在威尼斯进行空中进攻，当时奥地利军队企图用气球向敌方城市投掷燃烧弹。幸运的是，该作战试验失败了，威尼斯古城因此才得以保全。

空中轰炸到了 20 世纪才真正成为军事实践，特别是第一次世界大战期间，空中轰炸是主要进攻方式。有历史记录的第一次飞机空中轰炸行动发生在 1911 年 11 月 1 日这一天，当时，意大利朱利奥·加沃蒂中尉（Lieutenant Giulio Gavotti）驾驶飞机，首次投弹轰炸了驻扎利比亚的安尹扎赫拉（Ain Zahra）的土耳其军队。第一次世界大战期间，人们开始探索空袭作战的潜力。最早的一次空袭作战发生在 1914 年的奥匈帝国要塞普热梅希尔。1914 年 11 月，沙皇俄国开始围攻该城市，然而遭到奥地利陆军元帅康拉德·范·赫岑多夫（Marshal Conrad von Hötzendorf）的反击，沙皇俄国最终以失败告终。随后，沙皇俄国在 11 月下旬又重新包围这座城市，12 月 1 日，沙皇俄国飞机出现在城市上空，当飞机投下炸弹时，奥地利守军开火反击。在空袭中，沙皇俄国共投掷了 275 枚炸弹，作战目标是轰炸普热梅希尔的圣桥以及周围军事设施，但此次空袭作战效果甚微。①

尽管空袭普热梅希尔是一场著名战役，然而第一次世界大战早期阶段的空袭作战大部分都发生在英国和德国。德国齐柏林飞艇空袭英国城市，对飞机以及空战思想的发展影响深远。从1915年5月31日到1918年5月20日，德国空军对英国伦敦进行了一系列空中突袭，总共动用了13架齐柏林飞艇和128架飞机。这次系列空中突袭导致伦敦城市发生224起火灾，摧毁了174栋建筑。②另外，英国其他城市尤其港口，也是德国空袭的目标："目睹轰炸的人，谁会忘记在这个伟大的工业和航运城市赫尔，当地居民听到第一声防空警报后马上涌向田野的景象呢?"③同时，英国人也对德国城市地区发动了几轮反击空袭。

虽然第一次世界大战中空袭在平民中引起了严重恐慌，但是并没有造成什么物质损失，空袭效果不佳。此后，英国皇家空军在东非、苏丹和西北前线进行空袭；意大利空军在阿比西尼亚（Abyssinia）进行空袭，英国

---

① Alexander Watson, *The Fortress: The Great Siege of Przemyśl* (London: Allen Lane, 2019), p. 137.

② B. H. Liddell Hart, *Paris: Or the Future of War* (London: Kegan Paul, Trench, Trubner & Co., 1923), p. 44.

③ Ibid., p. 45.

第六章 空中力量

和意大利都重视空军并相信飞机具有强大的战略潜力。意大利空军将军朱利奥·杜黑①是空战思想的核心人物。1921年，杜黑出版了一部影响深远、誉满天下的论著《制空权》，他强调，战略空中力量是克服第一次世界大战中消耗战的重要手段。一战期间，杜黑敏锐地观察到，意大利军队在伊松佐河和西线上的战事令人厌倦，该地区民众在很大程度上并没有受到战争的影响："既然战争必须在地球表面进行，军队就只能沿地面划定的交通线行动和交锋。在战线后方……交战国平民并不能直接感受到战争。"②"空中力量"的出现预示着，飞机将彻底改变战争的直线和平面空间，战争也会升空，并形成立体化的作战空间。这样一来，战争地形学就会发生根本性改变。飞机的出现使人类历史上第一次将战争变成真正的三维立体空间。

因此，杜黑认为，空中力量具有潜在的无限破坏力。飞机的跨越能力让所有的天然障碍、人工防御工事都失效了。飞机能够飞越高山、河流、森林、城墙和防御工

---

① 朱利奥·杜黑（General Giulio Douhet, 1869-1930），意大利军事理论家，制空权理论的倡导者，代表作《制空权》（*Command of the Air*）。——译者注

② Giulio Douhet, *The Command of the Air* (Tuscaloosa: University of Alabama Press, 2009), pp. 8-9.

事，"空战中没有防御"。① "除非有机会在敌人进攻之前摧毁其空战力量，否则没有切实可行的办法阻止敌人用空军攻击我们"。② 当地面部队作战毫无效果时，空军的核心目标就是摧毁城市、恐吓平民、迫敌投降，或者从一开始就阻止敌人发动战争。因此，杜黑研究的主题从根本上讲是一部关于城市自杀的作战手册。③ 该作战手册强烈倡导，从战略上使用空中力量轰炸摧毁城市的民用目标。事实上，只有通过轰炸城市的工厂、基础设施和平民才能达到真正的战略效果："除非轰炸针对数量巨大的人口聚集区域，否则轰炸行动不能取得成功。"④ 实施轰炸行动一般具有两大方面的影响，一是摧毁关键基础设施，二是传播恐惧威慑，"一想到战争必须摧毁某一地区人们的物质和精神资源，这种灾难性的后果就无时无刻不在困扰着所有人，直至社会组织的最终瓦解"。⑤ 为了达到对民心意志的摧毁，杜黑指出，轰炸规模必须足够大，以便确保在一次大的袭击中能够摧毁城市中心地带。他还指出，如果10架飞机可以从3 000米

---

① Douhet, *The Command of the Air*, p. 55.
② Ibid., p. 18.
③ Martin Coward, *Urbicide* (London: Routledge, 2009).
④ Douhet, *The Command of the Air*, p. 22.
⑤ Ibid., p. 61.

第六章 空中力量

的高度摧毁直径500米的区域，那么使用炸药、燃烧弹和毒气的混合物进行更大规模袭击，将是真正的毁灭性打击。在21世纪，空中力量的最初概念经常被人们遗忘或消解，但在第一次世界大战后，战略空中力量被设置为只有一个作战目的——摧毁城市。

杜黑的战争立场可能太极端。然而，在两次世界大战期间，杜黑的制空权思想影响极大。同一时期出版的文学和艺术作品，如赫伯特·乔治·威尔斯（Herbert George Wells）的作品或毕加索的画作《格尔尼卡》所展示的空战景象那样，人们对空袭的恐惧显而易见。军事历史学家巴兹尔·亨利·利德尔·哈特（Basil Henry Liddell Hart）也肯定空袭轰炸的可怕潜力：

> 人们很难相信，一个空中力量较弱的国家，经过几个小时或几天内的空中轰炸（战前轰炸）后，该国家的抵抗意志还没有瓦解。想象一下这样的场景：伦敦、曼彻斯特、伯明翰和其他六个大城市同时遭到轰炸袭击，商业区和舰队街都被摧毁，英国政府所在地白厅变成一

堆废墟，贫民发疯似的逃跑或到处抢劫。①

作为空军理论家（尤其在美国人和英国人眼中），杜黑《制空权》的最终目的是渴望建立一支真正具有战略意义——即摧毁城市——的空军。美国现代空军之父比利·米切尔（Billy Mitchell）和英国皇家空军之父休·特伦查德（Hugh Trenchard）当初筹建战略轰炸机部队，其作战目的就是通过战略威慑阻止战争，或在战争开始后对城市及其平民造成无法承受的破坏，进而迅速结束战争。

事实上，第二次世界大战的最初几年掩饰了一种情况，即制空权倡导者的预言与和平主义者的悲叹："1939年，军队都没有准备执行杜黑所设想的那种歼灭性、打赢战争的'彻底打击'。"② 实际上，早期空袭行动的作战效果往往令人失望。早期空袭行动表明，要想打击城市却不会肆无忌惮地摧毁城市，这往往很难做到。尽管1940—1941年，德国空军以闪电战突袭考文垂，全城夷为平地，化为灰烬，死伤无数，哀鸿遍野，造成不可估量的巨大损失。但是空军的轰炸并不高效，主要表现为

---

① Liddell Hart, *Paris*, p. 46.
② Richard Overy, *The Bombing War* (London: Penguin, 2014), p. 53.

第六章 空中力量

不能完全恐吓平民并让政府屈服投降。英国皇家空军在二战早期的不佳表现很有警示效应。直到1941年8月,英国皇家空军对德国城市的攻击都是无效的。1941年的巴特报告(Butt Report of 1941)记载,只有15%的飞机炸弹落在距离目标5英里以内的地方。① 很多情况下,德国防空部队无法确定哪个城市是英国皇家空军要空袭的目标,由此可见,英国的空袭轰炸太随意了。

飞机轰炸效果不佳的问题在1942年后发生根本变化。在空军上将阿瑟·哈里斯(Arthur Harris)的领导下,英国皇家空军进入了战略大发展时期:配备新式装备,实施新的作战纪律,有力提升空军轰炸水平。尽管第二次世界大战结束前,英国皇家空军远未达到末日轰炸的水平,但是已经开始对德国造成严重、持续的打击破坏。哈里斯驳斥了美国人对城市工业枢纽进行精确轰炸的设想,主要因为每当英国皇家空军轰炸机试图袭击铁路或合成油厂等精确目标时,他们都没有击中目标。② 哈里斯创建出一套消耗性的夜间轰炸作战方式,旨在全面摧毁德国城市的工业和民用基础设施。即使不能完全摧毁工厂,对工厂房屋的破坏也会降低生产效率:"轰

---

① Overy, *The Bombing War*, p. 267.
② Arthur Harris, *Bomber Offensive* (London: Collins, 1947), p. 77.

炸目标是经过仔细挑选的拥挤工业区，炸弹落在该地区能够严重影响德国民众的士气。"① 此外，美国陆军航空队（USAAF，早期美国空军的雏形）装备性能优异的诺顿投弹瞄准器，在白天能够实施精确轰炸。对比英国皇家空军的轰炸效果，美国陆军航空队可以实施精确轰炸。然而第二次世界大战后期，美国轰炸机即便配有战斗机护航进行空袭，也不能被描述为真正的精确打击，因为美国轰炸机没能区分精确轰炸和区域轰炸的受害者。②③

在当代人们的想象中，第二次世界大战中发生的重要城市战役是斯大林格勒战役、马尼拉战役和柏林战役。事实上，二战期间空袭城市很普遍，也具有严重破坏性。例如，1942—1945年，英国皇家空军和美国陆军航空队对德国的联合行动，最终摧毁了德国几乎所有主要城市。在太平洋地区，由于不必担心背负道德谴责，美国陆军航空队可以肆意向日本城市投掷燃烧弹，直到向广岛和长崎投掷原子弹而结束空中轰炸。可见，20世纪城市战

---

① Arthur Harris, *Bomber Offensive* (London: Collins, 1947), p. 77.

② Conrad Crane, *Bombs, Cities, and Civilians: American Airpower Strategy in World War* Ⅱ (Kansas: University of Kansas Press, 1993).

③ 原文似乎有误：However, even then, they could not really be described as precise, and the victims of their attacks found it difficult to distinguish between the two techniques. 实际上是美国轰炸机没有做到精确打击而殃及无辜的受害者，而不是受害者因不能区分精确轰炸和区域轰炸，才无法避开轰炸。——译者注

第六章　空中力量

在作战形式上主要表现为空中轰炸，而不是地面进攻。在欧洲地区，实施轰炸空袭的主人是英国空军上将哈里斯；在太平洋地区，则是美国空军上将柯蒂斯·李梅（Curtis LeMay）。

大部分学者和军事专家认为，在 21 世纪，城市战已经变得多维立体化。由于空袭是 20 世纪最常见的城市战方式，因此，城市战在 100 多年的发展过程中始终具有立体化特征。从 1939 年开始，城市上方空域就和地面街道一样成为城市战的重要组成部分。自从轰炸机飞越城市那一刻起，城市战就已经立体化，但是，我们仍要避免对战场空域进行"自以为是"的推定假设。特别是，我们需要深入研究 20 世纪城市战，研究如何更好组织城市上方的作战空域。只有明确了这一点，才有可能对 21 世纪城市战的三维特征形成精准深刻的理解。

三、汉堡战役

1942—1945 年，英国皇家空军和美国陆军航空队对德国城市进行了数百次空袭，任何一次空袭都可能是 20 世纪城市空战的典范。汉堡战役发生在 1943 年 7 月 24—25 日和 8 月 2—3 日之间，是历史上最具冲击力、影响力

233

的战役之一。这场战役被赋予一个恰当的代号——"蛾摩拉行动"（Operation Gomorrah），主要包括对汉堡的四次大规模空袭（7月24—25日，7月27—28日，7月29—30日，8月2—3日），每次出动700多架轰炸机（见地图6.1）。美国陆军航空队在7月26—28日发动了两次规模较小的白天袭击。在"蛾摩拉行动"中，英国皇家空军第一次使用"窗口"装置（主要发挥铝箔条反射干扰功能）干扰德国雷达的侦探，从而进行隐蔽作战。事实后来证明：7月24—25日、7月27—28日这前两次空袭，是英国皇家空军在第二次世界大战结束前发动的最具破坏性的空袭。在空袭的第一个晚上，德国一座毫无防御能力的城市就遭到猛烈攻击。此时德国正处于炎热干燥的夏季，另外，德国城市中心的建筑大都是中世纪的木质结构，英国皇家空军才得以实现迄今为止不可能再有的轰炸效果，随后，在第二次空袭的夜晚发动了人类战争史上第一场"火风暴空袭"。[1]

"蛾摩拉行动"对德国城市来说是一场灾难——后来更被称为"巨大灾难"，但这一战役也充分展示了攻击者和防御者双方如何组织空域作战。英国皇家空军的

---

[1] Keith Lowe, *Inferno: The Devastation of Hamburg* (London: Hamburg, 2007), pp. 192-193.

第六章 空中力量

夜间袭击与美国陆军航空队的空袭方式不同，美国陆军航空队采用 B-17 轰炸机密集编队进行自我保护，而英国皇家空军轰炸机则以流动编队沿着攻击航线从英国基地起飞直奔目标，轰炸后再返航飞回来。为了欺骗德国人对最终轰炸目标的判断，轰炸机编队在北海和德国上

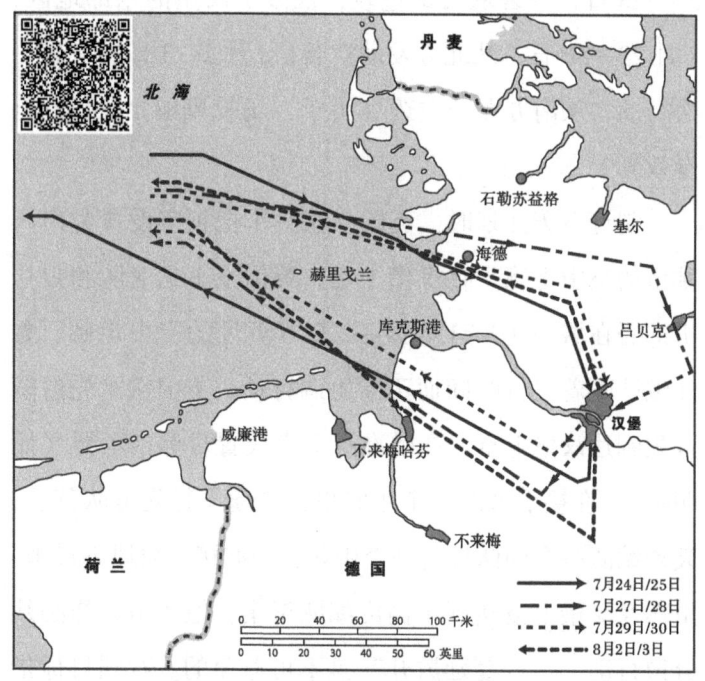

地图 6.1　1943 年"蛾摩拉行动"空袭计划

资料来源：该图依据于马丁·米德布鲁克《汉堡战役》中的地图，参见 Martin Middlebrook, *The Battle of Hamburg* (London: Cassell and Co., 1980)。

空盘旋并进行一系列折弯式飞行。在每个航线切换点上，空中编队的先遣分队投下彩色照明弹协助导航。抵达汉堡上空时，每一次空袭都是沿着不同的轴线进行，目的是让炸弹摧毁效果最大化。7月24—25日，英国皇家空军从西北方向发动空袭，轰炸了汉堡的西部地区；7月27—28日，突袭从西部进攻，摧毁了汉堡的东部地区；7月29—30日，从北方发动空袭；8月2—3日的最后一次行动，从南方发动空袭（由于一场暴风雨，空袭没有奏效）。

制订空袭计划时，英国皇家空军把领空设置为出入城市的空中走廊。在汉堡上空，英国空军先遣队和轰炸机部署在城市上空1.8万—2.5万英尺的空中走廊。轰炸编队随着飞行时间而不断协调行动。英国空军先遣队首先到达汉堡上空，在瞄准点上空放置目标指示器（照明弹）。在接下来的1个小时里，紧随飞行先遣队其后，轰炸编队一个中队接着一个中队，一波接一波地飞过来。虽然在汉堡上空达到了高度编队聚集，但实施轰炸必须分散行动——"蔓延散开"是不可避免的。看到目标指示器和城市灯火已经闪亮起来，英国皇家空军就准备提前投掷炸弹实施轰炸。因此，轰炸模式从来没有像预期的那样，在瞄准点周围形成密集的破坏圈，进而从瞄准

第六章 空中力量

点沿着攻击方向往后延伸，围绕一个斜椭圆形（oblique ellipse）或三角形进行轰炸，然而这样的轰炸方式并未奏效。英国皇家空军空袭行动计划制订者充分了解这一情况后，对轰炸方式进行了跟进调整。在"蛾摩拉行动"期间，英国皇家空军把瞄准点设在汉堡市中心，尽管该瞄准点位置没有具体的城市建筑目标，但是轰炸编队必然从这个瞄准点向四周分散实施轰炸，进而摧毁了汉堡城市的大片区域。

英国皇家空军为轰炸机编队精心规划领空区域，以便最大限度实施轰炸破坏。德国防空部队也认真准备汉堡上空和周边的空域防御。在英国皇家空军飞行员看来，汉堡是一个臭名昭著的城市。在海岸上，德军竖起了一个名为卡姆胡贝尔防线（Kammhuber Line）的雷达屏幕，该屏幕能监控到每一架飞越城市的轰炸机。卡姆胡贝尔防线主要由一系列雷达监测装置组成，能够识别来袭的轰炸机编队，进而指引德国空军战斗机进行拦截。而汉堡城市防御工事，主要包括探照灯和高射炮，在城市周围形成了一个20英里的圆形防空区域，一架轰炸机要花15分钟才能飞出这个防空区域。1943年7月，汉堡城市防御有重炮54门，88毫米高射炮166门，105毫米高射炮96门，128毫米高射炮16门，探照灯24组，发烟装

237

置3台。① 此外，汉堡市中心有3座高射炮塔，2座位于圣保利区海利根盖斯菲尔德（Heiligengeistfeld，又译圣灵野），1座位于港口威廉斯堡（Wilhelmsburg）。这3座引人注目的现代化防空工事高高矗立在混凝土塔楼上，塔楼顶部的大平台设有机枪口和观察哨。探照灯和高射炮通常能够覆盖城市上空约3万英尺空域。一旦一盏探照灯发现一架英国皇家空军轰炸机，所有其他的探照灯都会"瞄准"并跟踪这架飞机，城市防空高射炮也会对准飞机。在严密防空体系下，飞机一旦被探照灯锁定就很少存活下来。

汉堡战役期间，德国的防御系统却没有发挥作用，因为英国皇家空军使用"窗口"装置干扰了德国雷达。因此，在7月24—25日，当轰炸机编队径直穿过卡姆胡贝尔防线的雷达屏幕，德国防御系统没有任何反应，探照灯也没有任何操作（探照灯也是由雷达引导）。那天晚上的汉堡天空，从雷达屏幕上看铝箔条就像"在光焰闪烁的海洋中划出了一片狭长的黑色地带"，② 德国没有启动任何防空火力。然而，这片防空区域虽然空白，

---

① Martin Middlebrook, *The Battle of Hamburg* (London: Cassell and Co., 1980), p. 84.

② Ibid., p. 137.

第六章 空中力量

但也极为危险。很快,德国防御部队就迅速作出了反应。7月27—28日,在英国皇家空军第二场"火风暴空袭"中,德军彻底放弃对雷达的依赖,增加更多照射高度为18 000英尺的探照灯,确保能瞄准射击空域内所有低空飞行的飞机。① 在更高空域,德军部署新装备的"野猪"战斗机夜战飞行中队。飞行中队不需要地面雷达指引,通过连续的无线电通信就能协调行动,② 只要有机会就直接攻击英军轰炸机。

"蛾摩拉行动"期间,汉堡上方的领空呈现独特形状,该城市上方空域由一系列空中走廊、防空区域和雷达构成,空域内既有进攻方,也有防御方,相互交织重叠。英国皇家空军从英国本土起飞,沿着一条狭窄、有角度的空中走廊飞行,直到抵达汉堡市的轰炸区。与此同时,德国人把城市上空分成两个直径20英里的大圆柱体般的巨大空域。一个在18 000英尺以内的空域,分配给探照灯和高炮部队;另一个在18 000英尺高空以上,由"野猪"飞行中队防守。由此可见,当代理论家强调城市战的三维立体特征是完全正确的观点。然而,城市战的立体面貌并不是新鲜景观。立体作战空间伴随着战

---

① Middlebrook, *The Battle of Hamburg*, p. 245.
② Ibid., pp. 240-241, 245-247.

略空中力量的兴起而发展起来。因此，早在 1943 年 7 月，城市战就呈现出一副复杂的立体面貌。

四、21 世纪的领空

第二次世界大战的一系列轰炸战役充分表明，在 21 世纪以前，城市战已经具有三维立体特征。然而，近几十年来，城市上方空域也发生了重要变化。城市战不仅立体化，而且作战空域也极其独特。因此，有必要对冷战后城市空域演变进行准确描述。

第二次世界大战期间，空军总是被理解为一种消耗性作战力量。一般情况下，飞机轰炸目标总是不精准，非常影响空袭效果。20 世纪 60 年代末，美国空军首次在越南使用精确制导武器摧毁目标，从此精确空袭产生了深远影响。精确制导武器的发展开始革新空军作战理论。现在，精确制导武器旨在摧毁城市单个重要目标，而不是轰炸整座城市。例如，精确制导武器可以对特定建筑物和基础设施进行可靠性清除，而不是粗暴摧毁整个工厂和打击民众士气。冷战结束时，精确打击已经取代消耗性轰炸，成为空军作战的核心原则。1991 年，海湾战争第一次真正展示出精确武器的威力。实际上，海

第六章 空中力量

湾战争期间,美军指挥官经常使用被精确武器摧毁的建筑和桥梁视频图像欺骗媒体和民众,实际上美军飞机轰炸的附带伤害也非常大。1991年2月13日,阿尔费多斯恐怖事件证明了这一点。在这次空袭中,美国人摧毁了巴格达阿尔费多斯的军事掩体,同时也造成400多名伊拉克平民死亡。具有讽刺意味的是,尽管带有平民附带伤亡,但是美军总是自诩打击的精确性,美军空军打击效果不仅令人恐惧,而且打击目标异常精确,一枚激光制导炸弹刺穿了混凝土屋顶,另一枚则穿透屋顶上刺穿的洞口,在建筑物里面引爆。

科索沃战争期间,武器装备的精准性更加完善。1995年,美国空军军官约翰·沃登[①](John A. Warden)发表一篇名为《敌人是一个系统》[②]的文章。该篇文章与杜黑《制空权》形成鲜明对比。沃登提出"五环(five rings)目标论",一个政权主要由以下五环构成:野战部队、居民人口、基础设施、组织机构和领导层。为此,他认为,精确空袭战役要系统地把每一环的关键要素作

[①] 约翰·沃登,美国空军军官,曾任美军飞行员、飞行联队指挥官,美国空军总部战略、条令及作战局副局长,空军指挥与参谋学院院长等,"五环目标论"提出者,代表作为《敌人是一个系统》《空中战役》。——译者注

[②] John A. Warden, III, "The Enemy as a System," *Airpower Journal* 9, no. 1 (1995): 40-55.

为打击目标，每一环的破坏直接关系到政权的毁灭，仅靠精确打击就能够摧毁敌人的作战体系。然而，20世纪40年代的战略空中力量却主要寻求摧毁敌人的整座城市。此后十年，沃顿的"五环目标论"得到了验证，要靠精确打击摧毁城市政权。1999年，科索沃战争期间，北约对塞尔维亚政权实施精确空中胁迫行动，打击了塞尔维亚和贝尔格莱德的关键目标，直到该政权承认失败。如今，精确打击仍然是空军作战的核心。当代军事理论认为，空军作战的核心特征是"无处不在、机动灵活和集中行动"。空军能够在任何地方进行快速而有力的作战，主要因为空中打击变得非常精确，"精确技术意味着不需要大量飞机就能产生显著的打击效果，给敌人施加巨大的心理打击，这是军事成功的关键"。[1] 空军仍然是城市战的关键力量，但是自杜黑和第二次世界大战的战略轰炸行动以来，空军力量的发展变化其实已经走过很长一段时间了。

精确打击改变了城市上方的作战空域。为了精确轰炸，空军不得不重新配置作战空域。空中精确打击力量在海湾战争、波斯尼亚战争（又称"波斯战争"）和科

---

[1] AJP 3-3, *Allied Joint Doctrine for Air and Space Operations* (NATO, April 2006), pp. 1-4.

第六章 空中力量

索沃战争中发挥了重要作用。然而，只有在伊拉克战争期间，特别是在占领伊拉克期间，当2004年之后伊拉克反抗活动急速增加时，空军在城市中的真正潜力才显现出来。大部分评论员认为，这是空军历史性的转型时期，体现在2004年11月7日至12月8日的第二次费卢杰战役①中。

第二次费卢杰战役主要是一场地面战役，在美国陆军的大力支持下，美军海军陆战队第1师的2个团作战小组同伊拉克军队合作，共同打击"基地"组织。"基地"组织占领了费卢杰并将其作为根据地，对巴格达及其周边地区发动袭击。第二次费卢杰战役，是伊拉克战争中规模最大的一次城市战役。城市中的战斗极为残酷，这为观察研究现代城市战提供了很多宝贵经验，我们将在后面讨论这个问题。在城市上空，空军作战情况具有重要启发意义："费卢杰标志着一种新型城市作战模式的诞生——主要基于持续空中监视、精确空中打击和快

---

① 第二次费卢杰战役，被美国国防部命名为"幽灵狂怒行动"（Operation Phantom Fury），被伊拉克国防部称为"黎明行动"（Operation New Dawn/Al-Fajr），这一场城市战是伊拉克战争开战以来最重要的战役之一，在打击叛乱抵抗武装的攻势上取得了决定性胜利，也为2005年的伊拉克战后选举稳定局势。——译者注

速空运支持。"① 事实上，总结战斗经验后，"费卢杰模式"这一概念成为常见的军事术语，主要指为了支持地面行动而在城市上方组织空战的复杂方法。

在费卢杰开展行动极不寻常，美军动用了各种各样型号的飞机。而在汉堡战役，英国皇家空军仅使用了四种类型轰炸机，即"兰卡斯特"（Lancasters）、"威灵顿"（Wellingtons）、"哈利法克斯"（Halifaxes）、"斯特林"（Stirlings）轰炸机，尽管每一种轰炸机都有不同的作战性能，但是不同的轰炸机具有兼容性，能够投掷相同的弹药。相比之下，第二次费卢杰战役期间，美军海军陆战队第1师动用了多种不同类型的飞机：武装直升机（Apaches and Cobra，"阿帕奇"直升机和"眼镜蛇"直升机）、无人机（Predators and Hawks，"捕食者"无人机和"全球鹰"无人机）、喷气式飞机（F-16 and Harriers，F-16战斗机和鹞式轰炸机）、AC-10"幽灵"武装直升机（AC-10 Spectre Gunships）、电子侦察机，等等。总而言之，美军部署使用了高达20种不同类型飞机："费卢杰城市上空挤满了美军飞机，从低空飞行的直升机、俯冲的攻击机到6万英尺高空飞行的喷气动力

---

① William Head, "The Battles of Al-Fallujah: Urban Warfare and the Growth of Airpower," *Air Power History* (2013): 40.

第六章　空中力量

无人侦察机,呈现出各种飞机在城市上空层层叠叠排列的壮观景象。"① 在这种情况下,飞行秩序混乱和相互碰撞的可能性显然非常高,必须对城市周围空域进行仔细调度安排。为此,美军创建了一个空管调度系统,又称为"高密度空域管制"(High-Density Air Control,HDAC)。

在费卢杰城市地区,城市上空从地面到 6 万英尺高空分割成一个高高的圆柱体空域。圆柱体空域本身又分割成一系列平层,每一层固定配置给特定类型飞机。每一层的间隔高度为 1 000 英尺,以此预防相互碰撞。炮兵部队射高被分配至 8 500 英尺以下的空域,而高弹道火炮武器可能会误伤友军飞机,为此,从武装直升机开始就把飞行高度调到 9 000 英尺以上。大部分飞机的飞行高度主要在 13 000—15 000 英尺,第二等级高度是 18 000—20 000 英尺,② 从而空域出现一个结果——一个独特的立方体空中地形图,"我们称它为分层式婚礼蛋糕"。③

这个"婚礼蛋糕"进一步细化成为一个称为"锁眼概念"(Keyhole concept)的系统,该系统由 F-18 战斗机飞行员、海军陆战队第 1 师首席空军中校加里·克林

---

① Head, "The Battles of Al-Fallujah," p. 35.

② Kenneth Estes, *Marine Corps Operations in Iraq 2003-2006* (Quantico, VA: USMC History Division), pp. 63-64.

③ Head, "The Battles of Al-Fallujah," p. 35.

245

21世纪城市战

（Lieutenant Colonel Gary Kling）创建。锁眼系统的工作原理如下：

> 锁眼系统基本上是一个间距以海里分级的两层环圈模板。模板中心放在一个参考点上，然后再确定外层环圈。这个被称为"订婚戒指"的内环距离模板中心为5英里。在第二次费卢杰战役中，模板中心位于城市中心的一个非常独特的道路交叉口，人们极易识别出来。在两个环之间，基于基点的环圈划分为四块区域：北、南、东和西。这些区域的空域又按高度作进一步划分，从而体现垂直空间。例如，北部区域的海拔可能在 16 000—18 000 英尺之间；南部区域的海拔可能在 19 000—21 000 英尺之间；东部区域的海拔可能在 13 000—15 000 英尺之间；西部区域的海拔可能在 17 000—19 000 英尺之间。[1]

有必要对锁眼系统的介绍作进一步说明。在实际操

---

[1] Dick Camp, *Operation Phantom Fury* (Minneapolis: Zenith, 2009), p. 133.

第六章 空中力量

作中，锁眼空中管制系统主要由费卢杰周围的两个环组成，支援飞机驻扎在外围 8 英里的圆圈内，然后，根据需要飞机被召集到 5 英里内的圈内进行打击。一旦确定了目标，空管人员就会决定使用哪一种武器，从而确定哪一种机型最适合实施打击。在这一时刻，一架特定类型飞机——比如一架武装直升机或 F-16 战斗机——被召进位于城市上方内环的一个象限区。由此可见，调度飞机的工作方法很明显类似"锁眼"。首先，负责进攻的飞机飞进内圈的一个象限区向目标投掷弹药，然后撤回到城外等待召集的位置。负责进攻的飞机所处空域在外观上呈锁眼形状，犹如一个较大且较低的入口逐渐向目标倾斜。

  锁眼系统工作方法还意味着，飞机可以分配至城市同一目标上，而不用担心相互碰撞残杀，因为飞机的攻击路线和高度不同。正如一名在费卢杰使用该系统的美国官员所指出：

> 锁眼近距离空中支援系统（CAS）只是空域协调的一个模板。你可以把模板放在任何地方使用，所有参与者都会自动知道谁在哪里。该系统进一步促进了地面基础火力和飞机多层

247

飞行空域的整合，搭建一个以防止相互碰撞的系统——（通常）有12架飞机，4—6个情报、监视和侦察平台（ISR）："捕食者"无人机、"先锋"侦察无人机、"扫描鹰"侦察无人机和"龙眼"小型侦察无人机，3组火炮平台以及附属迫击炮；另有81毫米、60毫米和120毫米口径火炮。①

费卢杰模式是当时美军空军的一项重大创新，但并不是唯一创新。费卢杰战役期间，首次采用的分层近距离空中支援系统现在已成为一种作战制度。美国军队在整个伊拉克行动中采用了类似作战模式，并在2016—2017年摩苏尔战役中也用于支持伊拉克陆军部队。2008年3—5月，美国—伊拉克联军同什叶派反抗武装之间的萨德尔城之战，是分层空中作战最鲜活战例之一。与费卢杰战役居民都逃离城市不同，萨德尔城居民一直留在城市，因此，美军地面炮击行动受到严格限制，他们比费卢杰战役更依赖空袭精确打击。在驻伊拉克多国部队的指挥下，美军依靠U2高空侦察机、侦察飞机（如"全

---

① Camp, *Operation Phantom Fury*, p. 132.

第六章 空中力量

球鹰"无人机)提供的持续情报侦察,最终实现了对萨德尔城的 24 小时监视;小型无人机("猎鹰"和"影子"无人机)、武装直升机和空中飞行器分配到最低空域。上述无人机等装备主要由美军特遣部队、第 3 装甲旅级战斗队和第 1 步兵师指挥(见图 6.1)。最初,约翰·霍特上校(Colonel John Hort)领导下的第 3 装甲旅级战斗队总部难以应付大量空中侦察情报。① 不过,该旅及其下属单位通过驻伊拉克多国部队的空中战略资源,很快具备协调情报侦察和空中打击的能力。最后,对萨德尔城的空袭行动使用了 120 枚地狱火导弹、6 枚制导多管火箭弹和 8 枚制导炸弹。② 同费卢杰战役一样,萨德尔城上方空域也非常复杂。不过,一个圆柱形的"婚礼蛋糕"空域管制系统被创建出来之后,有力地支撑了军队开展永久性空中侦察监视和快速精确打击。

---

① David Johnson, M. Wade Markel and Brian Shannon, *The 2008 Battle of Sadr City: Reimagining Urban Combat* (Santa Monica, CA: Rand Arroyo Centre, 2013), p. 53.

② Ibid., p. 57.

图 6.1 萨德尔城战役中的空中力量

资料来源：该图制作基于戴维斯·H. 彼得雷乌斯提供的绘图，参见《美军中央司令部的更改版，新美国安全研究中心》，2009 年《简报》。参见 David H. Petraeus, "CENTCOM Update, Center for a New American Security," Briefing, 2009。

费卢杰模式在实践中得到继续发展和完善。例如，摩苏尔战役期间，城市上方作战空域变得更加错综复杂。事实上，据一份报告观察记载：

> 摩苏尔战役让联合空袭终端管制员看起来像一名空中交通管制员在管理着多达 40 个空中作战平台。过去，火力支援人员会按时间、空间和预期效果安排管理平台，把作战飞机召至目标区域，并迅速从"计算机储存数据"中获

第六章　空中力量

取作战指令。现在,一名特别行动特遣部队——北方高级空袭联合终端管制员描述道,他从未见过像摩苏尔城上空那样高密度部署空中力量的空域。在近距离空中支援时,城市上方成为一个极具挑战性、异常难以调度的复杂微型空域。①

毫无疑问,美国及其盟友已经开发出有史以来最复杂的城市空域管理系统。然而,在最近的城市战中,美军并没有大规模使用空军力量。在很多情况下,有的国家几乎不关心空中打击的精确度。叙利亚战争期间,无论是总统巴沙尔·阿萨德,还是他的盟友俄罗斯,都没有因为实施精确打击或打击后产生的附带伤害而受到太多困扰。事实上,开战双方有时故意制造尽可能多的局部破坏。俄罗斯 2015 年参与叙利亚战争,主要支持摇摇欲坠的叙利亚政权。事实证明,俄空天军②在击退反政府武装和推动阿萨德最终获胜方面至关重要。俄空天军

---

① Mosul Study Group, *What the Battle for Mosul Teaches the Force*, US Army, 2017, p. 60, https://www.armyupress.army.mil/Portals/7/Primer-on-Urban-Operation/Documents/Mosul-Public-Release1.pdf.

② 俄罗斯空天军,是俄罗斯 2015 年 8 月 1 日在原俄罗斯空军、俄罗斯空天防御军的基础上组建而成,是俄罗斯武装力量的三大军种之一,简称"俄空天军"。——译者注

很少使用作战飞机、飞行员或武器装备实施美国式精确打击，主要因为只有苏-34战斗机装备精确制导武器。俄空天军不可能实现类似美国锁眼系统的作战模式。然而，在阿勒颇战役中，俄空天军最终部署了无人机和各种作战飞机，包括苏-34、苏-35战斗机，"雌鹿"攻击直升机，以及苏-33、米格-29战斗机，主要从位于地中海的"库兹涅佐夫号"航母上起飞。战役期间，为了提供近距离空中支援，俄空天军进一步改进提高了作战空域的管理。尽管俄空天军空管系统的具体细节尚未公开，但是大概是按照高度和区域划分作战空域，从而分配飞机派往特定作战目标，而不必担心相互碰撞甚至相互残杀。虽然美国空军可能是世界上装备最先进、打击最精确的空中力量，但是美国空军的对手——俄空天军也已经研制出城市战上方空域管理系统，具备强大作战能力。由于众多空中力量同时存在，城市上方空域形成一个复杂而无形的空中建筑群，主要包括飞行区域、飞行高度环圈层、飞行象限区和空中走廊。

五、空中建筑

城市战必然呈现出垂直维度空间。历史上，防御者

第六章　空中力量

向来争取利用城墙高度，借助物理重力发射武器抵抗进攻者。随着军用飞机的出现，城市上方空域已成为城市不可分割的一部分，就像街头战斗一样。我们要感谢立体空间理论家，他们重视城市冲突中的空间维度，这一观点在以前经常被忽视。魏兹曼、格雷厄姆、埃尔登等都坚持认为城市战不仅发生在地面，而且发生在空中，这是绝对正确的判断。然而，当前需要对他们的观点进行一些修改完善。随着空袭行动的实施，城市战变得真正立体化，城市空域在20世纪发生了革命性变化。

第二次世界大战期间，正如汉堡战役所表明的那样，在城市上空作战并不容易。英国进攻者和德国防御者都构造了自己的空中走廊和雷达装置，都希望自己的飞机、探照灯和高射炮能够充分发挥作用。大部分在20世纪40年代初为空域管理而开发的技术在今天依然使用。然而，到21世纪第一个十年，城市空域管理发展成为一种相当独特的系统，即在实践运用上具有本质的不同。在今天，人们把城市空域构建成一个由精心分割的不同圆柱体、区域、环层和象限区合成的空中建筑。虽然肉眼看来城市上方空空如也，但事实上这里已经变成一个错综复杂、变化无穷的空间。城市上方空中建筑的变化发展与地面环境条件密切相关。重构城市空域的目的，是让城市局部围攻战部队能够得到遂行空中力量的持续支援。例如，萨德尔城战役期间，城市上方空域被精心管控起来，这样，美军地面部队可以安全地沿着黄金公路修筑防御墙。虽然表面上军事行动是完全分开的，但是，如同城墙是城市的一部分一样，城市空域已经成为城市战场的一部分。城市城墙与城市空间具有不可分割性。城市微型围攻战，既发生在城市街道，也发生在城市空域。由此可见，专家们始终坚持城市战立体化的观点是绝对正确的。21世纪战争的确是立体化战争。但是，只有对城市上方空域进行深入分析研究才能真正了解城市战地形学。

第七章

战斗火力

第七章 战斗火力

一、火焰

火力一直是城市战的核心要素。古代围城战通常以洗劫和焚烧城市为战斗高潮。事实上，考古证据证明，火的使用在城市战中无处不在。公元前3500年，位于叙利亚东北部的哈穆卡尔城（Hamoukar）被大火烧毁。[①] 古亚述首都尼尼微的卫城库扬及克（Kuyunjik）遗址中，宏伟的宫殿和寺庙的所有残骸都展示出公元前612年被焚化的明显证据，包括刻有楔形文字的石板。[②] 在古代，火不仅用来烧毁被占领城市，而且还作为一种进攻性武器广泛使用。埃涅阿斯在《战术家》中专门论述围攻战，他确信，火是古代攻城战中的重要武器。[③] 事实上，希腊人很早就发明了一种纵火武器，该武器似乎是凝固汽油弹的早期形式。在公元前428年伯罗奔尼撒战争初期的普拉蒂亚（Plataea）围攻战中，阿希达穆斯二世（Archidamus Ⅱ）领导下的斯巴达人沿着城墙堆满硫黄、

[①] Wayne Lee, *Waging War: Conflict, Culture and Innovation in World History* (Oxford: Oxford University Press, 2016), p. 17.

[②] Gareth Brereton, *I Am Ashurbanipal: King of the World, King of Assyria* (London: Thames and Hudson, 2019), p. 281.

[③] Paul Bentley Kern, *Ancient Siege Warfare* (London: Souvenir, 1999), p. 182.

沥青和可能还沾满砒霜的灌木，同时从城墙上投掷尽可能多的火刷子以扩大火势——"然而，这场大火确实非常大，几乎毁灭了普拉塔亚人"。① 在约公元前362至公元前359年围攻帕里昂（Parium）时，阿比杜斯的伊菲亚德斯（Iphiades of Abydus）命令军队，用马车把树枝堆积在城墙上并点燃大火，当火焰蔓延到城门时，伊菲亚德军队利用敌人注意力分散的机会，从另一个地方爬上城墙进而占领了这座城市。② 火在中国古代战争中也极为重要，"从战国开始，用火开战成为中国军事理论和军事实践的重要组成部分"。③

火在防御上具有同样功效。例如，底比斯人（Thebans）在德里昂（Delium）战役中使用火焰喷射武器对付雅典人的攻击：④ "古希腊皮奥夏人（Boeotian）在空心木梁中间安装一个风箱，木梁内用铁管穿透连接燃烧着火焰的大锅，从而就能通过空心木梁吹出强烈火焰，进而击

---

① Thucydides, *The Peloponnesian War* (Harmondsworth: Penguin, 1967), p. 143.
② Barry Strauss, "Naval Battles and Sieges" in Philip Sabin, Hansvan Wees and Michael M. Whitby (eds.), *The Cambridge History of Greek and Roman Warfare*, Volume 1 (Cambridge: Cambridge University Press, 2007), p. 245.
③ Ralph Sawyer, *Fire and Water: The Art of Incendiary and Aquatic Warfare in China* (Cambridge, MA: Westview Press, 2004), p. 7.
④ Strauss, "Naval Battles and Sieges," p. 239.

第七章 战斗火力

中雅典人营地的木质围墙引起熊熊大火。"①

火本身向来是一种重要的攻城武器。然而，打攻城战给进攻者带来了一个独特问题：他们必须进入城内，必须攻破城墙或撞开城门。在这里，光靠火攻是没有多大用处的，除非火能烧掉大门本身（就像伊菲亚德在帕里昂城堡试图做的那样），或者墙是用木头做的。为了摧毁城墙和防御工事，利用动能的攻城锤和弹射器至关重要。亚述人不仅拥有许多先进攻城武器和技术，而且能够熟练掌握攻城锤和布置火雷，亚述国王始终以城市的占领者和摧毁者为荣耀。② 公元前701年，亚述王西拿基立（Sennacherib）占领拉吉什城（Lachish），他巧妙运用攻城锤和火雷两种方法攻破了城墙并攻克了城市，这一幕在尼尼微的宫殿装饰图案中得以展示。尽管亚述人使用的动能武器比较粗糙，但是达到了较好的作战效果。然而，希腊城邦时代，攻城技术的进步主要得益于弹弓器的发展，后来，战争中出现了重型投石车和抛石机等大型武器。从技术上讲，把这些武器称为"火力"是错误的，因为它们的使用取决于人类或动物的力量、重力、张力和扭转力，而不是"火焰"。不过，古代动

---

① Kern, *Ancient Siege Warfare*, p. 112.
② Lee, *Waging War*, p. 92.

能武器的作战效果,就像很久以后的加农炮和火箭炮一样,具有强大杀伤力。应该来讲,利用动能抛射的武器是"火力"武器的早期形式。

投掷抛射武器是攻城战的永恒组成部分,具有悠久历史,但是真正的火力武器的发展历史很短,大约有600年。15世纪,欧洲国家才开始研发火药的军事潜力,从那时起,火力逐渐变得越来越重要。在当时,攻城炮在城市战中发挥了至关重要的作用。现在,火炮依旧是城市战的核心武器。然而,今天的战争火力主要采取两种方式——空军火力和炮兵火力。近几十年来,空军和炮兵广泛用于支援城市战地面行动。当然,除此之外,机枪、自动步枪和手榴弹在城市战中也发挥了重要作用,尤其手持武器也具有很大杀伤力。因此,"火力"是当代城市战的核心特征。

有的评论专家却认为,一个多世纪以来,火力在城市战中的作用并没有显著变化。例如,爱丽丝·希尔斯认为:"城市战中最有效的战术几十年来几乎一样。"[1]在她看来,斯大林格勒战役和摩苏尔战役没有本质上的区别。这两场战役中,人们看到的是,十足而猛烈的火

---

[1] Alice Hills, *Future War in Cities: Rethinking a Liberal Dilemma* (London: Frank Cass, 2004), pp. 64, 142.

第七章 战斗火力

力摧毁了城市建筑和防御阵地，炮火消灭了对手。火力并非21世纪战争的新鲜事物，显然是20世纪战争的重要延续。当代城市战中，纯粹的暴力性、破坏性火力依然存在。在某些情况下，为了摧毁步兵面前的特定掩体或小型火力点，需要使用近距离和直接支援的火炮进行打击，这一战术似乎没有任何变化，依旧在城市战中使用。然而，我们需要对火力的持续使用保持谨慎态度，不仅因为火力仍然重要，而且破坏力也同样可怕。事实上，尽管火力仍然是现代城市战的核心特征，但是21世纪以来，人们更加关心如何在城市战中恰当使用火力。在最近几年的城市战中，人们更加强调使用火力的精确度，这一点不容忽视。但是，这并不意味着火力能够被人们精确地使用。在某些情况下，几乎没有人能够真正做到精确使用火力。即便如此，火力还是集中使用在城市特定目标上。火力已经成为城市微观围攻战的关键部分，这也是现代城市战的一个显著特征。

二、瞄准

火力打击要依靠地图指引。没有精确地图，远程火炮就不可能精确打击，特别是对城市地区进行精确打击。

261

20世纪，城市因其复杂的地形而成为制作精确军事地图的主要困难。事实上，在战争中，没有人质疑详细地图的重要性。例如，第二次世界大战期间以及之后，美国陆军在作战条令中建议城市战需要"周密而全面的计划"，① 任何一次进攻"必须基于对城市情况和敌人部署的详细研究"。② 标准的旅行出版物或指南往往被视为获取"最佳情报"的途径。

有时，通过战争缴获可以得到详细地图。例如，1944年10月亚琛保卫战中，盟军第7集团军第1步兵师指派第26团第2营和第3营两个步兵营去进攻清理德国城市亚琛，第7集团军得到了比例为1∶25 000、1∶62 000和1∶10 000的详细地图，前两幅是彩色的，最后一幅详细到足以显示城市里每一栋建筑。第26步兵团在进攻前一周收到500张亚琛地图，③ 还有大量的城市航拍照片。此外，盟军"突击部队至少有一份法威克公园水疗中心的宣传册，包括奎伦霍夫酒店（Hotel

---

① War Department, *FM 31-50: Attack on a Fortified Position and Combatin Towns* (Washington, DC: US Government Printing Office, 1944), p. 19.

② Headquarters, Department of the Army, *FM 31-50: Combatin Fortified and Built-up Areas* (Washington, DC: US Government Printing Office, 1944), p. 33.

③ Alec Wahlman, *Storming the City* (Denton: University of North Texas Press, 2015), p. 44.

第七章　战斗火力

Quellenhof)的平面图"。① 因此，第26步兵团能够为城镇的每一栋建筑作上编号，进而对城市开展系统性进攻清理。

在21世纪，军队仍然在城市地区使用大比例尺地图和航空照片，据此确定作战目标。事实上，当代城市规划原则始终强调详细全面、准确测绘的重要性："特定任务的军事地图通常是大比例尺的城市地形图或图像地图（1∶5 000、1∶10 000和1∶25 000等常见的比例尺）。"② 然而，"事实证明，使用6位或8位数字的图网坐标识别或引用一个特定城市地形，不够精确也不够快捷"。③ 因此，城市地区应该划分为按颜色编码的区域，并对其中所有建筑物进行编号："高分辨率的地图或航空摄影应该划分为按字母顺序排列的区域，以目标参考点标识单个建筑物，以数字点标识主要路线。"④ 识别单个建筑物的重要性非常关键："特殊的专用地图可以补充或取代地形图，也可作为导航的基础，由于彩色路线和编

---

① Wahlman, *Storming the City*, p. 44.
② Warfare Branch, Headquarters Field Army, *Urban Tactical Handbook* (Warminster: Land Warfare Development Centre, 2013), p. 98.
③ Ibid., p. 30.
④ Ibid.

263

号能够提供参考点，它们通常被称为'标点地图'。"①事实上，摩苏尔战役中的陆军指挥官约瑟夫·马丁将军（General Joseph Martin）坚定认为，在城市地区作战，"制图是关键"。在整个战斗期间，他的口袋里都带着一张1∶25 000的高精地图，以便能对属下部队发出准确作战指令。② 同样，伊拉克反恐部队在摩苏尔野战总部指挥所采用一幅大如一面墙的详细地图指挥作战，该地图将部队的当前位置定位在两个小多边形上，其他区域则用蓝色、绿色和红色交叉绘制，以表示这些区域是否已被反恐部队、伊拉克第16步兵师或伊拉克第9装甲师占领，或仍在"伊斯兰国"武装分子手中。③ 同样，在马拉维战役中，传统地图也发挥了重要作用。菲律宾军队也研制出标点地图："我发现使用数字定位，即在地图上用数字代码标记或指定每个房屋或建筑结构，是确定目标的有效且高效的方法。这种标图办法避免了识别目标时产生的混乱和误解。我们在三宝颜（Zamboanga）围攻战中学会了这种方法，在马拉维围攻战中也使用了

---

① Warfare Branch, *Urban Tactical Handbook*, p. 98.

② General Joseph Martin, US Army, Land Component Commander, Operation Inherent Resolve, personal interview, 16 November 2018.

③ James Verini, *They Will Have to Die Now*（London: Oneworld, 2019）, p. 14.

第七章 战斗火力

同样的方法。"①

偶尔无法获取地图时的情况，更加有力地证明了在城市战中拥有精确地图的必要性。1994年12月至1995年1月，在第一次格罗兹尼（Grozny）战役的开局阶段，缺乏精确地图给俄军带来了灾难。俄军最初的作战计划，是在1∶50 000和1∶100 000比例尺的地图上进行的，他们缺乏更大比例尺度的地图或航空照片。② 2003年3月22日和23日，在入侵伊拉克的纳西里耶战役中，糟糕的地图指引、薄弱的战场管理严重阻碍美军的行动计划。应该来讲，美国海军陆战队塔拉瓦特遣部队（Task Force Tarawa）在没有充分准备的情况下就急忙开展行动。当他们进入城镇时，海军陆战队第2团第1营就陷入激战，第1营很快被分裂成孤立的连群，随后每个连都在孤军奋战。C连被孤立在城边运河上的北桥周围，这时，C连用无线电向总部请求空中支援，说他们在桥上（北边的运河上）需要支援。第1营向上级请求空中支援，但是，由于美军没有对建筑物和街道进行地图编

---

① Lieutenant General Danilo Pamonag, Filipino Army, personal email communication, 25 May 2019.

② Lester Grau, "Changing Russianurbantactics: The Aftermath of the Battle from Grozny," *INSS Strategic Forum*, 28 July 1995.

码，所以，对 C 连的具体位置完全不清楚，"格拉博夫斯基（Grabowski）指挥官不清楚各个连队的确切位置"。[1] 不幸的是，司令部的军官们认为 C 连应该在幼发拉底河上的南桥上，因为他们确信地图"3-8 格网地图以北没有人，运河以北没有友军"。[2] 随后，司令部对 C 连附近发动了 24 次空袭，结果由于打到错误位置，造成 10 名海军陆战队员死亡。

因此，城市目标定位需要精确地图。但是，军事专家也认识到传统的二维地图在现代城市中的局限性，二维军事地图已经满足不了联合火力精确打击的需求。例如，摩苏尔战役期间，联军试图打击的不仅是一栋建筑，而且是一栋建筑的特定楼层，甚至精确摧毁或破坏处于变化状态下的一个房间，甚至多个移动目标。地图绘制必须满足精确打击的需求。在其他情况下，火力主要用于打击移动目标。因此，现代城市战的军事地图绝不是二维地图，正如马丁将军指出：

> 进行城市战，很有必要构建一个融合地面部队、火力支援协调线、迫击炮和空中火力的

---

[1] Tim Pritchard, *Ambush Alley* (Novato, CA: Presidio, 2007), p. 253.
[2] Ibid., p. 189.

第七章 战斗火力

同步 3D 作战图像。我们重新规划了城市上方空域,并在河流的东侧和西侧进行了空域管理改进。随着汉堡城市被轰炸得越来越小,在 5 000 英尺的高空飞行变得越来越困难。在那样的高度很难协调飞机航线,而且作战情况每天都在变化。[1]

摩苏尔战役期间,以美国为首的联军需要先进的地图测绘和空中建模系统,因为美军很难与伊拉克盟友绘制一幅共同作战的城市地图:

在复杂的城市地形中,作战环境变化很快。有时,共同作战地图也无法明确摩苏尔城内伊拉克部队的位置,这一现状说明,需要绘制一个统一、多系统兼容、数字化的共同作战地图……在摩苏尔战役中,作战当事方会质疑地面部队提供的观察目标的有效性,这是因为地面部队使用的地图已经过时。在地面作战中,一栋完好的建筑和一堆被摧毁成碎石的时间差别是以小

---

[1] Martin, personal interview, 16 November 2018.

时为单位，而不是以地图上重新绘制图标的更新速度（最快也得好几天才更新）来计算的。①

同样的教训也发生在马拉维战役：

> 最初，我们使用了战术地图，这让我们对马拉维的立体图和城市轮廓有了更深刻的了解。当战局变得更复杂时，我们后来求助于航拍照片，因为航拍照片能描绘地面上的真实情况，为我们提供更好的视角。为了强化这一点，我们还使用了无人机，为我们提供了主要战斗区域的优质图像：建筑物和楼房的高度、街道和小巷的布局。无人机的运用使我们能够更好地实时了解地面情况以及敌人的活动。②

根据上述战斗经验，现代北约组织也提倡一种新的作战方法：

---

① Mosul Study Group, *What the Battle for Mosul Teaches the Force*, US Army, 2017, p. 56, https://www.armyupress.army.mil/Portals/7/Primer-on-Urban-Operation/Documents/Mosul-Public-Release1.pdf.

② Pamonag, personal email communication, 25 May 2019.

第七章 战斗火力

城市环境需要多维度的理解。与所有地形一样，城市地图包括空域和地面，但是地下和超地面（屋顶）区域也必须考虑和规划。同样重要的是，也要考虑建筑物的外部和内部（表面）空间。但是，军事地图却不能给特定战场的分析提供足够的细节。①

因此，美军正在实践中试用三维建模和实时图像：

世界上大多数城市地区的布局、结构和组织的数据往往可以通过公开来源和军事手段随时获得。除了来自卫星和空中侦察的图像外，商业制图和卫星图像可能更容易获得。谷歌地图和类似的 3D 可视化工具广泛运用于商业机构、城镇建设、通信、电力和交通网络等规划，政府机构、公共事业公司等单位能够直接获取使用相关地图，而且不需要互联网支持也能够正常使用。②

---

① ATTP-99, *Urban Tactics* (NATO, February 2017), pp. 2-4.
② Warfare Branch, Headquarters Field Army, *Operation in the Urban Environment* (Warminster: Land Warfare Development Centre, Doctrine Note 15/13), p. 61.

例如，英国陆军皇家工兵部队正在实施一个名为"克罗克项目"（Project Crocker）的计划，他们试图将三维图像的潜力应用于军事目的。英国还在探索购买自动化民用软件的可能性，该软件可以用全息图像代表城市地图。全息图像的图标不仅能够呈现城市地形，而且还生成视觉效果，这将有力辅助指挥官做出决定。最重要的是，这些新型成像系统的目的是提高军事打击的精确度。

三、空袭

在最近的城市战中，两种火力经常使用：空袭和火炮。在实践中，一般是空袭和火炮密切配合，同时使用。军队将这两种打击都归类为"火力"，而且具有通用性。尽管在实战中依然同时使用这两种火力，但是为了深入理解现代城市战火力的发展，我们有必要分别对其进行研究。

首先，我们谈谈空袭这一火力形式。本章前部分通过对比汉堡战役和费卢杰战役的空袭，阐述了21世纪空中力量编队的演变发展。对空袭战例的对比研究充分呈现空袭作战的发展情况。21世纪以来，空军在城市战中主要扮演近距离支援角色，重点同地面部队进行密切合

第七章 战斗火力

作。从历史上看,我们需要在20世纪战争中寻找类似的战例,但是空军密切配合地面部队的战例很少。第二次世界大战期间,英国皇家空军和美国陆军航空队都致力于对城市进行战略轰炸,所以空军支援地面部队的战例比较少。不过,20世纪战争中有一个典型的空地协同战例,就是1950年的第二次汉城战役。

1950年夏天,韩国军队和美军被朝鲜人民军一路逼近釜山。美军遭到惨败之后,麦克阿瑟将军组织雄心勃勃的反击,谋划仁川登陆作战,代号"烙铁行动"(Operation Chromite)。出乎所有人的预料,仁川登陆取得成功,登陆后,美海军陆战队第1师很快投入第二次汉城战役。由于美军前期对汉城的地图测绘严重落后,[1]最后制作而成的6 000多张地图(比例尺为1∶12 500)也是比较粗糙的军事地图。登陆两天后,美军才拥有完整的汉城城市地图。[2] 因此,美军在开局阶段的战斗中很难找到作战目标。尽管如此,当美军前进到海军炮火射程之外时,美海军陆战队第1师能够及时启动航空联队提供近距离空中支援。空中支援通常在白天进行,炮兵支援通常在晚上进行。空中支援主要由低空飞行的"海

---

[1] Wahlman, *Storming the City*, p. 152.
[2] Ibid., pp. 152–154.

盗"战斗机编队组成,该编队可装载威力巨大的凝固汽油弹,还可携带 1 000 磅或 2 000 磅炸弹,或配有机载 20 毫米机关炮。"海盗"战斗机编队主要从金浦机场起飞,该机场距离汉城只有 5 分钟的航程,一般 6 架飞机组成一个飞行中队,其 55% 的任务在城市上空执行。① 战斗机飞行编队主要由前沿地面观察员或轻型观察飞机的空管员引导,当飞行员飞过城市上空时,空管人员及时帮助飞行员识别视觉目标,辅助空中作战。美军战斗机的武器打击精确度令人惊讶,可以精确打击 150 码以内的目标,有时甚至是 100 码以内的目标:"虽然美国陆军很不习惯得到海军飞机的支持,但是他们对空中支援赞不绝口。"② 毫无疑问,对汉城的空中支援有时离地面部队位置很近,但是大部分空袭打击到更远的距离。由于凝固汽油弹和炸弹不能投在贴近地面美军的地方,因此,"海盗"战斗机编队主要打击地面进攻部队前方一段距离的敌人静态防御阵地——建筑物等目标。

美军在汉城战役中展示出较高水平的空中支援能力,这里也有一个重要启示:城市近距离空中支援的行动虽然比较少见,但在 20 世纪城市战中也曾发生过。然而,

---

① Wahlman, *Storming the City*, p. 164.
② Ibid., p. 165.

第七章 战斗火力

人们很快就会发现，以美国为首的联军空袭费卢杰、萨德尔城和摩苏尔的行动，同美军空袭汉城的行动明显不同。主要表现在：在汉城，近距离空中支援时间持续很长，打击目标也大致精确。现在，空中支援行动已经司空见惯，无处不在，对目标的打击非常精确。此外，战斗视频片段已经成为今天精确空袭的内在组成要素。例如，萨德尔城战役期间，美军在战斗过程中一直使用现场直播辅助作战。视频录制对萨德尔城战役的覆盖如此完整，图像的分辨率如此高，以至于约翰·霍特上校的第4步兵师第3旅战斗队在指挥部就能够清晰观看什叶派火箭炮、迫击炮小分队返回补给点或指挥位置的影像。在战斗中，美军能够实时"观察作战轨迹"，在一次打击中，他们能够消灭明显聚集在安全区域的武装团伙，精确摧毁敌人7个107毫米火箭炮战斗队中的5个战斗队。[1] 摩苏尔战役期间，以美国为首的联军在很大程度上利用高分辨率实时视频片段进行作战，[2] 在打击伊拉克部队的同时，也能够打击小型机动目标——单个车辆或"伊斯兰国"武装人员。事实上，美军也越来越善于

---

[1] David Johnson, M. Wade Markel and Brian Shannon, *The 2008 Battle of Sadr City: Reimagining Urban Combat* (Santa Monica, CA: Rand Arroyo Centre, 2013), p. 54.

[2] Mosul Study Group, *What the Battle for Mosul Teaches the Force*, p. 12.

拦截自杀式交通工具的袭击。① 例如，在叙利亚拉卡城市战役中，美军精准摧毁了"伊斯兰国"发动的125辆自杀式车辆中的84辆。②

现在，美军对城市的空袭已经越来越精确，而且还广泛打击移动目标。然而，空袭作战的发展还涉及第二个且更有趣、更丰富的历史进程。20世纪战争，空军主要担负对城市的战略攻击，很少在城市地区提供近距离空中支援。但是，21世纪以来，美军积极发展所谓的城市纵深空袭。美军城市纵深空袭相当精确，但是他们还试图通过高超指挥和重火力击毙敌人所有战斗人员，或者让敌方城市运行系统瘫痪。这一空袭技术在摩苏尔战役中对付自杀式车辆的攻击。尽管联军在打击自杀式车辆攻击时非常成功，但是负责战斗的空军指挥官对这种做法表示不满，他们认为这是纯粹的战术反应性行动，没有充分利用空中情报和监视资源，也没有充分利用空中力量的支援。因而，在随后战斗进程中，空管人员进一步观察确定敌人制造自杀式车辆的工厂，武装人员的

---

① Mosul Study Group, *What the Battle for Mosul Teaches the Force*, p. 14.
② Robert Postings, "An Analysis of the Islamic State's SVBIED Use in Raqqa," *International Review*, 11 May 2018, https://international-review.org/an-analysis-of-islamic-states-svbied-use-in-raqqa/.

第七章　战斗火力

汇聚点，以及在策划自杀式任务中发挥关键作用的特定个人。简言之，空袭开始针对敌方的武器生产网络和指挥系统本身，对整个城市实施纵深打击，能够对敌人尚未启用的自杀式车辆进行摧毁，"我们从重点打击敌方指挥平台转向追求精确打击效果。我们在对付车载式简易爆炸装置上倾注了大量心血。如果在任何地方看到它，我们都会立即摧毁它"。① 整个摩苏尔战役期间，以美国为首联军总共发动了 558 次空袭，投放了 10 115 枚炸弹，其中很大一部分是对敌方前线后方的纵深目标进行打击。②

为了对城市目标进行纵深打击，美军不断完善战场空间的概念。在目前的作战行动中，美国陆军一般将战场分为纵深、近距离和后方三大区域。每个区域都分配给特定指挥级别。通常，近距离战斗由师级组织指挥，纵深战斗由集团军级组织指挥。例如，摩苏尔战役中，纵深战斗由联合特遣部队（一个军级司令部，"坚定决心行动"指挥部）负责，而近距离战斗则属于地面联合

---

① Martin, personal interview, 16 November 2018.
② Maarten Broekhof, Martijn Kitzen and Frans Osinga, "A Tale of Two Mosuls: The Resurrection of the Iraqi Armed Forces and the Military Defeat of ISIS," *Journal of Strategic Studies*, 12 December 2019, https://doi.org/10.1080/01402390.2019.1694912.

司令部（一个支持伊拉克部队的美军师级总部）。"深"和"近"指的是地面上的实际地形，两者的区别主要由一条"火力支援协调线"来划分。火力支援协调线以外的作战空间分配给集团军级别，远程、重型火炮和专业空中力量主要打击敌方纵深地带的目标。在野战中，近战和纵深战的区别很明显，火力支援协调线通常位于友军前方约15英里处，这一距离超出了师级火炮的射程。相比之下，摩苏尔战役期间，联合特遣部队的纵深战斗和地面部队司令部的近距离战斗之间的区别确实变得非常微妙。"在城市战中，战斗纵深度可能只等同于距离前线几个街区的距离"，这意味着美军必须"重新考虑战场地形的应用，例如火力支援协调线的确定，以机动灵活的方式优化空中资源的整合性、同步性"。[1] 第二次汉城战役期间，"海盗"战斗机有时会在美军地面部队附近进行扫射。然而，由于在摩苏尔城市精确划分了纵深和近距离的战斗空间，美军才能为地面几百米以内的伊拉克部队投送战术级和战略级水平的武器装备，支援保障地面作战需求。

在21世纪，西方国家军队一直追求精确空中力量。

---

[1] Mosul Study Group, *What the Battle for Mosul Teaches the Force*, p. 15.

第七章 战斗火力

由于军队规模的急剧缩减,指挥官必须全面提高火力的使用效率,因此,打击的精确性变得非常重要。以美国为首的西方国家军队重视火力的精确性,其目的是维持打击的合法性。基于合法合规、捍卫自由权益的干涉主义理念,以美国为首的西方国家军队比较注重打击的精确性、适度性,力争避免作战中过度的附带伤害。当然,有的国家不顾国际法的约束限制,譬如,沙特军队对也门萨那胡塞武装的大规模袭击完全没有克制的意味。同样,在叙利亚内战中,阿萨德政权在打一场关乎生死存亡的战争时,对平民伤亡和附带损害更是漠不关心。正如使用毒气的例子所显示的那样,阿萨德甚至时不时地寻求最大限度地增加平民伤亡,以恐吓他的对手。2015年以来,俄罗斯暗中支持阿萨德,特别是通过空中力量帮助阿萨德政权进行作战。因此,在同阿萨德联盟期间,俄罗斯军队的火力打击残酷而无情。对于战争罪指控问题,俄罗斯人远没有西方人那么敏感,有时置之不理。再者,俄罗斯军队在战斗中比较缺乏飞机和飞行员,武器打击也不够精确,他们甚至在叙利亚投下了大量的哑弹。[1] 尽管不太关心轰炸的附带损害,但是俄罗斯军队

---

[1] Tim Ripley, *Operation Aleppo: Russia's War in Syria* (Lancaster: Telic-Herrick Publications, 2018), p. 49.

最终研发出一套相对精确的空中力量指挥系统,该系统表现出较好的军事效能。俄罗斯军队当然希望避免像第一次格罗兹尼战役那样的惨痛经历。1995年1月17日,在第二次格罗兹尼战役的开局战斗中,俄空军就成功地击中了车臣总统府,但是,在大多数情况下,他们打击的"目标相当不精确,令人极为失望"。① 事实上,俄罗斯军队因为担心飞机空中相互碰撞而停止了近距离的空中支援,更愿意依靠地面火炮进行支援。

2015年9月30日,俄空天军对叙利亚进行了首次空袭。虽然无法模仿美军打击的精确度,但俄空天军还是拥有一套至少具有兼容性的瞄准系统,能够很好辅助作战。到2015年10月,俄空天军制定了一系列提高空袭精确度的措施,② 他们将无人机引入战场,无人机一下子成为叙利亚空中行动的主要力量。③ 例如,阿勒颇战役期间,俄空天军"前哨"无人机发挥了至关重要的作用,该无人机每天24小时监视城市并绘制敌人阵地的详细图像。④ 同美军"捕食者""全球鹰"无人机一样,

---

① Pavel Baev, "Russia's Airpower in the Chechen War: Denial, Punishment and Defeat," *Journal of Slavic Military Studies* 10, no. 2 (1997): 8.
② Tom Cooper, *Moscow's Game of Poker: Russian Military Intervention in Syria, 2015-2017* (Warwick: Helion and Co., 2018), p. 26.
③ Ripley, *Operation Aleppo*, p. 52.
④ Ibid., p. 110.

第七章 战斗火力

"前哨"无人机可在特定地区上空长时间徘徊,不间断地向俄空天军持续提供目标,从而能够以"尚可的精确度"打击这些目标。① 在苏-255M(SU-255M)战斗机空袭的情况下,无人机的辅助能够"确保摧毁数十米外的目标"。② 当叙利亚政府军进行夺回城市的战斗时,通过无人机辅助支援,俄罗斯战斗机能够为叙利亚政权的"沙漠之鹰"旅和精锐"老虎部队"提供持续的近距离空中支援。

事实上,21世纪的城市空袭并不总是很精确。但是,城市空袭已经高度局部化,主要集中打击事关城市战成败的决定性地点。美国和俄罗斯对伊拉克和叙利亚城市实施的近距离空袭,经常摧毁整座城市,战斗结束后,阿勒颇、摩苏尔和拉卡看起来很像第二次世界大战期间被摧毁的柏林、汉堡或德累斯顿。但是,城市空袭的最终目的,不应掩盖严重战争灾难的毁灭过程。20世纪的战争,空袭行动经常盲目地摧毁城市,在城市战中,军队很少使用近距离空中支援,即使把炸弹投到作战部队附近,打击效果也不精准。今天,情况大不相同,通常情况下,空袭都是精确打击目标。与过去相比,现代

---

① Ripley, *Operation Aleppo*, p. 190.
② Ibid., p. 50.

空军打击目标已经非常精确，其结果是，炸弹和火箭弹都能够集中投射到城市特定目标上。

四、火炮

空袭已经是21世纪城市战的一个特征，这一点不容忽视。然而，作为最早攻城武器，火炮在今天仍然是城市战必不可少的重要武器。① 在最近的城市战中，火炮主要用于两项任务：打击纵深目标，或直接向近距离目标开火支援地面部队。在文献研究中，人们对火炮这两种角色有一些混淆。例如，有的认为火炮在城市战的角色没有改变，仍然是直接火力打击，其实这是一个错误的认识。为了深刻理解21世纪火炮的演变发展，很有必要清楚区分间接射击和直接射击这两种完全不同的火力打击方式。虽然间接、纵深的火力打击变得越来越精确，但是直接火力仍然是现代城市战最常用的使用方式。

20世纪的战争中火炮的广泛使用有力证明，纵深火炮打击得到了快速发展。在城市战中，火炮的使用也是

---

① For a superb discussion of the enduring importance of firepower in urban warfare, see Doug Winton, "Is Urban Combat a Great Equalizer?" (PhD thesis, John Hopkins University, 2018).

第七章 战斗火力

极其频繁,甚至肆无忌惮,挥霍惊人。例如,1945年4—5月的柏林战役,苏联红军动用大量火力支援部队进攻:12 700门火炮和迫击炮,21 000套喀秋莎火箭弹系统和1 500辆坦克。① 正如苏联指挥官瓦西里·崔可夫评论道:"城市之战是一场火力之战。"② 这句格言在整个20世纪都是正确的。

第一次格罗兹尼战役期间,1994年12月26日,俄军在发动重要攻击之前,不分青红皂白大量使用火炮轰炸这座城市,城市建筑物遭到了严重摧毁。然而,如前所述,贸然进攻格罗兹尼是一场灾难,最终导致俄军不得不撤退。后来,俄军彻底调整作战行动,他们系统地一步步清理这座城市,他们大量使用重型(通常是精确度很差)的火炮摧毁建筑物、轰炸敌方士兵和恐吓当地居民。火炮轰击之后,俄军的重型机械化部队缓慢进攻城市。最终,格罗兹尼在1月下旬被占领:"俄罗斯在第一周的战斗中遭受了难以置信的损失,随后,他们采用炮兵部队和风暴战斗分队的协同作战方式,逐个街区进

---

① Mike Boden, "Berlin, 1945," in John Antal and Bradley Gericke (eds.), *City Fights: Selected Histories of Urban Combat from World War II to Vietnam* (New York: Ballantine, 2003), p. 265.

② Ibid., p. 279.

行战斗，取得最终胜利。"[1] 从而，俄军在1995年1月份把车臣反抗武装驱逐出格罗兹尼城市。但是1995年8月初，当车臣反抗武装再次占领格罗兹尼大部分地区时，格罗兹尼城又一次遭到俄空军无差别的轰炸。

虽然俄罗斯在1995年击败时任车臣总统杜达耶夫，但车臣反抗武装后来在1996年又收复了格罗兹尼，并继续主张自治。1999年，弗拉基米尔·普京试图在车臣重新确立俄罗斯的权威，并从杜达耶夫总统遇刺后的继任总统马斯哈多夫手中夺回权力。俄军已经从1994年12月至1995年1月可怕的城市战经历中吸取惨痛教训，他们认识到，格罗兹尼车臣反抗武装会像1994年12月那样野蛮抵抗，进而将城市作为杀戮区。因此，从1999年10月开始，俄军没有进入城市，而是启动大规模火炮打击和空中轰炸，尽管这座城市在1994年12月至1995年1月遭受战火袭击已经成为一片废墟，不过在第二次格罗尼兹战役中依旧遭到大面积的轰炸。1999年12月23日，俄军在格罗兹尼郊区阻击车臣反抗武装后，于2000年1月在大规模火力支援下，开始沿三条轴线推进。突击小组占领了城市关键位置，火炮部队在全城拦截车臣

---

[1] William Robertson (ed.), *Block by Block: The Challenges of Urban Operations* (Ft Leavenworth, KS: US ACGS College Press, 2003), p. 184.

第七章 战斗火力

反抗武装并将其击毙。车臣反抗武装最终投降，马斯哈多夫总统宣布单方面停火。①

在 21 世纪，火炮对美国和西方国家军队的重要性丝毫不减。事实上，美军火炮在占领伊拉克和随后打击"伊斯兰国"的战争中发挥了至关重要的作用。然而，与俄罗斯在格罗兹尼的火炮打击不同，美国一直寻求精确使用城市火炮打击。因此，制导多管火箭系统开始在城市战中发挥主要作用。这种火箭炮系统的精确度令人惊讶，炮弹配有 200 磅的弹头，射程可达 20 多英里，火炮打击极具破坏性。2016 年，拉马迪的一名美军海军陆战队员回忆起火箭炮的杀伤力："我在拉马迪的整个时间里都会使用制导多管火箭系统。我发现，一枚火箭弹击中目标就会毁掉一幢建筑物里的所有生命，把整个墙壁染成红色。在一栋楼前，仅需要 2 人操作发射的火箭炮就能把整座楼摧毁倒地，之后就没有必要再搜查了。"② 不用在意火箭弹弹头的大小和发射距离的远近，火箭弹打击目标非常精确。例如，2006 年 12 月 7 日至 8 日，"基地"组织在拉马迪对美军及其新的逊尼派部落盟友发动了一次重大反击。位于市中心的美国海军 8 号

---

① Winton, "Is Urban Combat a Great Equalizer?" p. 167.
② Scott Huesing, *Echo in Ramadi* (Washington, DC: Regnery, 2018), p. 90.

紧急检查站遭到猛烈袭击。由于美军检查站据点被完全包围，面临被攻占的危险，美海军陆战队请求火力支援。随后，5枚火箭弹击中了距离海军陆战队基地165米处的"危险距离"目标："当火箭弹击中目标时，弹头引爆了一声尖锐但有点沉闷的爆炸。尽管我们距离不到两个足球场，但是几乎感觉不到任何冲击波。"①

萨德尔城战役中，当美军努力在黄金公路上建立隔离墙时，制导多管火箭系统主要用于对付单个武装组织的迫击炮队。有时，火箭炮会击中更难击中的目标。例如，2008年5月6日，火箭炮袭击目标并摧毁了一个马赫迪指挥所，几名重要的武装反抗领导人在袭击中丧生。几天后，什叶派武装分子宣布停火。摩苏尔战役中，火箭炮也发挥了关键作用。事实上，火箭炮打击非常精确，经常执行"多轮打击任务"，第一发突破敌方阵地，第二发就能摧毁阵地内的敌人。②

作为西方军队的远程精确武器，制导多管火箭系统在战场上变得非常重要。然而，更传统的野战火炮也继续发挥作用，为部队提供重要的火力支援。例如，在摩苏尔战役中，105毫米和155毫米野战火炮打击非常有

---

① Scott Huesing, *Echo in Ramadi* (Washington, DC: Regnery, 2018), p. 90.
② Mosul Study Group, *What the Battle for Mosul Teaches the Force*, p. 70.

第七章 战斗火力

效,特别是配备了精密制导设备时,"155毫米火炮上的精确制导套件是低成本的替代品,能让火炮在低角度射击上获得更多灵活性,并且制导设备替代品供应量更大"。特别是,普通火炮可以比制导多管火箭系统更容易移动,从而可以创造不同的射击轨迹。虽然敌人的阵地最初可能隐蔽在建筑物或房屋结构里面,但美军已经能够熟练掌握移动火炮达到最佳的射击角度:"在城市'峡谷'地带战斗中,火炮的目标线必须完美,以便将炮弹射入目标位置获得打击效果。如果目标线达不到要求,我们就不得不求助于其他方法。"[1] 第一次格罗兹尼战役中,俄军大规模使用消耗式火力,这与崔可夫在柏林战役中的理论大体一致。相比之下,摩苏尔战役期间,联军的火炮主要用于单个目标的精确打击,积极识别打击目标并彻底清除。美军火箭炮的炮弹弹道经过精心设计,不仅为了达到最大的打击效果,而且为了避免不必要的平民伤亡和战争破坏。

在摩苏尔战役中,联军首要打击目标是自杀式车载简易爆炸装置,他们甚至一直试图摧毁生产自杀式车辆的工厂。此外,联军还打击"伊斯兰国"在摩苏尔的另

---

[1] Mosul Study Group, *What the Battle for Mosul Teaches the Force*, p. 70.

一个主要基础设施——检查站。"'伊斯兰国'部署步兵的方式不是你我所能预料到的那样,实际上,他们的作战指挥与管理手段并不出色。"① 为了保卫摩苏尔,"伊斯兰国"在整座城市建立了一系列检查站,分别由3—4名忠诚的"伊斯兰国"战士负责管理。检查站最初的目的是控制当地居民,检查站也是城市安全机制的重要组成部分。随着攻城之战的打响,检查站的军事功能更加明显。当"伊斯兰国"援军进入城市时,每一支部队都要经过检查站检查。在每一个检查站,"伊斯兰国"成员都会仔细确认征募的新兵,在给他们分发面包和水的同时,还给他们分配任务。一名曾在伊拉克服役的美军军官介绍了一个假想例子,描绘检查站是如何将"伊斯兰国"武装送入战场:"'伊斯兰国'的安全机制主要用于将未受过训练的部队转移到检查站。如果A营沿着公路而来,检查点将被告知将其移到公路的上方,并被告知不要与B营和C营交谈。"检查点对"伊斯兰国"控制战斗至关重要,但也是一个弱点,"'伊斯兰国'的优势和弱点是相同的",因为"'伊斯兰国'无法将部队投射到安全机构之外"。因此,一旦联军了解检查站的重

---

① Colonel, OF-5, US Army, J5, Operation Inherent Resolve, personal interview, 30 September 2019.

第七章 战斗火力

要性,就开始打击它们:"如果摧毁了这些检查站或安全系统,'伊斯兰国'转移部队的时间就会更慢。然后,我们中断检查站的通信,进一步困扰他们。如果'伊斯兰国'部队陷入混乱和孤立,我们就能消灭他们。"在战斗过程中,火炮在摧毁"伊斯兰国"的基础设施方面变得越来越重要:"摩苏尔战役一开始就包括空中火力——无人机。当我们研究出一种更加精妙的无人作战方法时,我们就能够随意跨越更多地面建筑实施打击。"[①] 除了天气影响外,火炮还可以压制摩苏尔的"伊斯兰国"武装力量,目的是阻止他们来回移动和开火射击,而不是简单地摧毁建筑物,一袭了之。

间接火炮在最近的城市战中也发挥了至关重要的作用,主要用于精确打击纵深目标。但是,作为城市战的一个特征,直接火力的重要性也不能忽视。当然,在围攻战或城市战中,直接火力打击一直很重要。为了攻破一座城市,必须首先摧毁敌人的城墙和防御工事。传统上这一任务总是由火炮完成。可见,如果没有大量火炮直接支援步兵,就无法发动对城市的进攻。斯大林格勒战役期间,德国第6集团军发现战斗小分队攻击建筑物

[①] Colonel, OF-5, personal interview, 30 September 2019.

后面的敌人时，突击炮装甲车（Sturmgeschütz，一种装有短管炮的坦克）是必不可少的进攻武器。类似情况出现在 1968 年 2 月的顺化战役中，美海军陆战队使用大量 M-48 坦克和"奥图斯"（ONTOS）履带火炮装甲车，装备无后坐力步枪，推倒防御墙体并镇压要塞内的北越军队士兵。

时至今日，直接火力仍然是城市战的关键，这可能是过去 100 年里变化最小的火力类型。即使现在，坦克和炮兵也会像二战时那样作战，在开阔视野内向极近距离的目标直接开火。马拉维战役可能是城市内直接交火的最好例子。在那场战役中，双方交战相互射击的状况让人想起 20 世纪战争的战斗场景。菲律宾军队使用火力的水平令人震惊，战斗力也比较低下。例如，菲律宾军队第 2 步兵师的 1 个连在 3 个月内打出 1 万发迫击炮弹。最终，菲律宾军队形成一种系统性打法，用火力逐渐限制和慢慢削弱叛乱分子：

> 在每个作战区域，通过在武装分子周围布置兵力或进行火力打击，进一步定位和孤立他们。然后，菲律宾军队不断转移兵力，或向武装分子阵地内部开火射击，最后用猛烈火力和

第七章 战斗火力

步兵突击消灭他们。改进后的 SLICE 作战方法①是缓慢且谨慎的打击方式,主要体现为对每座建筑都制订详细的攻击计划。②

在马拉维战役中,直接火力打击变得非常重要。例如,菲律宾军队使用 105 毫米装榴弹炮进行近距离直接射击。榴弹炮运到战斗前线,放置在建筑物或屋顶上,用沙袋固定炮位,然后在极近距离向目标射击,"穿透厚厚的混凝土墙""步兵排长直接与炮手联络",③ 火炮打击效果令人印象深刻。菲律宾军队迅速突破了敌人的防御墙,而防御墙背后的武装分子则致残或被击毙。

虽然火炮和坦克能够提供最具毁灭性的直接火力,但是步兵武器也成为近距离城市战中最常见、最直接、可能也最重要的火力。机枪、自动步枪、手榴弹、榴弹发射器和手枪等武器长期以来一直是街头战斗的组成部

---

① SLICE stands for strategize, locate, isolate, constrict, eliminate. SLLICE,是指通过制定策略、确定目标、隔绝孤立、限制管控和清除对象的一整套作战方法。——译者注

② Charles Knight and Katja Theodarakis, *Special Report: The Marawi Crisis-Urban Conflict and Information Operations* (Barton, ACT: Australian Strategic Policy Institute Ltd., 2019), p. 13.

③ James Lewis, "The Battle of Marawi: Small Team Lessons Learned from the Close Fight," *The Cove*, 26 November 2018.

分。事实上，在城市战环境中，小型武器弹药的代价很昂贵，主要因为战斗人员在近距离内争夺阵地会消耗大量弹药。尽管很难证明，但是现代城市战中使用小型武器的数量大幅增加了。当代军事理论表明，小型武器弹药的消耗量可能比野战公开战场的弹药消耗量"高出4—6倍"。① 同样值得注意的是，现在的武装反抗分子和国家军队的武器装备都比过去好得多，对于城市游击队来说尤其如此，20世纪城市战，游击队经常因为武器简陋而处于不利地位。巴西革命先锋马里盖拉和他的战友们如果有几把步枪、冲锋枪和手榴弹就很幸运了。相比之下，巴西"红色司令部"武装组织通常比当局武装力量的能力更强，资金更充足，装备更精良。在费卢杰、摩苏尔、宾特朱拜勒和阿勒颇，非政府武装组织拥有异常充足的装备，包括重型和中型机枪、狙击步枪、自动步枪、火箭、先进的简易爆炸装置，以及越来越多的无人机。② 在某些时候下，武装反抗分子在小单位级别上的火力几乎与他们的对手相当。的确，在第二次黎巴嫩战争期间，习惯了在约旦河西岸低强度作战的以色列士

---

① Warfare Branch, Headquarters Field Army, *Operations in the Urban Environment*, p. 68.

② Janice Perlman, *Favela* (Oxford: Oxford University Press, 2010), p. 105.

第七章 战斗火力

兵对真主党猛烈火力的高强度打击感到极为震惊。

当然，现在国家军队的装备也比以前好得多。在很多情况下，军队服役人员数量缩减的事实，必然要求增强作战人员的战斗力。例如，除了自动步枪外，一个由3个步兵班和1个武器班组成的美国陆军排，要配备6挺轻机枪、6个榴弹发射器、2挺中型机枪和2副标枪火箭弹。[1] 因此，一个美军步兵排能够拥有前所未有的强大火力，而且火力射程和精确度都要优于之前的步兵排。事实上，英国陆军声称，2008年部署在阿富汗赫尔曼德省的英军1个排的火力是1939年的40倍。[2] 虽然很难确定这个数字是如何计算出来的，然而，这并不荒谬。事实上，尽管小型部队火力不断增加，美国陆军目前还在寻求将排级部队及其所属分队的作战能力提高10倍。这种能力的倍增不仅仅指排级火力水平，还包括排级的装备水平。火力终究是增强部队战斗力的重要组成部分。小单位级别的武器装备的提高升级，也让驻扎城市的部队产生很多新问题，拥有自动武器的士兵在城市战中会很快消耗完弹药。因此，相关作战条令强调：

---

[1] https://www.benning.army.mil/infantry/doctrinesupplement/atp3-21.8/.
[2] 此处内容我特别感激帕特里克·伯里（Patrick Bury）的宝贵建议。——作者注

21 世纪城市战

  小型武器交战双方通常在近距离开战，包括近距离战斗或反应射击。小型武器不只是步兵的专利，还可以适用于任何城市战环境的战斗人员。事实上，弹药消耗的速度一旦超过弹药供应能力，部队就有丧失战斗力的风险。因此，瞄准射击和快速射击比自动射击更可取。①

  小单位级别部队火力的增强，实质上同城市战密切相关。近距离作战人员的装备更加精良，意味着城市战将更具挑战性。进攻战对火力支援的增加要求越来越高。对进攻者来讲，要攻克一个防御坚固、武器装备精良且火力猛烈的敌人阵地，是很困难的战斗。反过来，进攻方要依靠持续不断的强大火力，才能压制对手的先进武器。从这里，人们可以看到一个显而易见的情况：自我强化的火力循环。同样，21 世纪城市战在各个方面的对抗将更加激烈。越来越多的火力运用于日益缩小的作战区域，火力的增强反而导致城市战速度的减慢。面对强大火力，战士不得不放慢进攻速度，转为阵地战。在城市地区作战，任何速决战和狂妄的机动作战都已经变得

---

① Warfare Branch, Headquarters Field Army, *Operations in the Urban Environment*, p. 66.

第七章　战斗火力

过于冒险。

五、火力的训诫

目前对精确火力的讨论很多，有时，精确火力这一概念让人们感到城市战越来越不那么残酷，火力打击更像外科手术一样精准了。事实上，这种观点并没有案例依据。相反，粗放火力仍然是城市战的内在元素。尽管现在没有一支军队能够像20世纪战争那样集中使用大量火炮，[1]但是城市战仍然需要大量火力，事实上，发生过重要战役的城市都被猛烈火力摧毁了——历史上总是这样。

的确，1945年之后，城市战的弹药消耗绝对数量可能有所下降，但是，现代城市战仍需要密集式空袭和火炮打击。1945年4月的柏林战役期间，苏联红军动用35 200门火炮支援230万名士兵对抗76.6万名德国守军，平均计算每22个德国士兵面前就有1门苏联火炮。相比之下，在摩苏尔战役中，伊拉克安全部队得到美军第82空降师第2旅1个营的火炮支援后，他们才发射了

---

[1] 参见温顿：《城市战斗是一个伟大的均衡器吗?》（Winton, "Is Urban Combat a Great Equalizer?"）。

6 500 发子弹而已，其中大部分是精确制导导弹。虽然，法国军队和伊拉克军队提供额外的火炮支援，但大部分是普通弹药，严重影响打击效果。① 客观上讲，当时联军火炮数量比苏联红军少得多。联军一共才部署 50 门左右火炮（火箭弹系统和普通火炮）。② 然而，联军也只遭到大约 6 000 名"伊斯兰国"武装分子的反击。因此，战斗兵力比例与最初想象的要接近得多，联军每一门火炮对应 120 名"伊斯兰国"战士。按比例，苏联红军在摩苏尔的火炮数量是联军的 6 倍。然而，在摩苏尔，伊拉克安全部队也得到了持续的近距离空中支援，向这座城市投放了 1 万多枚炸弹。此外，联军在摩苏尔的火力很精确，因此打击更有效果。联军火力依次瞄准并摧毁了"伊斯兰国"的特定据点，他们在部队挺进之前将所有火力集中在一个目标上。很难准确计算，不过对比参照军队规模和弹药精度，最近的城市战很可能使用跟以往同样多的火力，甚至可能更多。

---

① Colonel, OF-5, US Army, email correspondence, 16 April 2020.
② 这一数据是基于美军使用 155 毫米火炮（18 门炮），105 毫米火炮（18 门炮），一个高机动性火箭炮系统连（6 或 8 个发射器）和一个法式野战炮兵连（8 门炮）的装备数量而得出的结论。This figure is based on an estimate that the US employed a unit of 155mm (18 guns), a unit of 105mm (18 guns), a High Mobility Rocket Artillery System Battery (6 or 8 launchers), and a French battery (8 guns)。——作者注

第七章 战斗火力

因此，21世纪城市战是很特别的战争。① 在20世纪，一般来讲，集中大规模火力轰炸城市，打击效果普遍不精确，因而，城市遭到了粗暴毁灭性的空中轰炸或炮击，其中很多非防御性建筑物也遭到破坏，这是因为城市本身就是打击目标。

今天，空军和炮兵的协同火力已经集中到城市特定位置，打击目标是城市某一个目标。有时，特别是当西方国家军队一旦涉及城市战，他们采用精确打击的方式。然而，即使俄罗斯等其他力量发起城市战，打击也是集中在特定目标上。俄军不再像在格罗兹尼那样盲目大规模使用火力，在叙利亚地区作战，他们试图打击已确定的精准目标。在打击目标区域内，俄军火力的威力确实令人震惊。从火力角度来看，现代城市战的面貌发生了巨大变化，城市战不再是席卷整座城市的大面积盲目破坏，也不是一种火灾式轰炸。"地狱火"导弹能够在特定街区精确打击目标。空军和炮兵一般进行远距离精准打击，而直接火力支援和小单位班排级武器则在极近距离同敌人交战时使用。通常情况下，远距离精确打击和

---

① David Vergun, "Task Force Commander Recalls Assisting Iraqi Troops in Drive on Mosul," US Army, 6 May 2017, https://www.army.mil/article/187097/task-force-commander-recalls-assisting-i.

21 世纪城市战

近距离交战已经在城市防御阵地前线的城墙周围打响，这是一种常态化状态。对于街头战士和平民来说，城市战的交战地盘已经变得无关紧要，主要因为精确打击水平越来越高。就像 20 世纪战争一样，现代城市居民仍然被囚禁在一场可怕的精确闪电战中。在 21 世纪，虽然城市战个人体验可能没有变化，但是城市战场面貌则完全不同了。曾经，火炮轰炸摧毁军队前进道路上的一切；现在，取而代之的是精确打击前进道路上的一切。同时，相比之下，空袭和火炮的打击强度都大幅度下降。毫无疑问，在现代城市战中，精确打击已经取代大面积轰炸。

第八章

战斗蜂群

第八章　战斗蜂群

一、分形战术[①]

21世纪以来，学者们对城市战术的演变发展非常感兴趣，他们认为，这折射出城市正向更加流动的全球化时代转型。例如，埃亚尔·魏兹曼城市战术研究具有重要影响力。本书第五章中，我们阐释了魏兹曼深入研究耶路撒冷城市墙体和战术的关系问题。他通过观察认为，21世纪城市战呈现出崭新战术。21世纪之前，军队一般以大规模集结方式奔赴线性正面战场，例如，斯大林格勒战线横跨整个城市地区。对魏兹曼来讲，20世纪城市战"欧几里得几何学"[②]似的平面战场已经过时，现代军事力量已经渗透到城市各个角落，并运用复杂化、非线性的战术开展行动。现代城市战变得更加小型化。魏兹曼深入研究以色列国防军的作战情况，特别是2002—

[①] 分形战术（Fractal Manoeuver），分形是一个数学术语，由数学家芒德勃罗创造出来，是指具有以非整数形式填充空间的形式特征，通常是一个零碎、不规则的几何形状。分形战术在本书是指灵活多样、高度机动的战法打法。——译者注

[②] 欧几里得几何学，是根据古希腊数学家欧几里得《几何原本》而构造的基于点面线的几何学，主要是指平面维度上的几何图形。此处指二维平面战场。——译者注

2006年第二次巴勒斯坦大起义。① 他认为，以色列国防军对约旦河西岸的纳布卢斯和杰宁难民营实施了重大行动，其中一系列战术受到作战理论研究所（OTRI）西蒙·纳维（Shimon Naveh）的深刻影响。西蒙·纳维是以色列著名军事科学家，撰写出版了很多重要军事论著，包括一部影响力极高的网络战论著《追求卓越：作战艺术的演化》(*In Pursuit of Excellence: The Evolution of Operational Art*, 1997)。基于长期作战理论研究，纳维创建了著名军事智库——作战理论研究所，主要为以色列提供军事理论、军事训练和军事教育咨询服务。不可思议的是，纳维开始对当代欧洲大陆哲学家感兴趣——有人会说，这会迷惑以色列国防军的高级军官——包括让·鲍德里亚（Jean Baudrillard）、吉尔·德勒兹（Gilles Deleuze）、菲利克斯·瓜塔里（Félix Guattari）、乔治·巴塔耶（Georges Bataille）和盖伊·德波（Guy Debord）等西方哲学家。

---

① 第二次巴勒斯坦大起义（Second Intifada, 2002—2006），2000年9月28日，以色列政治家沙龙前往被占领的耶路撒冷东区的圣殿山，此举被巴勒斯坦视为一种挑衅，因为伊斯兰的圆顶清真寺就位于圣殿山上。数月后，沙龙当选以色列总理，其此前行为早已为巴以之间暴力冲突的再度爆发创造了条件。随之，哈马斯宣布2002年10月6日为"愤怒之日"，呼吁袭击以色列军事据点，第二次巴勒斯坦大起义由此开始了，哈马斯主要在城市采用自杀性袭击手段，目标包括汽车、餐馆以及酒店等。一般认为，大起义持续了5年，2006年结束。以色列《国土报》报道称，其间，以色列大约丧生1 330人，巴勒斯坦大约丧生3 330人。——译者注

第八章 战斗蜂群

基于此,纳维积极探索以色列作战理论后现代化的可能性。纳维不是用传统术语来研究兵力比例、火力和前线的,而是鼓励军官们思考战争的虚拟认知维度,强调作战目的不是把敌人消灭,而是扰乱敌人的认知。在后现代战争时代,纳维提出了一种超真实的作战理念。

纳维的研究工作与城市战直接相关,尤其是城市战术。正如魏兹曼所撰写的一样,纳维认为"城市战是终极的后现代战争形式"。① 纳维还断言,"面对城市混乱的复杂性、模糊性,人们对理性架构起来的单向度作战计划的信仰已经丧失了"。② 全球化城市的多维性否定了传统单一作战方法。在2004年的一次演讲中,纳维采用崭新的德勒兹式术语取代传统军事概念进行作战研究,他认为,新术语更适于现实存在,对付"无形竞争实体"(譬如武装反抗分子),有必要采用"分形战术"打击。在纳维看来,战斗蜂群要执行非线性、非连续性、

---

① Eyal Weizman, *Hollow Land: Israel's Architecture of Occupation* (London: Verso, 2007), p. 188.
② Ibid., p. 188.

非邻接性的战术，作战行动应当分形化。①

魏兹曼认为，2002年的纳布卢斯（Nablus）战役在实践上印证了纳维的后现代作战理论。纳布卢斯战役期间，以色列伞兵并没有对城市发起常规线性攻击，而是采取一个街区接着一个街区逐步清理的作战方式。以色列伞兵采用蜂群战术："不同于线性、层级化的指挥链和通信链，蜂群是多中心网络，其中每个'自给单位'（纳维术语）都可以与其他单位通信，而不必通过中央命令。"② "穿墙而过"是作战关键。③ 为了穿透武装反抗分子在纳布卢斯的据点，伞兵战士通过炸出贯通内墙的"鼠道"，进而穿行在建筑物和房屋中进行作战（见图8.1）。

---

① 尽管"分形"这一概念在社会科学领域表示破裂或分割，但是这个解释不妥当。从理论上讲，分形一般应理解为数学领域的形状，其任何一部分都同原始起点具有统计上的关联特性。这一术语应当按照"分形化"理解。Although the word "fractal" has become established in the social sciences to mean broken or divided, this is a misnomer. Fractal formally refers to a mathematically conceived curve, any part of which has the same statistical qualities as the original; 参见 *The Compact Oxford English Dictionary* (Oxford: Clarendon, 1992), p. 630. The word that should be used is "fracted"。——作者注

② Weizman, *Hollow Land*, p. 171.

③ Sahera Bleibeh, "Walking through Walls: The Invisible War," *Space and Culture* 18, no. 2 (2015): 156-170.

第八章 战斗蜂群

图 8.1 鼠道战术

资料来源：下士道尔顿·斯旺贝克，美国国防部画廊（Lance Corporal Dalton Swanbeck, U. S. Department of Defense gallery）。

以色列国防军也对包括巴拉塔在内的巴勒斯坦难民营行动采用了分形战术。正如一名以色列军官所指出："在白天，我们完全孤立了这个营地，给人一种即将展开系统性包围行动的印象……（然后）同时采用分形战术从各个方向以蜂群方式进行攻击。"[1]

魏兹曼可能是城市环境分形战术思想最重要倡导者。然而，在这一立场上，他并不孤单。美国海军陆战队退役中将保罗·范·里佩尔（Lieutenant General Paul van

---

[1] Weizman, *Hollow Land*, p. 193.

Riper）也拒绝采用传统的城市消耗战，他也主张在城市中采取"穿透敌人防御缺口"[1]等具有重要价值的战术概念。此外，其他以色列学者对城市战术演变的描述也极为深刻。埃亚勒·本–阿里（Eyal Ben-Ari）及其合著者在研究第二次巴勒斯坦大起义时，描述了一个不断变化的城市战场，这一战场完全超越20世纪战争中的前线、阵地等常规地形。在实战中，一种非连续、转瞬即逝的"泡泡"（Bubbles）战场已经取代静态化、固定化的阵地和战线战场：

> 取代整体战斗单元在组织结构中的核心位置，我们认定战斗模块化和任务内聚化的重要性……这一新理念应该伴随作战思想的转变，即将战斗单元想象为集中在局部地域内协调一致的编队阵型，转变为在单独分散的（如果接连相邻）局部地域内行动更加分散的"泡泡"战场。换言之，我们要从社会学视域分析传统

---

[1] Lieutenant General Paulvan Riper, *A Concept for Future Military Operations on Urbanized Terrain* (Quantico, VA: Department of the Navy, Marine Corps Combat Development, 1997), Ⅲ-7.

第八章　战斗蜂群

线性战争向更加网络化、分散化战争转变的趋势。①

在本-阿里看来,在现代城市战中,21世纪的现代军队应当像内在联动的蜂群一样,以灵活小分队模式在城市空间自由而独立地流动作战。

二、鼠道战术

纳维、魏兹曼和本-阿里提出的城市战构想令人着迷。根据他们的观点,在城市环境中,战术创新得到极大释放。令人鼓舞的是,现代军队已经突破20世纪城市战中的时空限制,他们可以在城市中自由行动。斯大林格勒战役那样残酷的消耗战,已经被迅速、果断、精准的空袭战所取代。灵活、流动的战术似乎更适合全球化大城市的复杂环境。在思维层面上,分形战术的概念也易于理解,这是因为后现代主义和后现代性概念深刻影响许多军事专家的认识。20世纪的理性主义思潮已经被21世纪的相对主义思潮取代,在相对主义思维中,传统

---

① Eyal Ben-Ari, Zeev Lerer, Uzi Ben-Shalom and Ariel Vainer, *Rethinking Contemporary Warfare* (New York: SUNY Press, 2010), p. 124.

的种族、民族、阶级和性别的等级概念已经被解构颠覆。根据波兰社会学家齐格蒙特·鲍曼（Zygmunt Bauman）的观点，我们生活在一个流动的现代性社会。① 因此，很多学者希望看到后现代主义。对于受当代思潮影响的军事专家来说，2002年以色列伞兵在纳布卢斯的蜂群战术行动恰好证明了他们的观点，以色列军队曾经对后现代思维认知持有偏见。就像大城市变得后现代化一样，城市战也变得后现代化。

分享专家学者对城市战的研究成果很容易，但是事实上很不幸，人们普遍质疑近10年来军队是否在城市战中采用分形战术。事实上，这种说法很容易被推翻。例如，虽然以色列伞兵在纳布卢斯使用鼠道战术，但不能说这是什么新鲜战术。鼠道战术本质上是一种古老的军事战术。事实上，在纳布卢斯战役之前50多年，以色列战士就使用过这种鼠道战术。1948年以色列独立战争期间，"伊尔根"的600名游击队员袭击了以色列港口城市雅法，他们大量使用了鼠道战术。1948年4月26日，"伊尔根"犹太人游击队开始攻击雅法，经过6天的激烈战斗赶走了阿拉伯守军。在战斗过程中，犹太人游击

---

① Zygmunt Bauman, *Liquid Modernity* (Cambridge: Polity, 2000).

第八章 战斗蜂群

队在建筑物中打"老鼠洞",以此攻破阿拉伯守军的防御:"他们用镐和大锤在房屋中打'老鼠洞',外墙为他们提供自然掩护,直到他们到达阿拉伯守军的防线。"①经过两天的挖掘,"伊尔根"游击队挖出了"两条锯齿状平行,且贯通一个个房屋的'地面隧道'",他们顺着"地面隧道"不断进行挖掘,最后占领了阿拉伯守军的据点。②显然,"伊尔根"犹太人游击队在1948年就已经开始采取德勒兹式后现代战术。

"伊尔根"游击队在雅法城中采用鼠道战术,打击效果惊人。但是,"伊尔根"游击队使用的这种城市战术绝不是独创的。1943年12月,在第二次世界大战的意大利战役中,加拿大第2旅奉命攻占威尼斯南部亚得里亚海沿岸的一个大城镇奥托纳(Ortona),该城镇被德国伞兵牢牢地占领了。加拿大皇家埃德蒙顿团第1营在坦克团的支援下组织进攻。利用坦克和野战炮的支援火力,加拿大步兵逐步向前推进。然而,他们最终还是被主干道乌姆贝托大道(Corso Umberto)挡住了:

---

① Benjamin Runkle, "Jaffa, 1948," in John Antal and Bradley Gericke, *City Fights: Selected Histories of Urban Combat from World War II to Vietnam* (New York: Ballantine, 2003), p. 297.

② Ibid., p. 298.

加拿大皇家埃德蒙顿团试图攻打乌姆贝托一世城堡，他们尝试从侧翼包抄敌人，但失败了，他们又恢复了以前挨家挨户地前进的做法。从一个被占领的房子向前移动到下一个房子，而不暴露在开阔街道上敌人的火力之下，他们创建一种改进的鼠道战术——用镐或撬棍破穿分隔墙的技术。1942年以来，加拿大军队就开始在军事训练学校学习掌握这一技术。进攻先遣队会在顶楼中间的墙壁上放置一个"蜂巢"爆破装置，并在攻击分队躲在地面时引爆它。在烟雾和灰尘消退之前，步兵迅速爬上楼梯，穿过缺口，把敌人从毗邻建筑物内赶出去。①

1945年4月，加拿大第2师在荷兰清理格罗宁根（Groningen）这座城市时也使用了同样的技术。鼠道战术是20世纪中期城市战中广泛使用的一种战术。"穿墙而过"绝不是21世纪城市战的独创战术。

事实上，早在20世纪之前，鼠道战术就已经是城市战的普遍特征。例如，在整个19世纪，法国军队广泛使

---

① Michael Dewar, *War in the Streets* (London: BCA, 1992), pp. 30-31.

第八章 战斗蜂群

用这种战术。托马斯·罗贝尔·比若元帅①的著名文章《街道和房屋的战争》深入探讨鼠道战术。19世纪40年代,比若元帅亲自指挥镇压了阿尔及尔城市起义,他是法国城市战役的主要实践者。比若在《街道和房屋的战争》中总结了从城市作战中学到的战术精髓,他用大量篇幅探讨如何用最少的武力平叛骚乱。然而,有时比若认为,军队必须准备好攻击武装反抗分子的路障。城市防御工事制造出一个非常紧迫的战术问题,因为战场上传统战术不可能接近防御障碍。② 因此,比若推荐采用更加综合的战术,包括从隐蔽位置向路障射击,同时迂回接近障碍物。此时此刻,鼠道战术变得非常有效:

> 敌方有些防御街垒太坚固,步兵无法清除。接下来,步兵小分队从街道路口的两侧进入第一个建筑物楼体,这时爆炸装备就非常有用了,因为它能够快速实现目标。步兵攀上顶楼并依次穿过楼体隔墙,到达街垒附近。一旦做到这

---

① 托马斯·罗贝尔·比若(Thomas-Robert Bugeaud, 1784–1849),法国元帅,殖民地军事学派创始人,以镇压游击战而闻名,曾任法国阿尔卑斯山部队总司令。——译者注

② Thomas-Robert Bugeaud, *La Guerre des rues et des maisons* (Paris: Jean-Paul Rocher, 1997), p. 130.

一点,从楼顶上俯瞰街垒的步兵,就能开枪杀死守军。①

对比来说,鼠道战术能够使部队以隐蔽、迂回、垂直的方式从侧翼包抄武装反抗分子的防御路障。甚至早在1848年,法国军队就已经学会利用城市三维空间进行作战。

事实上,鼠道战术的历史更悠久。公元前431年,伯罗奔尼撒战争刚开始时,底比斯士兵进军普拉提亚并试图控制这座城堡,对此,城内的普拉提亚人想出了一个对策:

> 他们意识到底比斯人在普拉提亚城内并未部署强大的军事力量,并得出结论:如果快速反击底比斯人,可以很容易制伏底比斯军的进攻。因此,普拉提亚人决定尝试一下。为了避免穿越城堡街道而被发现,普拉提亚人在紧邻房屋的墙壁上挖出通道,这样小分队就能够穿过通道成群地聚集在一起,进而发动突然袭击。②

---

① Bugeaud, *La Guerre des rues et des maisons*, p. 138.
② Thucydides, *The Peloponnesian War* (Harmondsworth: Penguin, 1967), p. 98.

第八章　战斗蜂群

普拉提亚人穿过挖掘的鼠道,在夜间成功袭击底比斯人并将其驱逐至城外。

历史战例证据清晰可见。尽管2002年以色列伞兵在纳布卢斯作战采用的战术很有创意,但"穿墙而过"的实践并不能作为城市战术的新证据。自攻城战和城市战诞生以来,士兵们就一直在建筑物中"成群结队"开展行动。鼠道战术是城市环境中最有效的前进方式,因为街道本身显然极易受到四面八方的火力攻击。如果鼠道战术是蜂群战术的唯一证据,那么我们就不得不作出如下结论:分形战术并非全新战术。

三、近距离战斗

从历史上考察发现,鼠道战术并非全新战术。但是,在21世纪初,城市步兵战术呈现创新发展趋势,这些创新可以作为一种新战术的证据,即近距离战斗(CQB)。同鼠道战术相比,一个强有力的事实表明,近距离战斗才标志着城市战术的真正进步,是城市作战方法向分形战术的转变。

近距离战斗战术相当新颖。在整个20世纪,传统城市步兵战术创新发展很少。从第一次世界大战开始,士兵们在攻击建筑物时,只会简单地把手榴弹扔进房间,然后用自动火力扫射。例如,即使在20世纪90年代,城市作战条令也仅仅推荐了一种与1944年完全相同的房间清理方法:

> 快速进入,快反射击。手榴弹一响,就尽快冲进房间。第一个冲进房间的人迅速靠在旁边墙上,在那里可以观察到整个房间。作战人员应当对房间内任何目标进行短距离自动射击。①

在20世纪,正规步兵在城市战术上也没有重大创新。直到21世纪初,情况才开始发生变化。在这一点上,传统步兵开始对近距离战斗感兴趣,以应对日益增加的城市战需求。在西方,城市战术的创新运动是由美国领导的,美军曾经不断努力来管控伊拉克的城市和阿富汗的村庄。2004年费卢杰战役是运用近距离战斗的一

---

① Headquarters, Department of the Army, FM 90-10-1, *An Infantryman's Guide to Combat in Built-up Areas* (Washington, DC: US Government Printing Office, 1995), pp. B-13.

第八章 战斗蜂群

个关键阶段,当时美军海军陆战队意识到步兵对城市战准备不足。随着常规步兵开始采用近距离战斗,一系列战术创新随之而来。在现代城市战中,近距离战斗运用得相当广泛,欧洲国家也紧随美国的脚步开始运用这种战术。基于在约旦河西岸和加沙的作战经验,以色列国防军也采取了近距离战斗,印度和菲律宾也是如此。

从某种意义上讲,近距离战斗是一种在建筑物体内穿越的专业技术。近距离战斗是在20世纪70年代发展起来的,与当时特种作战部队的出现密切相关。[1] 随着1972年慕尼黑奥运会危机(巴勒斯坦恐怖分子闯入奥运村,劫持人质并杀害了11名以色列队员)和国际恐怖主义的蔓延,西方国家政府开始创建专门的反恐部队,担负执行解救人质的任务。1972—1976年,西方特种作战部队先后发明出许多攻击建筑物、飞机和船舶的新战术,以此清除恐怖分子,同时将人质的风险降至最低。一般来讲,快速进入和精确射击的方法被称为近距离战斗。1980年5月,英国特别空勤团[2]在进攻伊朗驻伦敦大使

---

[1] Jonathan House, *Combined Arms Warfare in the Twentieth Century* (Lawrence: University of Kansas Press, 2006), pp. 257-258.

[2] 英国特别空勤团(Special Air Service),是英国最精锐的特种部队,创建于第二次世界大战初期,专门负责执行反恐及特别行动等任务,此后,世界多国反恐特种部队都以英国特别空勤团为楷模。"勇者胜"(Who Dares Wins)是该部队的格言。——译者注

馆解救人质的行动中,近距离战术得到充分展示,英军表现极佳,这也是人类首次直播反恐作战。

精确打击是近距离战斗的关键。士兵必须精确射击才能在不伤及人质的情况下击毙恐怖分子。因此,近距离战斗的主要技能是枪法。20世纪70年代以来,近距离战斗训练总是包括高强度的射击练习,以此不断提高射击精度。然而,虽然精确射击必不可少,但是突击小队必须在建筑物和房屋内安全就位,这样才能确保精确射击,而不会首先被敌人打死或打伤。因此,近距离战斗还是一种特别的机动方法,能够确保士兵在高度危险的城市环境中隐秘、安全地移动。单独个体在建筑物中穿行相对简单,然而,对于一个作战分队来说要复杂得多。城市环境对近距离战斗提出了全新挑战:"城市地区展现出水平、垂直、内部、外部和地下等异常错综复杂的多维空间,众多建筑物叠加覆盖在各种自然浮雕、排水系统和草木植被之上。"[1]

城市战术必须克服两个核心问题。首先,建筑物必然会引导突击小队沿着走廊或楼梯井前进,小队在逐个清理房间时被迫分开行动。比战场上更严重的是,小队

---

[1] Headquarters, Department of the Army, FM 3-06, *Urban Operations* (Washington, DC: US Government Printing Office, 2006), 2.2-3.

第八章 战斗蜂群

很快就会被隔离和分散，无法看到或听到彼此。因此，城市环境打破了常规战斗阵型，往往在突击小队面前呈现各种变化情况。单个士兵可能会发现，突击小队在任何位置都要执行一系列任务。此外，虽然露天的战争要求分散部署部队以降低火力打击的影响，但是，参加城市战的部队必然要在相互靠近的密闭空间内作战，这无形中增加了彼此间的物理干扰（碰撞或撞倒对方）或彼此受伤的概率。当突击小队在狭小的城市空间移动时，他们很容易用武器近距离直接指着对方或向对方开火，显然会产生极大杀伤力。

其次，清理房间也是一个复杂的战术问题。作战中，房间内的威胁在每一点上都成倍增加。在野外公开的战争中，一个步兵排的任务通常是消灭一个小的敌人阵地，该阵地通常由掩体或战壕组成。因此，在常规战斗中，存在一个单一的威胁（一个阵地）或几个紧密相连的威胁（两个或三个阵地），排长通常会选择其中一个威胁来消除。建筑物内的城市作战则截然不同，任何楼房中都有许多房间，每个房间都可能隐藏着敌人、陷阱或平民。走廊和房间内往往看不见外面的情况，敌人随时可能闯入。楼梯间、地窖、阁楼和家具都隐藏着危险。突击小队还面临着任务繁重的集体行动问题，在每个建筑物和每个房间里，士兵们必须能够识别所有的威胁，能够根据危险性进行优先级排列，并分配团队成员去消除威胁。因此，近距离战斗需要团队内部高水平的协调能力以便迅速消除威胁，而不需要经过过多时间的讨论。

近距离战斗还研发创造出一系列训练，旨在帮助团队一起快速穿过建筑物，减少城市机动作战中遭遇的危险。例如，最常见的训练之一是"五步入门法"，这是进入一个房间的基本战术训练。进入建筑物后，步兵小队分成更小的组群，称为作战"堆栈"（stacks）。作战"堆栈"指的是一组士兵（大约四名）靠墙等待进入房间时排成的队伍，士兵们在门边集聚起来。在"五步入门法"训练中，堆栈小队在门边排成一行，接到信号后迅速进入房间。第一个士兵通过近角，第二个通过房间背后和盲角，然后是其他队员，直到他们占据房间的"主导位置"。事实雄辩地证明，"五步入门法"是清理房间的最佳方法。见图 8.2a、图 8.2b 和图 8.2c。

第八章 战斗蜂群

图 8.2a、图 8.2b 和图 8.2c　近距离战斗：五步入门法

"五步入门法"是近距离战斗的基本技能，但是，近距离战斗还包括一系列既定成熟的作战策略。实践中，作战小队对每一种类型房间和建筑物都有针对性训练，地面部队或海军陆战队都要遵循这些训练原则，从而可以有效应对各种突发事件。因此，最专业的近距离战斗部队，尤其是特种作战部队不断完善提高战术训练水平。所以，作战中面对任何建筑物时，突击小队都会采用平时训练中掌握的既定战术，从而有效应对各种问题。此外，专业突击小队还会为楼梯井、走廊、T形路口、左右路口、方形、长方形和L形房间制定一套全面专业的集体作战演习。在这一点上，专业训练根深蒂固，突击队每个成员都可以执行作战"堆栈"的所有功能："在行动中，专业技术和基础操作对所有人都一样，任何人都可以执行。"[1] 由于作战中每个成员都按照相同的模式行动，每个成员都可以在看到威胁时启动训练中的战术，因为他们知道战友同样会自动做出反应，这种基于根深蒂固、程序化的集体灵活性是成功作战的必要条件。当训练有素的团队遇到不寻常的建筑物或威胁时，他们会以最佳位置应对处理——他们只需采用或适当调整战术

---

[1] Commando Training Centre Royal Marines, *Close Quarters Battle Instructor* (2011), 12, 2-3.

第八章 战斗蜂群

就能解决威胁。如果团队中一个成员即将发起一个战术动作，其他人都会以预定的方式做出反应。事实上，突击队的战术灵活性要依赖无休止、重复性的集体训练，才能形成默契配合。因此，战斗班组或战斗"堆栈"采取了一种非常独特的行动姿势，一起稳步前进，同时仔细观察武器瞄准镜，全面扫描房间和走廊威胁。作战"堆栈"在建筑物内按序流动，彼此交叉前行（rolling past each other），"砰"的一声打开房门，顺利进入。①

近距离战斗已经是一种灵活穿过城市地形的新战术，整套作战设计极具特色。这一套作战设计，可能不完全像学者们所想象的类似蜂群战术或分形战术一样，近距离战斗在行动上是高度可控、严密谨慎的整体设计。近距离战斗也标志着班排层面上最重要的作战创新，具有重要实战运用价值。在现代城市战中，步兵穿越建筑物的方式与20世纪的前辈们截然不同，现在，作战"堆栈"能够穿进建筑物体内并顺利通过各种障碍。当然，作战"堆栈"一直在寻求探索更快速、更精确、更灵活

---

① 这一过程被称为基于主动权的战术 [This process is known as initiative-based tactic (IBT)]。——作者注

的战术技能。①

四、蜂群

近距离战斗是步兵小队的新战术。尽管并不完全等同于蜂群战术，近距离战斗构建起一种创造性的城市战术。近几十年来，有证据表明，军队在城市中采用的战术很可能被描述为真正的蜂群战术。在这里，蜂群战术，是指自主化小单元实施快速、分散、同步进行的军事行动，② 军事蜂群就是要寻求实现这样的作战方式。为了实现这一目标，军事蜂群对敌人采取了完全独立、自主并行的作战部署。在轻步兵中，以蜂群模式进行作战最为明显。第一次格罗兹尼战役期间，车臣作战小队以蜂群模式不断袭击俄军，并对其造成重大伤亡。1994 年，车臣在格罗兹尼有大约 6 000 名武装人员，他们分散成 20—30 人的猎杀小队，装备 AK-47 步枪、火箭推进榴弹和爆炸物，有时还装备重型杀伤武器。猎杀小队被分

---

① 关于近距离战术更深入的讨论，参见 Anthony King, *The Combat Soldier: Infantry Tactics and Cohesion in the Twentieth and Twenty-first Centuries* (Oxford: Oxford University Press, 2013), pp. 237-265, 315-332。

② David Arquilla and John Ronfeldt, *Swarming and the Future of Conflict* (Santa Monica, CA: Rand Arroyo Centre, 1999), p. 44.

第八章 战斗蜂群

配去保卫他们可以自由行动且熟悉的城市区域。车臣武装反抗小分队没有炮兵和空军支援,因此,作战中误伤、误杀队友的问题降至最低。猎杀小队接到作战指示后,就静心等待俄军纵队进入市中心,再根据预先指定的信号发动突然袭击。当俄军纵队抵达市中心那一刻,猎杀小队从屋顶和各楼层窗户居高临下同俄军交战,同时,他们还能够在管道、隧道和下水道快速穿行,在建筑物内部和建筑物之间进行快速机动作战。简言之,车臣猎杀小队采取了非常有效的蜂群防御战术。真主党在第二次黎巴嫩战争期间也采取了类似战术,特别是在重镇宾特朱拜勒(Bint Jbeil)①作战中,以小分队蜂群方式进行袭击。2008年11月,"虔诚军"对孟买的袭击也可以用蜂群战术进行描述。"虔诚军"作战人员分散成小组,通常是两名战斗人员,在接下来的四天里袭击了孟买市中心的主要旅游景点和商业场所,造成重大人员伤亡。

事实上,武装反抗分子不是唯一采用蜂群战术的组织,美军等世界各国军队也采取这种作战方法。2003—2008年,美国联合特种作战部队司令部在巴格达制定一种可以被称为蜂群战术的行动方案,这无疑是一种极其

---

① David Johnson, *Hard Fighting: Israel in Lebanon and Gaza* (Santa Monica, CA: Rand Arroyo Centre, 2011), p. 42.

特殊、罕见的作战部署。几乎每天晚上，特种作战部队都在城市特定位置进行精确突击，击毙或抓获"基地"组织头目，并获取恐怖分子联络活动的证据。同一天晚上，美军在巴格达不同地区同时发动突袭，所有行动统一由美军驻巴格达总部协调指挥。美军小分队乘坐直升机秘密飞行，出人意料地潜入城市，突然在黑暗中现身，执行作战任务，完成后迅速撤离。当然，美军执行突袭的特种作战部队都采用近距离战斗方式，顺利穿过建筑物和楼栋房屋到达作战目标。在夜视镜、数字定位器、卫星无线电和笔记本电脑等先进装备辅助下，突袭行动真实体现了理论家纳维或魏兹曼所说的"分形战术"。

对于武装反抗分子来讲，运用蜂群战术显然要容易得多，尤其是当他们保卫家园的时候；对于装备精良的特种作战部队来讲，采用蜂群战术也是容易得多。但是，对于担心伤亡和误伤的传统重型部队来说，要在城市地区进行机动作战则困难得多。然而，21 世纪以来，国家军队偶尔会对城市进行快速、纵深的突袭和渗透，但是这些行动并不构成真正的蜂群战术。最著名的突袭行动是，美陆军第 3 机械化步兵师在 2003 年 4 月对巴格达的"迅雷突袭"军事行动。入侵伊拉克期间，第 3 机械化

第八章 战斗蜂群

步兵师担任主要进攻部队,于 4 月初快速抵达巴格达郊区。美军最初计划是"师级"部队只要围困这座城市,就可以等待当地政权崩溃。然而,第 2 旅战斗队指挥官大卫·珀金斯上校(Colonel David Perkins)认为,伊拉克陆军和敢死队战士已经接近投降,在首都对他们发动进攻是值得的。4 月 5 日,第 64 装甲团第 1 营的"艾布拉姆斯"坦克排成纵队沿 8 号公路向机场挺进,其间,在行进路线上同伊拉克战斗人员发生多次激战。4 月 7 日,第 2 旅发动了第二次"迅雷突袭",整个进攻阵型的目标是巴格达市中心的共和国宫(Republican Palace)。美军的目标不仅仅是突袭城市,而是要留在城市。第二次进攻是在同一条轴线上对城市进行纵深渗透。同第一次进攻一样,这次进攻速度令人吃惊,纵队以每小时 45 公里的速度不断前进。① 为了确保占领巴格达市中心的共和国宫,后攻击部队能够得到后续补给和增援,第 2 旅在 8 号高速公路上占领了 3 个关键路口,代号为 Moe、Larry 和 Curley 进行后勤保障。当然,在这些关键据点也都发生了激烈战斗,特别是在 Curley 据点,美军差点被击溃。第 2 旅的其他部队在共和国宫也进行了惨烈战斗

---

① David Zucchino, *Thunder Run: The Armored Strike to Capture Baghdad* (London: Atlantic Books, 2004), p.237.

（见地图 8.1）。在第二次"迅雷突袭"中，美军创造性地发展出一种新的战术——构建"泡泡"战场，让部队灵活穿越在巴格达城市内的 4 个局部战场。实际上，"泡泡"战场位于城市的不同地域，进而让美军对武装反抗分子形成分散围攻的战斗局面。

今天，西方国家军队仍然对城市蜂群战术的潜力非常感兴趣。英国陆军的做法提供了一个有吸引力的案例。从阿富汗撤军以后，英国陆军一直在进行一系列改革，时刻为崭新、更高强度的行动做好准备。组建打击旅（Strike Brigade）是一个重大创新作战信号。该旅是一支中等体量的机械化部队，装备有"拳击手"（Boxer）轮式步兵战车和"阿贾克斯"（Ajax）履带式侦察车。这两种新型装备都能在 1 100 千米和 500 千米的范围内快速行驶和支援战争。打击旅创造出一种灵活部署理念，不仅指挥机构能够最大限度灵活调动所有资源，而且其下属部队也能够广泛分散部署在关键要地。2017 年以来，打击旅一直在测试分散作战概念。虽然打击旅最适用于野外作战，但是也一直在探索城市环境分散作战的可能性。例如，2018 年，英国陆军进行了一次仿真的城市作

第八章 战斗蜂群

地图8.1 2023年4月5—7日"迅雷突袭"行动

资料来源：该地图经迈克尔·R.戈登和伯纳德·E.特雷纳授权使用，参见《眼镜蛇Ⅱ：入侵和占领伊拉克的内幕故事》，万神殿出版社，2006，第XXV页 [Michael R. Gordon and Bernard E. Tainor, *Cobra Ⅱ: The Inside Story of the Invasion and Occupation of Iraq* (New York: Pantheon, 2006), p. XXV]。

战演习。在这次演习中，尽管打击旅没有使用"蜂群战术"概念，但是实际上很明显，城市环境分散作战、注重装甲部队的速度性和机动性，也是一种蜂群战术方式。实际上，英军打击旅正在进行城市分形战术演习。

五、围攻战归来

人们已经创造出很多新战术——近距离战斗、"迅雷突袭"战法、特种作战部队运用的战法、英军打击旅运用的战法——都可以作为蜂群战术的案例。这些经典案例很有吸引力，我们对它们却视而不见。尽管非故意贬低上述创新战术的重要价值，但是它们并不能鲜明地代表现代城市战术。灵活机动的城市战术似乎例外，它们显然不是传统城市战术。21世纪以来，城市战的作战节奏不再是加速推进，而呈现出凝固缓慢态势。

现代战争的时间跨度不断加长，表明战争进程已经变得缓慢。从历史上看，现代城市战确实变得比较漫长。首先我们考察一下20世纪城市战的持续时间，斯大林格勒战役从1942年8月到1943年2月，持续时间约为5个月。实际上，1942年2月德国第6集团军投降，之后苏联红军包围了德军，激烈的斯大林格勒战役在1942年11

第八章 战斗蜂群

月下旬就结束了。因此，这场历史上规模最大的城市战从 1942 年 9 月到 11 月，总计时间也不超过 3 个月。20 世纪其他主要的城市战也同样短暂而激烈。菲律宾马尼拉战役持续 1 个月（1943 年 2—3 月），德国柏林战役为期 2 周（1945 年 4 月 26 日至 5 月 2 日），第二次汉城战役持续 6 天，① 越南顺化战役历时 2 个月（1968 年 1 月 30 日至 3 月 3 日），伊朗霍拉姆沙赫尔战役历时 2 个月（1980 年 9—11 月）。

上述一系列城市战同 21 世纪最近发生的城市战形成鲜明对比。摩苏尔战役从 2016 年 10 月到 2017 年 7 月持续了 9 个月，阿勒颇战役长达 4 年之久（2012—2016 年），马拉维战役有 5 个月（2017 年 5—10 月），顿涅茨克机场战役也有 6 个月（2014 年 7 月至 2015 年 1 月）。人们可能会认为，由于参战军队规模比 20 世纪城市战中少得多，军队经常同相对弱小的非正规部队作战，所以推断现代城市战会很快结束。然而，恰恰相反，在 20 世纪只需几周就能完成的城市战，现在却需要几个月或几年时间。这一现象具有深刻警示意义，事实上，21 世纪

---

① 第二次汉城战役是指韩国于 1950 年 9 月底从朝鲜手中收复汉城的战役，具体发生时间另有一种说法，认为战役发生在 1950 年 9 月 22—25 日，持续 4 天时间。——译者注

城市战并不是速决战，而是一场艰难的阵地战。

客观来讲，现代城市战在时间上趋于缓慢，这一情况有点出乎意料。众所周知，现代社会已经进入了一个前所未有的即时通信和快速流动的时代。信息数据在世界各地瞬间流动，人员交往和货物流通迅速，更有高端武器能够以极快速度飞遍全世界。例如，法国文化理论家保罗·维利里奥就认为，远程弹道导弹加快了战争步伐，现在可以在几秒内摧毁一座城市，[1] 在他的眼里，战争已经能够瞬间完成。尽管在全球化的后现代社会，人们之间的交流沟通快捷方便，但是，令人难以忽视的事实是，城市战却朝着另一个方向发展：战争的步伐实际上已经减速了。现代城市战不按时钟时间进行界定，既不是即时战争，也不是快速战争。相反，现代城市战却在一定程度上重现了古代战争的某种特征：围攻战——以冰川般移动的速度缓慢推进，而不是闪电般的速度快速推进——又回来了。军事观察家注意到这一变化趋势："当观察苏联解体以来所有的战争形式时，发现有一点变得非常清楚——围攻战才是现代战争的一个

---

[1] Paul Virilio and Sylvère Lotrine, *Pure War* [New York: Semiotext (e), 1997]; Paul Virilio, "The State of Emergency," in James Der Derian (ed.), *The Virilio Reader* (Oxford: Blackwell, 1998), pp. 48–57.

第八章 战斗蜂群

典型特征。"①

21世纪以来，人们研究发现，导致城市战速度趋于缓慢的主要原因如下：错综复杂的城市环境不利于作战；战斗双方都拥有精良武器装备，彼此战斗力几乎相当；附带的平民伤亡引起人道主义谴责；等等。在20世纪，人们普遍认为，城市战伤亡率会相当高。例如，1942年8月21日至10月17日，斯大林格勒战役期间，德国第6集团军伤亡40 068人。但是在苏联红军11月进行反攻作战后，伤亡人数可能超过10万人，这一数据超过德军总兵力的25%。② 然而，城市内德军部队损失更严重，单单在斯大林格勒战役中就可能损失参战部队一半以上的人员。20世纪90年代，美军评估城市战得出如下结论：一个100—120名士兵的步枪连，大约12小时内能够占领一个具有防御工事的城市街区，但这需要付出30%—45%伤亡率的代价。③ 换句话说，一个城市街区每

---

① Amos Fox, "There-emergence of the Siege: An Assessment of the Trends in Modern Land Warfare," *Association of the US Army*, 3 July 2018, https://www.ausa.org/publications/reemergence-siege-assessment-trends-modern-land-warfare.

② David Glantz, with Jonathan House, *The Stalingrad Trilogy, Volume 2: Armageddon in Stalingrad: September-November 1942* (Lawrence: University of Kansas Press, 2009), p. 716.

③ Barry Posen, "Urban Operations: Tactical Realities and Strategic Ambiguities," in Michael C. Desch (ed.), *Soldiers in Cities: Military Operations on Urban Terrain* (Carlisle, PA: Strategic Studies Institute, 2001), p. 153.

天消耗的成本相当于一个步枪连的战斗力。这一作战数据现在有很大争议，但是仍具有参考价值。有的学者认为，事实上，20世纪城市战并不一定比野外战斗伤亡率高。① 例如，马尼拉战役中，尽管第37步兵师和第1骑兵师在人数上仅占1.5∶1的优势，但他们阵亡780人，负伤4 700人，伤亡率约为20%。而同时他们消灭了16 665名日本守军，② 也取得了很大战果。当然，没有人否认，城市战经常会发生非常严重的伤亡。

相比之下非常明显的是，21世纪城市战的伤亡率还没有达到20世纪城市战的水平。2004年11月8日至12月7日，第二次费卢杰战役期间，13 000名美军在战斗中有63人丧生，另有535人受伤；整个部队的伤亡率不到4%。③ 当然，伤亡主要集中在死亡率较高的战斗连。然而，指挥战斗并提供大部分兵力的美海军陆战队第1师从未损失过一个连队。在摩苏尔战役中，伊拉克军队伤亡损失比较严重。如第一章所陈述，官方统计的伊拉克士兵死亡人数为1 400人，受伤人数为7 000人，但实

---

① Doug Winton, "Is Urban Combat a Great Equalizer?" (PhD thesis, John Hopkins University, 2018); Alec Wahlman, *Storming the City* (Denton: University of North Texas Press, 2015).

② Wahlman, Alec *Storming the City*, p. 104.

③ Dick Camp, *Operation Phantom Fury* (Minneapolis: Zenith, 2009), p. 299.

第八章 战斗蜂群

际伤亡人数可能要高得多,也许15 000人。然而,参加过城市战的伊拉克士兵总数为94 000人,因此总体伤亡率要低得多:占整个部队的10%—15%。一般来讲,主战部队的伤亡率肯定更高。例如,据报道,伊拉克反恐部队的伤亡率为50%,其中有14名营长在战斗中牺牲。① 然而,即便反恐部队伤亡率比较高,但是也远低于传统部队伤亡率的平均水平。在9个月的摩苏尔战役中,美军最终伤亡率才接近20世纪城市战一天的伤亡水平。同样,2017年马拉维战役期间,菲律宾特种作战部队在前线战斗也遭受重大损失。但是,同20世纪城市战相比,现代城市战伤亡率要低得多。

城市战伤亡率的降低并非因为城市战不那么危险了。城市战伤亡率降低的主要原因是,政治领导人和指挥官深知军队规模数量有限,他们不再拥有20世纪那样的大规模军队,从而对所支配的小规模、专业化精英部队倍加珍惜,在作战上更加谨慎,不敢冒进。即使对于"独裁"政权来说,灾难性的战争伤亡也会带来严重的政治后果。例如,尽管阿萨德有时并不担心平民伤亡,但是

---

① Robert Postings, "A Guide to the Islamic State's Way of Urban Warfare," Modern War Institute, 7 September 2018, https://mwi.usma.edu/guide-islamic-states-way-urban-warfare/.

他依旧小心翼翼地保护自己数量相当有限的部队。因此，指挥官们都试图确保部队安全，宁愿采取更缓慢、更成熟、更安全的行动，而不是更大胆、更冒险的攻击。大胆、冒险往往是20世纪城市战的特征。摩苏尔战役之所以持续长达9个月时间，主要因为伊拉克军队将军们不想无必要地浪费兵力。因此，现代军队可能都梦想运用分形战术进行作战，在特殊情况下也可以实现这种创新打法，但是，面对战斗高伤亡的预估，他们还是倾向于更加慎重、消耗性的攻击。

值得注意的是，尽管魏兹曼在讨论纳布卢斯战役时认为，城市战已经发生了根本性转变，但是他最终也不得不承认，现代城市战具有消耗性这一特征。魏兹曼指出，虽然以色列国防军伞兵巧妙渗透到纳布卢斯，但是在杰宁的以色列军队远没有那么成功，他们仍然以传统战术对街区进行逐个清理并付出了高昂代价。在清理过程中，以色列格兰旅（Golani Brigade）第51营遭到伏击，1名连长和12名士兵被打死。总的来说，以色列国防军在战斗中损失了23人："对巴拉塔和纳布卢斯的突袭，对外所宣称的毫不费力的'顺利'必须同以色列国防军对杰宁的袭击所招致的困难、'条状'障碍物和物

第八章 战斗蜂群

理摧毁的严重性相比较。"① 对分形战术的追求在第二次黎巴嫩战争期间进一步显露出来。此后,以色列国防军启动部署小规模轻型步兵部队对付真主党的占领据点,但是他们几乎在每一次交战中都被真主党武装轻易击退。例如,在边界附近的重镇宾特朱拜勒,真主党守军在防御工事上运用先进武器对付以色列国防军步兵,杀死了9名以色列士兵,打伤了更多的人,并击退了以色列军队的进攻。

  2002年,以色列国防军在杰宁和黎巴嫩南部(特别是在宾特朱拜勒)的作战经历,证明了21世纪城市战战术中的一个关键问题,即当敌人弱小或意外出现时,或者当任务目的只是突袭时,部队可能会进行复杂的城市渗透作战。然而,当目标是占领并清除一个城区,并将敌人全部驱逐出去时,蜂群战术就变得非常不适用了。在敌人有组织有装备的情况下,蜂群战术尤其不适用。在最近的城市战中,逊尼派和什叶派民兵、真主党和"伊斯兰国"都使用了先进武器,此时不宜采用蜂群战术。例如,伊拉克战争期间,什叶派武装反抗分子最终使用爆炸成型弹(EFPs),这种简易爆炸装置甚至能

---

① Weizman, *Hollow Land*, 2011.

穿透"艾布拉姆斯"坦克和"挑战者"坦克最厚的装甲,① 对美军造成很大危险。伊拉克境内武装反抗分子不仅仅是游击队,他们有的还是国家支持的混合民兵。2003 年,美军在巴格达的"迅雷突袭"行动,普遍被认为是理想的城市战。实际上,美军行动之所以成功,主要原因是伊拉克守军太无能,伊拉克军队没有加固阵地,只能让自己暴露在美军致命的打击之下,而且伊拉克军队的射击水平很糟糕,作战也缺乏士气。如果伊拉克军队达到标准的 1∶1 损失比例,即训练有素的城市守军通常能够对付同样训练有素的对手,伊拉克军队很"可能会误伤数千名士兵"——那么"迅雷突袭"行动的结果可能会截然不同。②

面对意志坚定、装备精良的城市敌人,采用蜂群战术则完全行不通,主要因为这样的战术只能暴露进攻者的轨迹。在城市环境中,蜂群小队很容易被敌人包围、切断和击败,还容易被己方支援火力误伤,甚至孤军深入得不到后勤支援。2004 年,一名在费卢杰参战的美军

---

① Tim Ripley, *Operation Telic: The British Campaign in Iraq 2003-2009* (Lancaster: Telic-Herrick Publications, 2016), p. 260.

② Stephen Biddle, "Speedkills: Reassessing the Role of Speed, Precision and Situation Awareness in the Fall of Saddam," *Journal of Strategic Studies* 30, no. 1 (2007): 36.

第八章 战斗蜂群

海军陆战队员深刻地总结这一经验:"但凡我们变得冲动一点,试着做些机动移位,我们就会更容易暴露在敌人眼前。"① 面对顽固的敌人,在不遭受重大伤亡情况下前进的唯一方法,就是围攻掠地,逐楼攻克,逐步占领。

事实上,在摩苏尔和马拉维的作战经历,让人们对蜂群战术的效用产生了怀疑,尤其是近距离战斗。近距离战斗是为解救人质而设计的,已被证明对装备简单的对手非常有效,能够在不设防的建筑物里对敌人进行出其不意的制伏。再者,作战"堆栈"可以在走廊和房间里自由流动,依次清理地盘,有效打击敌人。近距离战斗在伊拉克、阿富汗和叙利亚的突袭行动中表现非常出色。然而,在21世纪激烈的城市战中,近距离战斗已经变得无关紧要了,有时甚至行不通。例如,在摩苏尔和马拉维战役期间,伊拉克和菲律宾的正规部队面对的是被轰炸摧毁的城市环境,他们大部分时间在充满碎石和碎屑的废墟中作战,在这种环境下,作战人员根本不可能以"堆栈"阵型前进。事实上,在某些情况下,近距离战斗可能会导致误伤误杀。例如,在马拉维战役中,伊斯尼隆·哈皮隆(Isnilon Hapilon)部队及其"穆特组

---

① Camp, *Operation Phantom Fury*, p. 180.

织"盟友侦察到美军和菲律宾军队采用近距离战斗方式进攻，他们了解掌握到，美军在进入房间之前，作战"堆栈"会聚集在门口。因此，哈皮隆武装人员相应地进行了"置人于死地"的作战部署，当菲律宾士兵在门口集结时，守军通过门边的墙壁疯狂发射小型武器、火箭弹和爆炸物，或者在通往房间的门口挖掘一个小火坑，为菲律宾军队进攻设置陷阱。哈皮隆武装人员还了解到，菲律宾士兵在进入门口时会用武器对准他们的视线（与近距离战斗训练一致），但是非常容易受到下方近距离火力的攻击。结果，菲律宾士兵在突袭行动中伤亡惨重，原因在于他们盲目地采用近距离战斗。面对俄罗斯、伊朗、朝鲜等真正势均力敌的对手，任何所谓"迷人"战术都变得微不足道，这一点不言而喻。

摩苏尔战役很好地证明了这一点。联军部队同时从多个方向对"伊斯兰国"进行攻击，很快就击垮了"伊斯兰国"指挥官。然而，虽然联军部队攻击的方向不同，但每一次推进都是缓慢而谨慎的。伊拉克军队并没有采取分形战术进行城市战。的确，唯一一次快速前进的时候，联军部队遭受了可怕的失败。2016年12月，伊拉克军队迅速挺进，很快占领了萨拉姆医院（Al-Salam Hospital），但未能清除身后的所有地盘："在集中

第八章 战斗蜂群

进攻的指挥下,伊拉克军队占领了萨拉姆医院,却没有巩固守好阵地,而是想利用胜利势头夺取尽可能多的地盘。"① 结果,伊拉克军队遭到了隐藏在未清理房间里的"伊斯兰国"武装分子的反击,武装分子源源不断地从隧道或废墟中冒出来进行战斗,在这种情况下,大约100名伊拉克士兵被包围,并遭到猛烈攻击。当天战斗结束时,伊拉克军队惨遭失败,也失去了占领的所有地盘,人员伤亡惨重,损失20辆汽车。② 为此,伊拉克军队采取了另一种作战方法:

> 伊拉克军队的攻击是线性的:一般进攻一两个街区,然后撤退规避危险。随后,我们的炮火摧毁了伊拉克军队指定的目标,并使他们在联合火力的支援下向前推进。这种方法在微观上是线性的。我们能让伊拉克军队改变作战方法吗?其实并不能。他们曾经决定以这样方式前进,但是没有执行,现在我们欢迎他们改

---

① Maarten Broekhof, Martijn Kitzen and Frans Osinga, "A Tale of Two Mosuls: The Resurrection of the Iraqi Armed Forces and the Military Defeat of ISIS," *Journal of Strategic Studies*, 12 December 2019, https://doi.org/10.1080/01402390.2019.1694912, 14.

② Postings, "A Guide to the Islamic State's Way of Urban Warfare".

变作战术，支持对他们有用的作战方法。[1]

摩苏尔城西部街道狭窄、地形复杂，伊拉克军队不得不再次调整战术：进行专门的城市地貌战术训练。在实践中，伊拉克军队不能从正面攻击建筑物，而必须从建筑物的拐角处和角落处进行攻击。[2] 然而，尽管伊拉克军队采取新战术也没有改变一个基本事实，即城市战是一个痛苦而缓慢的过程。摩苏尔战役期间，伊拉克军队不得不进行缓慢的消耗性作战，在一系列行动中，采取一个街区一个街区占领的办法逐渐清理这座城市，其间，对刚刚占领的地区加固防御工事，防止被偷袭。

从一定程度上讲，在城市环境中，机动作战已经死亡，阵地战——围攻战——又回来了。现代城市战的核心问题既不是如何移动，也不是如何蜂拥行动，而是如何攻破、清除和守住具有良好防御工事的建筑物和街区。不再是快速强攻作战，城市战变成一个漫长而缓慢的过程。在最近的城市战中，坦克和重型装甲车的运用令人信服地证明了阵地战的再现。德军设计坦克最初目的，

---

[1] General Joseph Martin, US Army Land Component Command, Operation Inherent Resolve, personal interview, 16 November 2018.

[2] Ibid.

第八章　战斗蜂群

是为了突破西线阵地的障碍。坦克是最原始和最典型的机动作战武器。在20世纪30年代，很多重要军事家，如富勒（J. F. C. Fuller）、米哈伊尔·图哈切夫斯基（Mikhail Tukhachevksy）和海因茨·古德里安（Heinz Guderian），都主张集结大规模坦克进行纵深机动作战。事实上，尽管坦克战术是偶然产生而非有意设计的战术，但是1940年，德军在法国战役中展示了大规模装甲坦克的打击威力。[①] 20世纪的军事理论充分表明，坦克是为野外机动公开战而设计的，不是为城市战而设计的。从20世纪30年代到冷战结束，坦克保留了作为地面部队震慑武器的角色，其设计目的都致力于开展机动作战和纵深打击。海湾战争是坦克机动作战的典范。虽然途中遭遇伊拉克军队的微弱抵抗，但是数千辆美军和英军坦克还是成功穿越沙漠，顺利击败了伊拉克军队。例如，美军第24机械化师在4天内前进了300多英里，同时战胜了行进途中的所有伊拉克军队。

在20世纪，坦克是野外战场的大杀器。虽然步兵总能称王称霸，但事实上，装甲部队才是战斗王者。21世纪城市战，坦克依旧占据核心地位。然而，坦克的作用

[①] Karl-Heinz Frieser, *The Blitzkrieg Legend* (Annapolis, MD: Naval Institute Press, 2005).

被颠倒了,不再作为主要进攻武器,而作为主要防御武器。事实上,坦克的地位在城市战中不可或缺,主要表现在坦克厚实的装甲提供独特的防御功能,主炮和同轴机枪能够提供至关重要的直接火力支援。装甲部队不再是现代意义上的机械化装甲兵,而成为后工业时代的攻城引擎。坦克——经常与装甲推土机搭配使用——与现代攻城锤、攻城塔、弹射器、盾牌和碉堡车等装备组合而成一种独特重型武器。

在 20 世纪中叶,军队对在城市环境中使用坦克持严重怀疑态度。很显然,狭窄街道能够阻止坦克部署。美国陆军 1939 年和 1941 年的《野战手册 100-5》(*Field Manual 100-5*) 只是简单地讨论了城市战,对坦克在城市的作用提出了相当悲观的看法。20 世纪 40 年代的城市战证明,这一看法是错误的。即使在 21 世纪,军队也常常严重低估城市装甲武器的效用。由于受坦克原本功能(如作战视野狭小)的干扰,有的军事专家始终否认坦克在城市战中的重要性,他们认为,城市战主要是步兵作战,毕竟,只有步兵才能进入楼道并清理房间。例如,在 2003 年 4 月的"迅雷突袭"行动之前,美军指挥官"害怕让坦克暴露在巷战中"。然而,在 4 月 5 日的第一次"迅雷突袭"中,虽然每辆坦克至少被 1 枚火箭推

第八章　战斗蜂群

进榴弹击中,但没有 1 辆坦克被击毁。① 21 世纪初,城市战充分证实,对付重要敌人还得需要重型装甲。2008 年 3 月,萨德尔城战役的第一周,美军就使用"斯特瑞克"装甲车(Stryker Armoured Vehicle)进攻,在战斗强度较低情况下,装甲车被证明有效实用,可以抵御轻武器、火箭弹和小型简易爆炸装置的攻击。但是,在攻打萨德尔城的第一周,"斯特瑞克"装甲车的弱点也被清晰地展示出来,6 辆装甲车被摧毁。取而代之的是"艾布拉姆斯"坦克和"布雷德利"装甲车(Bradley Armoured Vehicles),"与现有的坦克和机械化部队相比,'斯特瑞克'装甲车缺乏杀伤力和生存能力……该装甲车难以同'艾布拉姆斯'M1 坦克相提并论"。② 以色列国防军在加沙的行动中也有类似情况。2014 年的"护刃行动"中,以色列国防军在加沙对哈马斯武装分子进行了有限的打击和清除行动,发现中等装甲车辆防护性、打击性都不理想,比较脆弱。7 名以色列士兵在 M113 装甲人员输送车中遇袭丧生。事后结论很明确:"薄皮装甲车在今天

---

① Biddle, "Speedkills, " p. 13.
② David Johnson, M. Wade Markel and Brian Shannon, *The 2008 Battle of Sadr City: Reimagining Urban Combat* (Santa Monica, CA: Rand Arroyo Centre, 2013), p. 58.

的城市战场或附近战场上根本没有立足之地。"①

事实证明，坦克是现代城市围攻战中必不可少的武器，主要因为坦克具有四大重要功能：重量、防护、火力和机动性。随着军队规模的缩减，坦克重量也在减少，在城市进攻中尤其如此，轻型坦克越来越成为主流，在过去，战斗力通常是由军队和武器的数量来决定。现在，军队规模急剧缩减，成为现代城市战的一个重要问题。随着作战人员的减少，军队试图通过增加武装装甲的重量、提升打击火力和作战效率来弥补人员减少的弱项。在城市战中，虽然作战人员的绝对数量大幅下降，但是部队主体的战斗功能大幅增加。小单位步兵分队现在能够得到更多装甲的防护和支援。

武装力量的新平衡在最近的城市战中非常明显。例如，在巴士拉，英国最终向城市部署了一支小部队——大约600名士兵的一个营，该营之所以能够在战斗中存活下来，主要得益于"武士"重型装甲车，并得到挑战者坦克的支援。萨德尔城战役也证明了类似的观点。美军第68装甲团第1营和斯特瑞克团第1营为作战行动提

---

① Russell W. Glenn, *A Short War in a Perpetual Conflict: Implications of Israel's 2014 Operation Protective Edge for the Australian Army* (Commonwealth of Australia: Directorate of Future Land Warfare, 2016), p. 103.

第八章 战斗蜂群

供直接兵力,虽然这支部队有大约 2 000 名作战人员,然而却是一支由"艾布拉姆斯"坦克和"布雷德利"装甲车组成的非常强大的部队,最后成功完成行动,伤亡最小。可见,在城市战中,装甲力量已经取代了兵力数量。

人们常说坦克在城市环境中很脆弱。由于坦克在战场上正面攻击敌人阵地,所以坦克的正面装甲是车辆最厚的装甲,具有较强的防御性能。然而,在城市战中,坦克容易受到来自上方和后方的攻击。坦克的这一弱点在格罗兹尼战役中表现得非常明显,当时车臣武装反抗分子从空中摧毁了俄军许多坦克和装甲人员输送车。最近从叙利亚传来的消息显示,坦克仍然容易受到垂直火力的攻击。尽管坦克具有这个毋庸置疑的弱点,但是仍然代表着迄今为止最好的装甲防护。在大多数城市战中,坦克已被证明比任何同类车辆都更有承受力。美军坦克在摩苏尔战役发挥了重要作用,很好地保护了伊拉克步兵免受攻击。随着伊拉克军队在城市推进,坦克部署在侧翼的交叉路口,从关键位置上封锁了"伊斯兰国"武装分子袭击的道路,尤其是阻止了自杀式车辆。当然,坦克并非坚不可摧,与任何其他车辆不同的是,坦克不得不停留在城市露天街道上,遭到袭击在所难免。事实上,在城市战中,坦克依然占据主导地位,可以充当半机动据点，借此步兵可以围绕坦克发动攻击。坦克的准静态功能至关重要，虽然步兵进攻必须远离街道，但又必须占领街道，依靠坦克能够有效限制敌人的行动自由。

在最近的城市战中，坦克是最佳直接火力平台，在战场上发挥了关键作用，这点也正如上一章所讨论的那样。现代坦克通常装备一门120毫米火炮，其威力相当于一门轻型火炮。在城市环境中，坦克炮管的长度偶尔会成为劣势，因为炮管的长度在穿越街道时会受宽度和拐角的限制。尽管如此，坦克经常提供猛烈、准确和快速的直接火力来支援地面步兵作战。在城市战中，坦克主要用来压制敌军或摧毁特定据点。在入侵伊拉克期间，美军坦克多次突破防御工事，协助部队进攻。例如，2003年3月29日，当美军第101空降师占领纳杰夫时，"艾布拉姆斯"坦克率先发起进攻，突破敌人位于城市地区的农业学院防御墙，为空中突击步兵提供支援。不幸的是，对于步兵来说，坦克采用了反坦克穿甲弹对防御墙进行破壁，由于该型号炮弹是穿透性而不是爆炸性炮弹，结果穿甲弹在墙上打出的鼠道洞口太小了，结果士兵们爬不过去。萨德尔城战役期间，美军共发射800发坦克穿甲弹支援步兵作战。同样，在摩苏尔战役中，坦克经常扮演直接火力的角色。

第八章 战斗蜂群

直接火力角色与坦克的重要功能——机动性密切相关。显然,坦克机动性并不是指完全意义上的灵活机动。坦克机动性是指突破具有防御工事的阵地以夺取和清除直接目标的能力。在城市环境中,坦克的作战目标通常是一栋建筑,或者是一个街区。在摩苏尔战役中,美军面对的主要问题,不仅是"伊斯兰国"的防御工事,还有阻碍部队行动的废墟。如果不为支援车辆和后勤人员清理街道,美军就不可能继续前进。坦克不仅广泛用于火力突破防御,而且还用于清理废墟瓦砾和道路上的障碍。在城市战中,通常与"艾布拉姆斯"坦克搭配的装甲推土机也发挥了至关重要的作用。推土机清除了街道上的瓦砾,有时还用推土机的刀片来突破敌人的防御工事。事实上,推土机在摩苏尔战役中变得非常重要,一名高级指挥官甚至声称,在城市中,推土机是联军装备库中最有用,也许是最重要的武器。

坦克在城市地形中的重要性,进一步凸显了现代城市战斗的特点。坦克不再作为装甲骑兵的角色进行集体冲锋,而已成为当代的攻城引擎,专注于进行缓慢、近距离的突破和破坏防御工事,压制敌人战斗人员,支援己方步兵占领据点。坦克甚至重新被命名为阵地武器,这也从另一个角度说明,城市战不再为对手提供机动或渗透的机会。坦克在最近的城市战中所发挥的作用表明，城市战已经放缓速度并集中在特定地点开展行动，主要体现在以大量火力对具有良好防御工事的阵地进行激烈争夺。概言之，现代城市战已经浓缩成一场局部阵地战。

六、超越机动

绝大部分军队始终希望能够进行机动作战。事实证明，机动作战是争取战争胜利的有效途径。今天，有的学者希望看到快速机动作战的军事演习，希望看到部队能够在最复杂的城市环境中进行精妙灵活的蜂群战术。偶尔情况下，在城市战中，当对手实力薄弱、毫无准备时，自由而灵活的分形战术的重要性就会显现出来。然而，随着城市战强度和烈度的提高，敌方要是决心占领一座城市，机动作战就会成为一种幻想。在这种情况下，机动作战在军事上已不可能，任何机动只会造成重大伤亡和失败。一旦对手占领了一个区域，城市战就变成了阵地战，围攻战就会出现。

在这一点上，机动作战已经被谨慎而艰难的阵地战所取代，即在连续的阵地上不断突破前进。从这个意义上讲，现代城市战已经变成了一系列微型围攻战，在下

第八章 战斗蜂群

一次进攻之前,必须清除敌人的防线并确保所占领的这一小块区域的安全。在第一次世界大战中,1916年,西线的盟军发现,攻击敌人防线最有效的方法是,实行局部阵地的"咬紧战术"(bite-and-hold operations),辅以大量火炮轰炸敌方阵地。21世纪城市战也采用了类似的作战方法。现在,成功的城市战包括一系列局部阵地的"咬紧战术",即逐渐攻占一道又一道防线、一座又一座建筑或据点。与第一次世界大战不同的是,这种作战方法并没有发生在宽广的野外战线上,而是发生在城市内部非常狭窄的区域。围攻战已经具体到城市中的特定街区,这些街区经常被交战双方轮流争夺。围攻战,即城市战术——或者说毫无战术而言——反映了现代城市战的丰富性和多元性。正如前几章关于空中力量、防御工事和火力的讨论那样,城市战已经浓缩成小型、设防的据点战斗,而来自空中和地面的大量武器装备正对准据点进行攻击。在城市战中,重型部队主要由精干的步兵和加强的装甲力量构成,在向前推进时遇到困难都会随时得到各种火力的支援。现在,21世纪城市内激烈、局部的微型围攻战场已经取代20世纪宽广的野外露天前线战场,其中飞机、火炮、步兵、坦克和推土机等武装力量都聚集在狭小地域协同作战。

第九章

战斗伙伴

第九章　战斗伙伴

一、叛徒

20世纪，当国家能够部署大规模的军队时，地方战斗伙伴在城市战的作用往往有限。在激烈的城市战中，国家军队专注于互相厮杀，他们很少或根本不需要当地非正规民兵或武装团体的援助。不过有时，特别是在反暴乱运动中，国家会雇用地方安全部队支持作战。在1968年的越南顺化战役中，美海军陆战队的3个营曾经同越南共和国军队的1个营共同作战。在1954年肯尼亚内罗毕（Nairobi）的"铁砧行动"中，在英军将"茅茅运动"①战斗小队赶出城市时，当地警察部队发挥了重要的支持作用。在20世纪，军队与地方安全部队的合作相当普遍。然而，这些地方的安全部队都是被正式承认的国家机器的一部分。但是，同非正规民兵或城市其他地方政治领导人的地方力量合作，发起一场军事行动的战略谋划并不常见。因为，国家有足够力量独自或与东道国一起确保城市安全。相比之下，在21世纪，军队同

---

① 茅茅运动（Mau Mau Rebellion, 1952—1956），20世纪50年代肯尼亚人民反对英国殖民者的武装斗争运动。大规模起义于1952年爆发，英国总督于当年10月宣布进入"紧急状态"，搜捕"茅茅"战士和其他独立运动人士。许多历史学家认为，没有"茅茅运动"就没有肯尼亚的独立。——译者注

当地民兵结成伙伴关系将其作为城市内的代理人或盟友，则是几乎不可避免的常态行动。

当然，纵观历史，围攻者一直都在积极寻求利用代理人作战，叛徒或有同情心的平民经常被用来推翻城市政权。事实上，在古希腊，虽然"军队攻击很少成功"，"叛国和威胁倒是更为常见"。① 德摩斯梯尼的《反腓力辞》十分重视背叛在夺取城市中的作用。正如希腊叛徒在公元前 432 年向雅典人打开了门德的门（gates of Mende），在公元前 424 年向斯巴达人打开了托罗涅的门（gates of Torone）。在罗马的围攻中，背叛也同样重要。在公元前 212 年第二次布匿（Punic）战争期间的锡拉库扎（Syracuse）围城战中，李维记录了罗马指挥官马库斯·克劳狄乌斯·马塞勒斯（Marcus Claudius Marcellus）如何将一名特工安插到迦太基人（Carthaginian）外交代表团中，以贿赂城内的一名西班牙雇佣军指挥官。这位叛徒指挥官最终让马塞勒斯的军队从一个本来由其守卫的侧门顺利进入城内。②

---

① Barry Strauss, "Naval Battles and Sieges," in Philip Sabin, Hans van Wees and Michael M. Whitby (eds.), *The Cambridge History of Greek and Roman Warfare Volume 1* (Cambridge: Cambridge University Press, 2007), p. 244.

② Philip De Souza, "Naval Battles and Sieges," in Philip Sabin, Hans van Wees and Michael M. Whitby (eds.), *The Cambridge History of Greek and Roman Warfare, Volume 1* (Cambridge: CambridgeUniversity Press, 2007), pp. 449, 457.

第九章 战斗伙伴

由此观之，军队经常寻求利用战斗伙伴加快围攻战的速度。在过去几十年里，随着军队规模的缩减，越来越明显的是，现有军队规模很难有效包围城市。仅仅是规模缩减的数据统计，就足以迫使国家军队在城市内寻找合作伙伴，以增强自己的能力。现有军队规模根本不足以像以前那样能确保大都市的安全。与此同时，城市本身已经变得更加多元化。当英国皇家空军和美国陆军航空队（即美国空军前身）在第二次世界大战期间轰炸德国时，德国人民在政治上和民族上是团结的。正因为纳粹国家和人民之间存在着不可分割的关系，对人民进行集体惩罚存在一个残酷的逻辑：城市、人民和国家是一个统一体。因此，盟军空袭战略是基于对德国人民立场的深刻研究而发动的。[1] 在这种情况下，很难通过代理人、内部代理人和战斗伙伴来帮助军队占领一个城市。然而，21世纪全球化城市却与本地城市截然不同，由多元化的人口组成，这些人口往往与国外侨民和其他城市具有密切联系，他们从未同外部联系隔离。因此，不仅军队越来越依赖非正式、准军事的或民间的战斗伙伴来

---

[1] Thomas Hippler, *Governing from the Skies: A Global History of Aerial Bombing* (London: Verso, 2017); also Thomas Hippler, *Bombing the People: Giulio Douhet and the Foundation of Air-Power Strategy, 1884–1939* (Cambridge: Cambridge University Press, 2013), p. 19.

支持自己，而且 21 世纪多元化的大都市为他们提供了寻找伙伴和盟友的广泛机会。代理人、特工、盟友、合作伙伴以及叛徒，在城市战中一直发挥着重要作用，但现代城市战场的特殊地形又赋予他们新的价值。

二、20 世纪的战斗伙伴

在 20 世纪城市战中，代理人和特工可能是不太重要的角色。然而，有些高度相关的案例表明，很多时候，国家军队要依靠与地方部队的合作关系来实现其目标。1982 年以色列围攻贝鲁特战役就涉及这种臭名昭著的合作关系。1967 年的六日战争（Six Days' War）后，巴勒斯坦解放组织（以下简称"巴解组织"）开始被迫迁往约旦。直到 1970 年，巴解组织被侯赛因国王驱逐出境。此后，巴解组织又迁往黎巴嫩，并在贝鲁特地区定居，主要在萨布拉（Sabra）和沙提拉（Shatila）的城市难民营生活，但是该组织的总部仍在城里。巴解组织在 1975 年爆发的黎巴嫩内战中成为对抗基督教民兵的主要参战方。联合国在 1980 年促成了和平，使巴解组织在黎巴嫩南部拥有了自己的行政区域。然而，巴解组织开始从南部领土对以色列发起军事行动，这一行动在 1981 年升级扩大。

第九章 战斗伙伴

1982年6月3日，以色列驻伦敦大使什洛莫·阿尔戈夫（Shlomo Argov）被3名恐怖主义分子击中头部，其中一名恐怖分子是叙利亚情报人员。这一行为引发了以色列对黎巴嫩的重大军事干预，此外，以色列军队开始打击在贝卡谷地阵地的叙利亚军队和谋杀以色列大使的巴解组织，以色列的战争规模进而逐渐扩大。

以色列国防军沿海岸线向北攻击巴解组织，并沿着黎巴嫩山脊（Lebanese Ridge）和贝卡谷地（Beqaa Valley）向内陆攻击叙利亚军队。虽然地形困难，但以色列国防军在东部击败了叙利亚军队，并在沿海击败了巴解组织，因此，到6月底，以色列国防军包围了贝鲁特，巴解组织也被困在那里。由于以色列国防军没有城市战经验，只依靠当局巴希尔·杰马耶勒（Bashir Gemayel）指挥的长枪党部队（Christian Phalangist Forces）迫使巴解组织投降。但长枪党拒绝攻击巴解组织，因为攻击行为将受到城内德鲁兹民兵组织和穆斯林民兵组织的抵抗。以色列国防军被迫围攻贝鲁特，在8月和9月进行了猛烈的炮击和空袭，随后又对城市南部机场和东部的军事分界线"绿线"（Green Line）发动地面攻击，以打击巴解组织，但是，轰炸造成了严重平民伤亡，以色列国防军也遭受了重大伤亡：88人死亡，750人受伤。尽管如此，巴解组织最终还是被驱逐出了贝鲁特。从军事角度看，这次围攻战是成功的。

然而，1982年9月16日至18日，在萨布拉和沙提拉难民营发生的臭名昭著的大屠杀破坏了整个行动。贝鲁特基督教长枪党最初拒绝帮助以色列国防军，但在其领导人杰马耶勒被巴解组织恐怖分子暗杀后，才对巴解组织进行了报复。他们的攻击使以色列国防军得以进入贝鲁特西部。与此同时，长枪党还进入巴勒斯坦难民营，对700名巴勒斯坦平民进行报复性屠杀。以色列国防军不太可能直接参与这场暴行。事实上，以色列内阁一直担心基督教徒会对巴勒斯坦平民进行报复，尽管如此，以色列国防军与长枪党民兵结成了伙伴关系。因此，以色列可能不对这次屠杀负官方责任，但是对这次屠杀负有一定责任。长枪党和以色列国防军合作的事实众所周知，难民营大屠杀事件严重损害了以色列国防军的声誉。[1]

1982年，以色列围攻贝鲁特是一场20世纪城市战。这场城市战是一支由8个半师（约78 000名士兵）组成

---

[1] Richard Gabriel, *Operation Peace for Galilee: The Israeli-PLO War in Lebanon* (New York: Hill and Wang, 1984). See also Sara Fregonese, *War and the City: Urban Geopolitics in Lebanon* (London: I. B. Tauris, 2019).

第九章 战斗伙伴

的大型军队利用大规模火力进行攻击的。然而，这场战争也对 21 世纪的城市战提供了一个预警式的理解。贝鲁特是一个大型异质化城市。到 20 世纪 70 年代末，该城市已经被东部的基督教长枪党民兵组织、西部的穆斯林民兵组织和巴勒斯坦各派别所分割。这些政治派别民兵人数众多，长枪党估计拥有 90 名民兵，大部分是该城市中德鲁兹人和穆斯林。以色列国防军与长枪党的关系是对未来合作的预兆。但是，这种合作关系并非独一无二的。

代理人在 1999—2000 年的第二次格罗兹尼战役中也发挥了重要作用。遭到第一次格罗兹尼战役的灾难性打击后，俄军改进了新的城市作战方法，他们开始考虑同当地部队合作的可能性，甚至必要性。特别是在 1999—2000 年的战斗中，俄军雇用了当地军阀贝斯兰·甘塔米洛夫（Beslan Gantemirov）作为政治盟友。甘塔米洛夫曾在 1966 年杜达耶夫被免职后被提名为车臣总统候选人。然而，当时甘塔米洛夫被认定犯有挪用公款罪，并被判处 6 年徒刑。1999 年，甘塔米洛夫被叶利钦总统赦免，并被任命为车臣国家委员会主席。甘塔米洛夫的民兵组织（其中许多人的背景令人怀疑），后来在第二次城市保卫战中发挥了关键作用。虽然甘塔米洛夫的民兵组织没有装备重武器，但他们被俄罗斯军队武装起来，经常充当俄军进攻的先头部队。与俄罗斯军队不同的是，甘塔米洛夫的民兵组织具有政治合法性，他们了解当地情况，并且憎恨伊斯兰教叛乱分子。战斗期间，甘塔米洛夫民兵组织约 700 名战斗人员的高伤亡表明了他们在与俄军合作中所发挥的重要作用。

三、拉马迪战役

贝鲁特和格罗兹尼战役，是战斗伙伴在城市战中重新获得重要性的最初迹象。21 世纪几乎每一场城市战都肯定了当地的、土著的、非正规的盟友和战斗伙伴的军事价值。在美军占领伊拉克期间，特别是在 2006—2007 年战役达到危急时，同当地民兵的合作对美军来说变得非常重要。当时伊拉克有几个早期与美军合作的例子。毫无疑问，2006 年美国在拉马迪的行动，特别是"安巴尔觉醒"[①] 运动，为美军使用代理部队提供了最贴切和

[①] "安巴尔觉醒"（Anbar Awakening），是 21 世纪初美国领导的伊拉克战争期间一系列重塑伊拉克政治格局的运动。在觉醒运动中，普通公民团结起来，试图加强安全和保护他们的社区，觉醒模式经常得到联军的支持和协助，这一模式引起了美军军方领导人的极大兴趣，同时也引起了伊拉克政府的关注。——译者注

第九章 战斗伙伴

最具决定性的案例。

由肖恩·麦克法兰上校率领的第 1 装甲旅作战小分队（第 1 战备队）于 2006 年初部署到伊拉克，最初在泰勒阿费尔（Tai Afer），然后重新部署到拉马迪："第 1 战备队带着自信和乐观进入拉马迪，这源于麦克马斯特的部队在泰勒阿费尔取得四个月的成功。"① 然而，拉马迪情况更为艰难，它是一个比泰勒阿费尔大得多的城市，此地武装反抗活动也要严重得多。2005 年 7 月到 2006 年 6 月，来自宾夕法尼亚州的国民警卫队第 28 步兵师第 2 旅在此地经历了一段煎熬的时光，82 名士兵丧生。2006 年 1 月，维护治安工作开始招募人员，但在"基地"组织发动一系列袭击后，招募工作陷入停顿。此外，2006 年 6 月 7 日，美军空袭暗杀了伊拉克"基地"组织领导人阿布·穆萨布-扎卡维（Abu Masabal-Zarqawi）后，"基地"组织对美军和伊拉克军队进行了报复。例如，2006 年 7 月 24 日，"基地"组织武装力量在 32 分钟内对拉马迪城市内 15 个目标发动了攻击，在其中一个目标内杀死了第 1 战备队的第一旅副官。②

---

① William Doyle, *A Soldier's Dream: Captain Travis Patriquin and the Awakening of Iraq* (New York: NAL Caliber, 2012), p. 107.

② Doyle, *A Soldier's Dream*, p. 117.

伊拉克"基地"组织 7 月的反击是对美军的一个重大威胁。然而，这也被证明是一个机会，因为这一事件开始促使当地逊尼派领导人相信他们不能同"基地"组织合作。"基地"组织"圣战"分子正在屠杀他们的人民，并破坏部落的等级制度。例如，9 月"基地"组织引爆了一枚大型燃料卡车炸弹，当地部落成员在保卫半岛警察局时被炸死。同一天，"基地"组织杀害了当地一位重要酋长，该酋长一直与美军合作，而警察局就在辖区内。"基地"组织故意将酋长的尸体藏起来，使其无法按照伊斯兰教习俗在 24 小时内下葬。这是对逊尼派酋长的最后侮辱，也是"觉醒"运动的直接催化剂。

第一个决定与"基地"组织决裂并与美国重新结盟的逊尼派领导人，是萨塔尔·阿布-里沙（Sattar Abu-Risha），随后，其他人也跟着这么做。麦克法兰认识到，逊尼派部落和像萨塔尔这样的领导人对他在拉马迪的行动取得成功的重要性。美军根本没有足够的部队来单独保卫这座城市，而伊拉克安全部队在数量和可靠性方面也同样不足。因此，在美国人相当惊愕的情况下，麦克法兰于 2006 年 9 月做出了一个重大决定："让我们选一匹马并支持它……让我们支持安巴尔省的酋长们。他们

第九章 战斗伙伴

是我们唯一可以合作的对象。"①

虽然麦克法兰作为指挥官发挥了领导作用，但他经常同旅部下属作战小分队紧密合作开展工作。在第1战备旅中，有的军官工作业绩出色，作为营长之一的托尼·迪恩上校（Colonel Tony Deane）和副旅长吉姆·莱希纳上校（Colonel Jim Lechner）在培养安巴尔省部落关系方面发挥重要作用。例如，莱希纳从美军内政部获得资金和授权，以训练和装备"觉醒"战士。美军海豹突击队第3队（SEAL Team 3）的乔科·威林克中尉指挥官（Lieutenant Commander Jocko Willinck）帮助训练并支持辅助作战人员。该旅的一名翻译斯特林·詹森（Sterling Jensen）也与部落酋长们关系良好。最后，美军驻伊拉克总部的一名初级参谋特拉维斯·帕特里金上尉（Captain Travis Patriquin）也被媒体大肆报道。从官方角度讲，帕特里金最初担任一个重要但级别较低的参谋角色。然而，他能说一口流利的阿拉伯语，有丰富的行动经验，曾在阿富汗和泰勒阿费尔为麦克马斯特上校（Colonel McMaster）服务，他也为"觉醒"运动作出了重要贡献。② 麦克法兰、迪恩、莱希纳、威林克、詹森

---

① Doyle, *A Soldier's Dream*, p. 99.
② Ibid., p. 81.

和帕特里金都同拉马迪的萨塔尔酋长以及其他酋长建立了非常密切的合作关系。

麦克法兰上校及其下属们很快意识到伊拉克警察是拉马迪乃至整个伊拉克问题的症结所在。虽然有许多"基地"组织的恐怖分子在拉马迪活动,但最严重的挑战是日常犯罪、腐败和不确定性。叛乱活动和"基地"组织的恐怖主义在这种环境中蓬勃发展。通过在拉马迪引入一支可靠的警察部队,可以最有效地击败"基地"组织并镇压叛乱。然而,事实证明,建立一支合法的并且有能力的警察部队是不可能的。逊尼派部落的年轻人,其中许多人在民兵组织中,积极反对警察部队,他们认为警察是什叶派主导的伊拉克国家的一个分支,这并非没有道理。"基地"组织还把招募的警察作为袭击目标,这样一来,任何志愿者警察都把自己和家人置于极大危险之中。此外,一旦被招募,警察通常会被分配到远离当地的地方,因为不了解新地区情况,所以工作效率较低,而且他们担心自己没有能力保护家人的安全。① 解决拉马迪面临问题的一个可能办法是,鼓励酋长们允许年轻人在自己的街区自愿加入当地警察部队。这些自愿

---

① Doyle, *A Soldier's Dream*, pp. 123–124.

第九章 战斗伙伴

警察部队很有意愿保护自己的街道,因为他们的家人就住在那里。此外,正因为部落年轻人已经是自己社区的成员,他们对周围环境相当了解,当地人一眼就能认出外国"基地"组织战士。实际上,萨塔尔酋长和麦克法兰的最终计划,是将部落民兵(其中一些人对美国士兵的死亡负有责任)转变为当地警察。

让逊尼派民兵转为当地警察,这是一个大胆的冒险计划。凯西将军(General Casey)领导下的伊拉克多国司令部(Multinational Command-Iraq)正式拒绝了这个提议。然而,麦克法兰继续制订和颁布拉马迪地方警察计划,他试图向海军陆战队远征军总部(Marine Expeditionary Force Headquarters)的指挥官和巴格达的上级指挥系统解释这一战略。一些军官"坚决反对在部落地区建立新的警察局,他们担心这会导致产生新的部落民兵"。[1] 随着麦克法兰开始得到上级的一定许可,帕特里金被派去向安巴尔省其他部队的同事解释新的部署策略。麦克法兰曾幽默地建议,帕特里金的介绍必须足够简单,以便海军陆战队员能够理解。为此,帕特里金开发了一个由17张幻灯片组成的著名PPT演示文稿(见图9.1)。火柴人漫画

---

[1] Doyle, *A Soldier's Dream*, p. 125.

描述了一个复杂的人性思考过程。

帕特里金的火柴人演示图清晰阐释美军面临的困难：他们不了解拉马迪，每一个美军军人被 80 磅重的装备压得喘不过气来，他们无法得到伊拉克士兵的帮助，因为伊拉克士兵在当地被视为马利基总理的什叶派政权的一部分而受到憎恨。结果，普通的当地居民受到恐怖分子和激进分子的恐吓，而联军却无法识别这些人。幻灯片接着介绍当时被联军排除在外的当地酋长们。建议对酋长们的民兵进行重新培训，并将其重新指定为地方警察，由酋长负责管理。演讲最后放映了一张幻灯片，展示了所有酋长、美国人和美国士兵、当地逊尼派和当地警察都很高兴——只有叛乱分子很难过："每个人都是赢家！除了恐怖分子（这很好，因为恐怖分子很可恶）。"幻灯片演示是那段困难时期颇能唤起人们回忆的艺术品。然而，这证明了麦克法兰的部队在拉马迪制定合作战略的重要性。

2006 年 9 月 24 日，麦克法兰和酋长们批准了他们一直在谈判沟通的协议，公开宣布了美军战略的改变。美军的新联盟的作用在接下来的几个月里得到了证实。"基地"组织武装连续数周用迫击炮轰击美军在拉马迪的主要前沿作战基地之一的科雷吉多尔营地（Camp

第九章 战斗伙伴

图 9.1 帕特里金上尉的火柴人

这是一段讲话内容：这是伊拉克酋长和他的民兵。民兵不太擅长……"但他们只是保护我们的家人和部落……"，酋长说道，"让我们有……"（为了保护他们的家人，许多年轻人不愿意加入伊拉克军队，因为他们可能会被送到伊拉克其他地方，而使他们的家乡安全受到威胁。弗雷克斯非常痛恨自己离开后让家人遭受痛苦。想想看，乔也有同感……）

资料来源：帕特里金上尉演示文稿中的部分幻灯片，参见 Selected slide from Captain Travis Patriquin's Power Point presentation, https://abcnews.go.com/images/US/how_to_win_in_anbar_v4.pdf。

Corregidor）。然而，在"觉醒"运动开展后，拉马迪的重要部落领袖、萨塔尔酋长的亲密伙伴贾西姆酋长绑架了一些参加"基地"组织的部落成员，于 9 月 28 日向"基地"组织宣战。贾西姆酋长设立了四个检查站，用于拦截"基地"组织的迫击炮。后来，11 月 25 日，"基地"组织在苏菲亚（Sufiyah）对贾西姆酋长及其阿布索达部落民兵发动了最后重大攻击，该地区位于幼发拉底河以南的半岛上，被称为鲨鱼鳍。"基地"组织突破了苏菲亚南部的两个检查站，然后将贾西姆和他的战士包围在他的家里，面对他的家可能被攻破的危险，贾西姆用无线电向在科雷吉多的第1旅总部报告。总部立即指派无人机、F-18战斗机、装甲部队和沿河部队去解救贾西姆。随着夜幕降临，很难区分阿布索达民兵和"基地"组织武装。因此，美军不可能用空中力量支持救援行动，贾西姆立即面临着被屠杀的危险。然而，在战术行动中心观察行动的帕特里金上尉用阿拉伯语向贾西姆建议，让他们在头顶上挥舞衣服、布条或旗帜，以便监视无人机能够看到他们。当贾西姆如此照做之后，美军无人机群捕捉到了他们的信息和位置。随后，美军命令"大黄蜂"战斗机在救援行动上方低空飞行支援，并要求陆军用"圣骑士"榴弹炮（Paladinhowitzers）对"基地"组织阵地进行精确打击。随着美国装甲部队的到来，"基地"组织开始撤退。苏菲亚之战巩固了"觉醒"运动，美军在拉马迪最终击败"基地"组织。

拉马迪战役后，美国布什政府同意了在伊拉克进行大规模增兵。戴维·彼得雷乌斯将军（General David Petraeus）被任命为伊拉克多国部队指挥官，负责实施

第九章　战斗伙伴

《野战手册3-24》(*Field Manual 3-24*) 的以人口为中心的反叛乱策略。毫无疑问，该战地手册概述的新策略，在结束伊拉克的冲突中（至少暂时如此）发挥了重要作用。然而，安巴尔"觉醒"运动以及同当地逊尼派民兵的联盟，在2007年美军行动中起到了关键作用。事实上，同地方部队合作的战略于2007年作为增援的核心内容，在伊拉克全境得到普及。例如，彼得雷乌斯将军后来宣称，他甚至愿意同那些手上沾有美国人鲜血的领导人进行谈判。[①] 但是如果没有美军第1战备队在拉马迪的成功行动，这将是不可能的。

四、坚定决心行动

拉马迪，是美国在伊拉克首次为确保一座城市的安全而正式与当地非正规部队合作的城市。在摩苏尔打击"伊斯兰国"的战斗，证实了战斗伙伴和代理部队在城市战中的核心地位，尽管其合作形式和拉马迪截然不同。在摩苏尔，美军主要不是与非正规部队合作，而是与伊

[①] Nick Hopkins, "Inside Iraq: 'We Had to Deal with People Who Had Blood on Their Hands'," *The Guardian*, 6 July 2012, https://www.theguardian.com/world/2012/jul/16/inside-iraq-emma-sky.

拉克军队合作，后者提供了几乎所有的地面部队。碰巧的是，肖恩·麦克法兰中将在 2016 年 8 月之前一直担任"坚定决心行动"（Operation Inherent Resolve）的指挥官。在 2006 年的拉马迪，亲身经历同当地部队合作的重要性后，他肯定了代理部队在打击"伊斯兰国"中的不可或缺性。美国陆军的规模根本不足以让其投入每一次城市作战中：

> 摩苏尔城市有 200 万人，而美国陆军才有 120 万士兵。当你面临那么多战斗任务时，您想想要消耗多少兵力？对我们来说，提供空中支援、火力支援、反火力支援、情报支援同样都具有意义，这比直接提供步兵参战要好得多。①

显然，对美军来说，同伊拉克军队合作具有一些明显优势，最大限度减少了美军伤亡，赋予行动政治合法性，并加强和提高了伊拉克军队的能力。然而，这样的合作行动也是错综复杂的。只有通过谨慎的谈判和外交

---

① Lieutenant General Sean MacFarland, Commander, Operation Inherent Resolve, personal interview, 23 July 2019.

第九章　战斗伙伴

沟通，才能利用伙伴部队可能带来的战斗优势和地方政治优势。在摩苏尔，美军同地方部队的合作，因战斗的规模和复杂性而变得更加艰难。

在摩苏尔之前，麦克法兰曾在2016年初指挥部队，从"伊斯兰国"手中夺回拉马迪，他对这些行动进行了对比。拉马迪是一个小得多的城市，美军对该城市没有什么情报侦察。尽管拉马迪战役是一场艰难的战斗，但是摩苏尔战役完全是另一场战斗："摩苏尔是拉马迪的三倍大，城市人口非常多样化，且有新旧两个城区。"① 重要的是，摩苏尔的特殊位置立即给美国与伊拉克军队的合作带来了政治困难。摩苏尔靠近军事分界线，而该线以北是库尔德·佩什梅加（Kurdish Peshmerga）部队的地盘："佩什梅加部队和伊拉克安全部队之间没有感情。"② 因此，美军想"让伊拉克安全部队发挥作用，需要同库尔德斯坦地区领导人马苏德·巴尔扎尼进行大量谈判"，"我向库尔德人保证，在军事分界线以北的每一支'伊斯兰国'部队都会有美国人"。③

由于摩苏尔城规模较大、人口情况复杂，开展军事

---

① MacFarland, personal interview, 23 July 2019.
② Ibid.
③ Ibid.

行动必须深思熟虑：" 在拉马迪，我们能充分利用我们所拥有的东西，甚至在战斗中建造飞机。但是在摩苏尔，我们知道这行不通。只有在我们对伊拉克安全部队进行联合武装战术训练并为他们提供装备之后，我们才能开展行动。" 伊拉克安全部队主要对平叛作战有经验，但他们在进入城市时却很费劲，"他们缺乏训练和武器装备"。① 因此，伊拉克安全部队接受了美军教官的培训，并得到美军推土机、坦克、线性进攻、空中支援和遮蔽火力的支持，以顺利清除雷区中的道路。此外，美军教官还亲自陪同伊拉克军队参加战斗，他们不仅能够在道义上鼓励，而且能够提高伊拉克军队同联军空中支援力量、炮兵支援力量、护送伤员撤离力量之间的沟通效率。有美军教官陪同的伊拉克部队的战斗力要高得多："关键是在营一级陪同的伊拉克安全部队，这是一个改变作战规则的重要因素。当你谈及建议和援助时，如果你在此基础上再加上美军教官陪同，你同样能得到保证。" 事实上，战斗力的提升是一个自我循环强化的过程：

一旦我们有了伴随作战的授权，地面上的

---

① MacFarland, personal interview, 23 July 2019.

第九章　战斗伙伴

联军就必须得到很好的保护。于是我们授权提供更多的保护,比如炮兵支援。因此,我们在摩苏尔附近建立了美国和法国的火力基地,并能够使用攻击直升机,所有这些部署都达到了战斗力的倍增效应。一旦我们有了伴随作战的授权,所有这些推动因素都可以使用了。①

与此同时,亲自陪同在摩苏尔参加战斗的美军教官能够监督和报告伊拉克军队在该市的活动。因此,以美国为首的联盟安全得到了保护,避免了以色列国防军1982年在贝鲁特遭遇的危险。然而,联盟在这一地区并没有摆脱所有的困难。伊拉克军队是一支正式合作的部队,是伊拉克国家的官方军队。但在摩苏尔还有许多其他非正规民兵,其中有的与联盟保持松散的结盟关系,充当联盟的准代理。譬如,库尔德部队(Kurdish Forces)、什叶派民兵(Shia militias)、伊朗伊斯兰革命卫队(Iranian Islamic Revolutionary Guard Corps)和巴德尔旅(Badr Brigade)部分武装都参加了美军的行动,"其中一些人做的是正确的事情",而另一些人则是在

---

① MacFarland, personal interview, 23 July 2019.

"灰色地带"行事。① 同地方部队合作还有更多复杂性，伊拉克联邦警察在名义上是一支正式的国家安全部队。然而，什叶派或亲伊朗势力的影响并不总是显而易见的，"他们是真正的伊拉克人吗？他们的领导与巴德尔组织有关系吗？"巴德尔组织是一支半教派部队，存在"民兵可以穿上警察制服并混入其中"等问题。② 其结果，这都是微妙的政治和外交问题。麦克法兰将军不得不管理合作伙伴、代理人和独立的军事力量，"他试图将什叶派民兵在逊尼派城市的影响降到最低，这就需要在很多方面同其他参与者做大量沟通协调工作"。③ 联盟试图在一个非常松散的联盟关系中利用地方武装力量，致力于在城市中击败"伊斯兰国"。在伊拉克，美军高度警惕那些未被承认的民兵武装，对其行动进行严格限制。例如，尽管联盟可以同这些部队进行远距离合作，但不能向其提供火力支援：

> 关于什叶派民兵，我不能向他们提供火力支援。然而，我可以支持伊拉克军队，即使什

---

① MacFarland, personal interview, 23 July 2019.
② Ibid.
③ Ibid.

第九章 战斗伙伴

叶派民兵在他们附近，他们也可能受益。我们的底线是，我们设置了一个程序，以确保敌人不会因为什叶派民兵组织的接近而受到保护，同时坚持我们的指导原则，不支持什叶派民兵武装。①

拉马迪和摩苏尔战役，直接关系到战斗伙伴和城市战的问题。这两场战役充分说明，美军在城市战中对战斗伙伴和代理部队的需要越来越大。美国军队的规模根本不足以清理整座城市或将其置于管控之下。美军不得不与当地国家部队、民兵或某些代理部队共同分担作战任务。然而，美军也向人们表明出战斗伙伴的合作范围，其合作过程也往往充满政治困难。

五、其他代理部队

在 21 世纪，战争代理部队并非美国独有的战略。在城市战中，建立伙伴关系已经成为一种普遍、必要，甚至首选的做法。譬如，事实上自 20 世纪 80 年代以来，

---

① MacFarland, personal interview, 23 July 2019.

伊朗已经"娴熟掌握对战争代理人的利用"。① 伊朗共和国卫队及其圣城旅，最初被认为是一支致力于解放耶路撒冷的伊斯兰主义者的多国部队，在伊朗的代理政策中发挥了关键作用。例如，圣城旅于1982年在黎巴嫩建立了真主党，1983年在伊拉克建立了巴德尔军团，并于2005年在伊拉克巩固了穆克塔达·萨德尔（Muqtada al-Sadr）的什叶派马赫迪军。② 在过去的20年中，这些民兵组织都参与了主要的城市战。

例如，在叙利亚，阿萨德政权非常依赖盟友和代理部队。2015年，俄罗斯军队的空袭拯救了阿萨德政权。此外，在夺回叙利亚西部城市的所有重大战役中，地面代理部队都发挥了至关重要的作用。特别是真主党武装力量和伊朗共和国卫队，尤其是圣城旅，构成了叙利亚军队的主要组成部分。叙利亚军队由大约7万名可靠的军人组成，还得到了人数为5万—6万的国防军（National Defence Forces）和沙比哈教派民兵的支持。此外，真主党、伊朗和伊拉克什叶派民兵，如阿布·法迪·阿巴斯旅（Abu Al Fadl al-Abbas Brigade），也额外

---

① Andreas Krieg and Jean-Marc Rickli, *Surrogate Warfare* (Washington, DC: Georgetown University Press, 2019), p. 164.

② Ibid., p. 176.

第九章　战斗伙伴

提供了大约3万名军人。由此可见，叙利亚政权的非正规部队人数大于叙利亚军队的特遣队。事实上，到2013年，反对派声称圣城旅指挥官卡西姆·苏莱曼尼在叙利亚的权力超过了阿萨德。值得注意的是，苏莱曼尼本人宣布，"叙利亚军队毫无用处"，他试图通过建立在伊拉克接受过训练的国防军来提高叙利亚军队作战能力。由于丰富的作战经验、训练素养和作战动机，这些来自黎巴嫩和伊朗的外部力量参加了叙利亚一些最激烈的城市战役。在古赛尔（Al-Qusayr），真主党战士领导了攻击行动。① 苏莱曼尼是指挥一切军事行动的核心人物。毫无疑问，苏莱曼尼在策划一些地面进攻中发挥了重要作用。在古赛尔战役期间，苏莱曼尼亲自指挥行动，他本人及其部队继续在叙利亚内战中发挥重要作用，直到2020年1月3日他本人在巴格达被美国无人机袭击身亡。苏莱曼尼部队所发挥的作用，同库尔德·佩什梅加、伊拉克军队和什叶派民兵在美国打击"伊斯兰国"行动中的作用非常相似。

---

① Christopher Phillips, *The Battle for Syria: International Rivalry in the New Middle East* (New Haven: Yale University Press, 2018), p. 161.

在顿巴斯地区,① 俄罗斯军队也严重依赖代理部队开展军事行动。2014年春天,由于俄罗斯夺取了克里米亚的控制权,顿涅茨克(Donetsk)和卢甘斯克(Luhansk)宣布自己成为乌克兰的分离主义"共和国"。乌克兰军队在7月对顿巴斯进行了反击,尤其集中在顿涅茨克地区。那里的分离主义势力是来自后苏联的俄罗斯共和国(post-Soviet Russian Republics)战斗人员的奇怪混合体。其中一些民兵组织很有战斗力。例如,来自车臣的沃斯托克营(Vostok Battalion)经验丰富,拥有强大火力。但在许多情况下,"顿涅茨克人民共和国"军队是由"底层的志愿者、罪犯和不合群的人"② 组成的。分离主义部队由伊戈尔·斯特雷尔科夫(Igor Strelkov)、康斯坦丁·马洛费耶夫(Konstantin Malofeev)和亚历山大·霍达科夫斯基(Alexander Khodakovsky)等身份可疑的商人指挥,并往往得到他们的资助。因此,

---

① 顿巴斯地区(Donbas),位于乌克兰东部顿河下游西侧,面积约6万平方公里。主要包括乌克兰顿涅茨克州("顿涅茨克人民共和国")和卢甘斯克州("卢甘斯克人民共和国")。2022年2月21日,俄罗斯总统普京宣布承认"顿涅茨克人民共和国"和"卢甘斯克人民共和国"为独立国家。2月24日,俄罗斯总统普京决定在顿巴斯地区发起特别军事行动。——译者注

② Michael Kofman, Katya Migacheva, Brian Nichiporuk, Andrew Radin, Olesya Tkacheva and Jenny Oberholtzer, *Lessons from Russia's Operations in Crimea and Eastern Ukraine* (Santa Monica, CA: Rand Arroyo Centre, 2017), p. 56.

第九章 战斗伙伴

面对一支训练不良、纪律涣散、组织混乱的民兵部队，乌克兰军队前几周的攻势是成功的。顿涅茨克机场于5月陷入困境，分离主义分子在这场灾难性战斗中有50人丧生。其他城镇，如斯洛维扬斯克（Sloviansk）、克拉马托尔斯克（Kramatorsk）和马里乌波尔，也受到了威胁。① 到2014年8月，顿涅茨克和卢甘斯克之间出现了裂痕。② 莫斯科对此感到担忧，尽管普京否认这样做，但他还是部署了更多"小绿人"③（little green men）特种部队、炮兵部队和地面部队，原来总共有12 000名俄罗斯士兵，扩增了大约45 000名当地部队。即使如此，这些部队仍在努力收复被乌克兰军队夺走的部分领土，顿涅茨克机场争夺战就是明证。然而，尽管目前该地区还没有达成最终的政治解决方案，但现在战线已基本稳定，实际上，俄罗斯已经吞并了顿巴斯地区。在顿巴斯，俄罗斯特种部队、正规部队和重炮部队，以及非正规的地方民兵的组合，已经取得了成功。

---

① Michael Kofman, Katya Migacheva, Brian Nichiporuk, Andrew Radin, Olesya Tkacheva and Jenny Oberholtzer, *Lessons from Russia's Operations in Crimea and Eastern Ukraine* (Santa Monica, CA: Rand Arroyo Centre, 2017), p. 43.

② Ibid., p. 44.

③ "小绿人"（little green men），是指俄军曾在顿涅兹克和卢甘斯克地区派遣的一种特种作战部队，该部队作战人员因为不佩戴任何标识，他们只穿着绿色的军服，因此被称为"小绿人"。——译者注

21世纪以来，地方政府、民兵或非正规部队进行作战合作，在城市战中发挥了越来越重要的作用。其中原因显而易见，城市战从某个意义上讲属于劳动密集型工作，成本很高。虽然，现代城市战伤亡往往比第二次世界大战中最激烈的战斗要少得多，但是伤亡率仍然很高。世界各国都在努力培养足够的军事人员来独立进行大规模的城市战。但是，他们不得不借助更多的外在支持。伊拉克、叙利亚和乌克兰等为自己的主权而战的弱国，已被迫动员非正规部队。然而，即使是美国或俄罗斯这样的军事大国，使用代理部队也或多或少成为常态，这不仅因为世界大国缺乏足够军事人员，而且还因为代理部队在行动中也变得特别有用，因为这些行动得到公众的支持可能有限。在打击"伊斯兰国"和在顿巴斯地区作战时，美国和俄罗斯也都采用了激进模式，他们提供了更复杂的军事支持，如空中力量，而当地部队则或多或少进行地面行动。非正规部队已经成为现代城市战的一个关键因素。虽然代理部队已经成为国家军队不可或缺的伙伴，但是代理部队也使战争变得非常复杂，因为军队必须针对战斗伙伴和盟友的不同利益、议事议程和道德规范等问题进行谈判或调解。因此，战斗伙伴实际上导致了城市战进展缓慢，以及城市局部围攻战的兴起。

第九章 战斗伙伴

在许多情况下,代理部队有自己的独特议程和利益,并将其作为优先考虑事项,他们变得专注于城市的特定目的。此外,即使代理部队有能力并且同赞助国有共同的战略利益,使用他们也需要进行广泛的政治谈判,这些谈判必然会减缓城市战的步伐。概言之,伙伴部队已日益成为城市战不可或缺的一部分,同时,他们再次证实了这一发展趋势:现代城市战正向更缓慢、更局部的围攻战演变。

第十章

战争谣言

第十章 战争谣言

一、战争首要受害者

防御工事、火力武器、装甲车辆和作战部队，无论它们是正规的、非正规的还是合作的，都是城市战的主要军事力量。然而，虽然野蛮战斗力量在城市战中发挥着主导作用，但如果忽视城市战中无形要素的重要性，是非常错误的。特别是，在21世纪全球化的城市冲突中，所有参战方领导人都非常关切如何占有、传播和利用信息这一重要问题。

信息，尤其是情报，一直是战争的核心要素。指挥官必须了解战场地形、作战位置和敌人意图，情报信息在城市战中发挥了特别重要的作用。不同于野外战役，城市战就其本身的定义而言，必然涉及大量平民人口。有时，在叛乱或内战的情况下，平民能够积极参与作战，但至少，他们在战斗中或多或少是一些被动角色。在斯大林格勒和汉堡战役中，城市平民只能是受害者，但在其他城市战中，如巴黎公社，平民成为交战双方的间谍。城市平民总是交战国的重要受众（audiences）。正是因为城市冲突中涉及众多平民，他们可能成为影响战斗结果的关键。为此，战争的领导者都试图安抚、胁迫、拉拢、招募和动员平民支持战争，进而增加己方作战优势。信息一直是军队同平民接触沟通的重要手段。

显然，军队利用信息影响、打击或鼓舞平民并不是什么新鲜事。围攻者和被围攻者总是利用真实和虚假的信息去影响城市地区的平民百姓。简言之，谣言一直是城市战的固有武器。事实上，在西方，古代的一些军事指挥官特别善于同平民沟通。例如，在伯罗奔尼撒战争期间，斯巴达将军布拉西达斯（General Brasidas）以恐吓大师而著称。布拉西达斯一再劝说城市守军投降，他成功地说服了阿堪苏斯（Acanthus）、斯塔吉鲁斯（Stagirus）、安菲波利斯（Amphipolis）和其他城市投降，无需实际围攻城市，光靠威胁就足够了。① 在公元70年的耶路撒冷围城战中，城内的罗马人和犹太游击队员都利用信息来说服或胁迫平民投降。例如，提图斯在首次争取占领耶路撒冷第二堵城墙被击退时，他呼吁暂时停止围攻，"希望他们（犹太人）会倾向于投降，主要考虑到可以通过攻破第二堵城墙或营造饥饿恐惧对平民施加压力"。当耶路撒冷城内的平民忍饥挨饿时，他们又

---

① Barry Strauss, "Naval Battles and Sieges," in Philip Sabin, Hans van Wees and Michael M. Whitby (eds.), *The Cambridge History of Greek and Roman Warfare*, Volume 1 (Cambridge: Cambridge University Press, 2007), p. 245.

第十章 战争谣言

不得不观看城墙前提图斯的大军气势:

> 城前的每一寸土地都闪耀着金和银的光辉,这景象让罗马人欢欣鼓舞,而他们的敌人则感到恐惧。整个旧城墙和圣殿北侧都挤满了观众,墙后的每一扇窗户都能看到有人在窥视——城里每一寸土地都被人占满了。即使是最勇敢的人,当他们看到提图斯的大军集结,看到罗马军队的华丽盔甲和严格纪律时,都感到极度惊愕。[1]

然而,虽然利用信息来影响平民并不是什么新鲜事,但谣言和宣传的作用在全球化时代发生了重大演变。一些评论家和军事工作者特别强调信息战在城市战中的显著地位,明确指出信息在 21 世纪初日益凸显的重要性。随着城市规模的爆炸式增长和人口的多元化,征兵招募对任何军事行动的成功都至关重要。正是因为有数量更多的平民受众,所以军队必须花更多的精力解释城市战的目的和好处。此外,由于军队规模大幅度缩减,与平

---

[1] Josephus, *The Jewish War* (Harmondsworth: Penguin, 1967), p. 283.

民数量相比，军队人数显得微不足道。在斯大林格勒战役中，战役开始时约90万的平民，要么被忽视，要么被德国或苏联军队作为征募对象，最终平民人数超过了军队人数。最近发生在叙利亚、伊拉克、加沙、也门、利比亚和顿巴斯地区的城市战中，平民人数远远超过参战人数。因此，由于军队规模数量已缩减到无法管制整个城市或仅仅凭借兵力无法征服平民的程度，军队不得不越来越密切关注平民的意见和利益。军队与平民的互动在军事行动上具有重大意义。事实上，一些军事评论员指出，"军事行动范围与民众支持成正比"，"攻击者和防御者应该利用物理环境中的资源来动员个体和团体实现军事行动目标"。[1] 随着军队规模的缩减，军队越来越注重利用信息战，扩大军队在非实际控制居民社区的影响力，并在那里招募平民参战。因此，信息域已经成为城市战场中的一个突出元素。

二、赢得战争叙事

现在，军队仍然享有合法使用致命暴力的垄断权力。

---

[1] Thomas Arnold and Nicholas Fiore, "Five Operational Lessons from the Battle of Mosul," *Military Review*, January-February 2019, https://www.armyupress.army.mil/Journals/Military-Review/English-Edition-Archives/Jan-Feb-2019/Arnold-Mosul/.

第十章 战争谣言

唯有军队才具备攻击和摧毁城市的赤裸裸的战斗力。然而,过去20年,当代军事思想的一个明显而且具有讽刺意味的特点是,一些资深军事专家倾向于削弱甚至贬低传统战斗力的重要性。他们重点强调的是"战争叙事"。在他们看来,军事行动的主要任务不再是夺取有形目标,而是更多地"赢得战争叙事","必须争夺战略叙事权,涉及国防的行动、形象和言论必须始终与相关的战略叙述保持一致,以建立和维护良好战争信誉。要以积极和创新举措确保占据叙事主动权,维护好同平民之间所建立的来之不易的信任"。① 军队不是靠杀戮赢得胜利,而是靠赢得对手信息主导权取得胜利的。

因而,在过去十年中,西方国家军队对虚拟领域的"认知战"概念特别感兴趣。认知战的目的不是向敌人阵地进军,而是在信息空间中作战,发布不仅对敌方作战人员,而且对第三方都是不可抗拒的战争叙事。认知战产生了一系列引人注目的论断:"在城市环境中,人

---

① Joint Doctrine Note 2/19, *Defence Strategic Communication: An Approach to Formulating and Executing Strategy* (Swindon: Ministry of Defence, 2019), https://assets.publishing.service.gov.uk/govern ment/uploads/system/uploads/attachment_data/file/804319/20190523-dcdc_doctrine_uk_Defence_Stratrategic_Communication_jdn_2_19.pdf, p. 6.

们的意愿往往是作战重心。"① 努力赢得平民支持，而不是消灭城内敌军，已成为军事行动的首要任务。因此，城市战现在应该理解为不仅由己方军队、敌军组成，而且由观众、演员、竞争者和反对者组成②组成。美军在伊拉克和阿富汗的作战行动表明，有些顽敌是不可战胜的，他们的矛盾不可调和，任何信息都无法说服他们。他们只能被杀掉或俘虏。但是，在一个复杂的、多元的城市环境中，敌军只占城市人口的一小部分。实际上，任何城市地区的绝大多数平民都更趋于顺从。从潜在对立的（对手）到或多或少中立的（演员和观众），这些人口要素可以在信息图谱上看到。信息战和赢得战争叙事的努力旨在获得庞大人口群体的支持——或者至少是容忍。

当然，数字化全球社交媒体的涌现，进一步放大了信息战的重要意义。在过去的时代，任何低估新闻、信息或谣言的重要性的行为都是不明智的，人们需要通过口口相传、公告或报纸等方式发布信息。但是，数字社

---

① Warfare Branch, Headquarters Field Army, *Operations in the Urban Environment* (Warminster: Land Warfare Development Centre, Doctrine Note 15/13), p. 19.

② Warfare Branch, *Operations in the Urban Environment*, p. 19.

第十章 战争谣言

交媒体如脸书（Facebook）、沃茨阿普（WhatsApp）、油管（YouTube）、照片墙（Instagram）、推特（Twitter）、阅后即焚（Snapchat）等已经深刻改变信息传播格局。特别是，从政府监管或新闻公司掌控中解放出来的社交媒体，有力地提高了新闻的传播速度，信息能够瞬间从一个普通公民流向另一个普通公民。与此同时，社交媒体的影响力达到了前所未有的高度，已经成为潜在的，有时实际上是全球性的影响力。因此，社交媒体似乎是全球化最纯粹的体现。社交媒体的传播交流消除了边界，将不同国家或分散世界各地的观众团结在一起，成为数量庞大、相互联系的跨国观众。

显然，城市战已经受到信息战的深刻影响。现在，信息域也已经发生了革命性变化，评论家都注意到了这一重大变化。事实上，有人认为，战争本身已经被社交媒体彻底改变了。有的作家认为，信息战是一场革命性的转型。戴维·帕特里卡拉科斯[1]的畅销书《140个字符的战争：社交媒体如何重塑21世纪的冲突》，是阐释信

---

[1] 戴维·帕特里卡拉科斯（David Patrikarakos），世界知名军事记者、作家，经常为《纽约时报》《金融时报》《华尔街时报》撰稿，著有《140个字符的战争：社交媒体如何重塑21世纪的冲突》（*War in 140 Characters: How Social Media Is Reshaping Conflict in the Twenty-First Century*）、《核武伊朗：一个原子弹国家的诞生》（*Nuclear Iran: The Birth of An Atomic State*）等。——译者注

息战这一新兴战争类型最鲜明的作品之一。顾名思义，该畅销书的书名，是指推特最初允许的字符数。帕特里卡拉科斯是一位知名记者，他曾报道过多次战争。2014年，他在顿巴斯地区工作时，对战争的现代特征有了深刻顿悟。工作期间，他一边听着火箭弹和炸弹袭击顿涅茨克的作战目标的声音，一边在推特上关注这场战争：

> 像往常一样，我醒来后，我马上查看手机。看到的情景让我大吃一惊：推特上报道，乌克兰军队已经将亲俄的分离主义分子赶出了他们在附近城镇斯拉维扬斯克的据点。武装反抗分子现在正逃往顿涅茨克，这个自称分离主义飞地的首都。路人在推特上拍摄的逃跑车队照片证实了这一消息。然而，我也查了英国广播公司和其他传统新闻媒体的报道，但都没有发现这一消息。①

这段经历让帕特里卡拉科斯一时迷惑不已，迫使他重新思考对军事冲突的理解。最终，帕特里卡拉科斯创

---

① David Patrikarakos, *War in 140 Characters* (New York: Basic Books, 2017), p. 1.

第十章 战争谣言

建了一个概念——"数字人"（Homo digitalis），现代社会是一个被数字社交媒体改变了的全球化社会。"数字人"卷入了一种崭新的军事冲突：

> 我开始明白，我被卷入了两场战争：一种是在地面上用坦克和火炮作战的现实战争，另一种是在很大程度上（尽管并非完全）通过社交媒体进行的信息战。也许与直觉相反的是，谁赢得了话语和叙事的战争，比谁拥有最强大的武器更重要。①

对帕特里卡拉科斯来说，战争已经变得超现实，最重要的战场不再是野外场地，而是电子屏幕。战争是在互联网的超空间中展开的，不再受国家、武装部队和新闻机构的控制，"社交媒体已经不可逆转地改变了战争的方式。"②

帕特里卡拉科斯对信息战的观点并非个例。美国政治学家P. W. 辛格（P. W. Singer）与爱默生·布鲁金（Emerson Brooking）合著了一部名为《类似战争：社交

---

① Patrikarakos, *War in 140 Characters*, p. 4.
② Ibid., p. 9.

媒体的武器化》的书,肯定了帕特里卡拉克斯的基本论点:社交媒体已经改变了战争。在现代城市战中,身体上的折磨已经转变为意识形态上的叙事斗争。辛格和布鲁金确实举出了一些社交媒体应用于城市冲突的令人印象深刻的例子。例如,针对2016年7月土耳其未遂军事政变,安卡拉(Ankara)市长在推特上向市民们发布一条信息:"转发:所有人都上街。"[1] 结果,安卡拉和其他土耳其城市的居民被大规模动员起来,帮助平息了政变。同样,"伊斯兰国"在社交媒体上以#Alleyeson ISIS[2] 为标签开展了出色的信息宣传。"伊斯兰国"已经非常擅长利用国际事件进行网络宣传,比如2014年世界杯期间,部分宣传是通过使用他们的移动应用程序"黎明的喜讯"(The Dawn of Glad Tidings)平台进行的。[3] 的确,辛格和布鲁金尖锐地指出,"伊斯兰国"在摩苏尔的心理战役是一种"新型闪电战",在虚拟空间中进行作战,他们"比真相跑得更快"[4]——"病毒式营销因

---

[1] P. W. Singer and Emerson T. Brooking, *Like War: The Weaponization of Social Media* (Boston, MA: Houghton Mifflin Harcourt, 2019), p. 91.

[2] Ibid., p. 5.

[3] Jarrad Prier, "Commanding the Trend: Social Media as Information Warfare," *Strategic Studies Quarterly* 11, no. 4 (2017): 60.

[4] Singer and Brooking, *Like War*, p. 8.

第十章 战争谣言

此成为'伊斯兰国'最强大的武器",①特别是"伊斯兰国"的朱奈德·侯赛因（Junaid Hussain）在此发挥了主导作用，充当了"超级传播者"。

以色列国防军也是采用认知战的一个相关例子。2012年的"防务之柱行动"（Operation Pillar of Defence）中，以色列国防军对加沙地带的哈马斯实施了一系列反击，他们在推特上发布了暗杀哈马斯领导人艾哈迈德·贾巴里（Ahmed al-Jabari）的消息："我们建议哈马斯特工人员，无论是初级还是高级领导人，都不要在未来几天出现在地面上。"② 以色列国防军围绕社交媒体的反应调整完善军事行动。当社交媒体上对哈马斯的支持增加时，以色列国防军就减少空袭次数，同时加大宣传力度。③ 根据辛格和布鲁金的说法，讲故事已经成为战争的主要目标，特别是因为机器人通过算法生成信息，增加了欺诈、谎言和错误信息的可能性。

对于军队和评论员来说，谣言不再只是城市战中不可避免的因素，而是城市战的主要媒介，甚至是作战目标。最重要的是，与传统武器不同，社交媒体不受条件

---

① Singer and Brooking, *Like War*, p. 149.
② Ibid., p. 196.
③ Ibid., p. 196.

限制，它无处不在，不受物理定律的约束。同时，社交媒体是无中介的传播平台，发送者、信息和接收者之间没有界限。信息灌输犹如"皮下注射"直达目标人群，并带有瞬间起效的作用。辛格、布鲁金、帕特里卡拉科斯和这一类型的其他作家都描绘了一场乌托邦式（或反乌托邦式）的未来战争，在未来城市战中，信息已经成为军事冲突的关键媒介。如果信息足够令人信服、数量足够多、速度足够快，那么信息的主导地位就会得到保证，进而取得胜利。

三、信息战的社会学质疑

现代社会不断出现很多个体化且被无限操纵的媒体观众，这是一个大问题。过去几年里，由于机器人在传播虚假新闻故事方面产生的影响越来越大，被操纵的媒体观众变得特别令人忧虑。这种机器人，是指在计算机上装有算法程序的虚假账号。人们密切跟踪这些虚假账号发布的信息，对其所炮制的谣言格外关切。尤其令人担忧的是，机器人已经用错误信息和假新闻夺取了故事叙事权，结果计算机现在正在自主影响人类行为。事实上，有非常充分的证据表明这一情况正在发生，俄罗斯

第十章 战争谣言

政府已经变得善于利用机器人发布信息来影响西方的公共舆论。例如，俄罗斯政府曾试图通过信息传播影响2016年美国总统大选。然而，虚假信息产生的问题要广泛得多。高达15%的推特账号可能是机器人在操控。① 人们对机器人的担忧是有根据的。令人不安的是，重大的政治进程也可能被人工智能颠覆。

然而，事实上，尽管机器人在过去十年被各种政治人物大量利用，但是社交媒体并没有实现自主化。② 社交媒体活动由三个要素组成：领导者、机器人和信徒。最重要的是，任何社交媒体活动都需要一个积极而坚定的团队，致力于奉献事业，并有明确的政治目标。这个核心团队精心制定传播策略，对其机器人进行编程，并开始尝试更改故事情节，以操纵公众的看法。世界各国及其秘密机构经常参与操控信息的活动，美国、俄罗斯等国家都曾被多次曝光。然而，如"伊斯兰国"等非国家组织也是这方面的能手，某些组织的领袖拥有大量的追随者。在制定宣传战略后，这些活动家通常会运用机器人来复制、繁殖和传播他们拟定后的信息。机器人强

---

① Prier, "Commanding the Trend," p. 54.
② 这一情况到目前遇到了新挑战，2023年，OpenAI研发的聊天机器人软件（ChatGPT），智能程度和自主程度越来越高，标志着人工智能技术的新突破。——译者注

大的信息传播功能让敌方焦虑担忧，正因为机器人的传播方法已被证明是有效的。但是，"机器人账户本身只能在网络之间架起结构上的桥梁，而不能完全改变叙事"。① 机器人只能传播而不能自主地发起信息。

最后，同样重要的是，一个成功的信息战需要真正的信徒组成的网络，他们不仅在社交媒体上，而且在自己的信仰社区中，面对面地接受和传播信息："机器人网络下面是一个由真正的信徒组成的群体，而不是大量的追随者。"② 尽管网络中的个体通常只有少量的信徒追随者，但是他们与关联的人具有众多"弱联系"，这些"弱联系"同样可以产生影响，其结果是，一个更大的网络被动员起来，包括本地化的社区。相互关联的群体联合成一个同质性的网络社区，同时也可以整合更多孤立、分散的个体。信徒网络之间的"弱联系"也有利于向外部非信徒进行宣传。成功的信息战要依赖信仰团体："团体的凝聚力表明，一个协调有力的组织如何创造一种相互信赖的趋势，同时也表明，内部关系不协调的组织无法实现这样的趋势。"③

---

① Prier, "Commanding the Trend," p. 55.
② Ibid., p. 55.
③ Ibid., p. 73.

第十章 战争谣言

对信息战社会学属性的正确理解直接关系到城市战问题。随着军队规模的缩减,以及现代城市的规模更庞大、生活更多元化、人际关系更互联互通,信息战无疑变得更加重要。然而,面对社交媒体的催眠,城市及其市民并非无能为力。即使是最激进的宣传,其效果也要通过现有的社会关系进行调节。个人和社区只有在信息与他们的集体信念一致,然后在直接的面对面的互动中得到积极强化和同步实施时,才可能被信息真正动员起来。"阿拉伯之春"提供了一个很好的案例,说明确立已久的社会承诺如何不可避免地要调节源自社交媒体的认可的叙事。在"阿拉伯之春"运动期间,武装抗议和民主起义几乎让所有的评论员都感到意外。出于对这场运动的热情关注,一些评论家很快就认为,不受监管的社交媒体发挥了决定性作用,媒体在无形中动员了平民行动。2011年发生在开罗解放广场(Tahrir Square)或叙利亚霍姆斯(Homs)钟楼的抗议活动,实际上是一场极其大规模的快闪活动,主要由不留姓名的个人自由组织,并且每个人都对互联网上的抗议信息帖子作出了回应。

事实上,聚集在庞大人群中的大部分人彼此之间并不认识。诚然,社交媒体对宣传活动和鼓励动员人们走上街头进行抗议发挥了推动作用。然而，如果认为引发"阿拉伯之春"运动的人群是由孤立的个人组成，他们只是自发、孤立地聚集在一起，仅仅是为了各自回应脸书上的帖子，那就大错特错了。在每一种情况下，已有的传统社会团体在动员其成员采取行动方面依然发挥着主导作用。群体不是由随意聚集的个体组成，而是由已有凝聚力的社会团体聚集组成的。这种动员组织模式在叙利亚起义爆发的地方——德拉市非常明显。德拉市的叛乱运动令人惊讶，因为这座城市以支持阿萨德政权而闻名。然而，2011年，德拉市的公民还是发起了抗议活动，2月底出现了反政府涂鸦行为，3月6日，当地一所学校发现更多涂鸦，同时该学校的学生被捕。学校学生遭到逮捕和酷刑后，德拉市又爆发了更大规模抗议活动，抗议者遭到安全部队的袭击，有的人甚至被打死。3月18日，德拉市又发生了一次大规模抗议活动，其中有4人被杀，抗议组织的复兴社会党总部也被烧毁。

一个支持政权的城市是如何如此迅速地变成第一个反抗政府的城市的呢？现代社交媒体让人与人的交流更加便捷，这同时也有力助推了抗议运动的发展。但是，从支持当局向反抗当局的革命性转变的根本原因，主要在于德拉的社会结构问题，德拉市由"密集的社会网络

第十章 战争谣言

组成,同时与氏族部落团体保持部分联系,但不完全重叠"。① 特别是,四个相互联系的社会群体推动爆发了抗议活动——氏族群体、劳工移民群体、跨境贸易群体和犯罪群体。德拉市的大部分平民都是七个主要氏族群体中的一个或多个氏族群体的成员,平民对当局的不满情绪主要通过宗族关系向下传播。四个不同群体之间的关联得到新型横向社会网络的强化,而新型横向社会网络主要由那些远离德拉城市生活和工作的人创建。鉴于德拉市严峻的社会局势,许多平民被迫到国外工作,在国外,他们可以和其他德拉人一起亲眼看见阿萨德政权的缺点。离家在外漂泊工作的德拉人构成了新的不满群体。从事跨境贸易的新兴群体进一步强化了彼此的联系。在许多情况下,这类群体还涉及组织化程度高的犯罪团伙。其结果是,德拉这座城市里的平民群体,分散成为多达四个相互重叠、自我强化的社会网络群体,每个人都越来越意识到阿萨德政府的无能,并表示出强烈不满。例如,2011 年 3 月,当地议员纳塞尔·哈里里(Nasser Al-Hariri)去见德拉市情报局长阿特夫·纳吉布(Atef Najib),要求释放被囚禁的学生时,他以"摘掉围巾"

---

① Reinoud Leenders, "Collective Action and Mobilization in Dar'a: Anatomy of the Onset of Syria's Popular Uprising," *Mobilization* 17, no. 4 (2012): 414.

的方式进行诉求。在穆斯林文化中,"摘掉围巾"意味着请求不能被拒绝,但是,情报局长纳吉布直接把围巾扔进了垃圾桶,这一行为是对该议员的极大侮辱。这个故事很快沿着氏族群体和经济网络在整个德拉城区传播开来,激起人们的普遍愤怒。因此,叙利亚社会抗议的中心不在社交媒体上,而是在叙利亚的城市社区群体,城市内不同社会群体对事件作出了集体回应。社交媒体只是为各类社会群体进行网络交流提供了重要平台。

在"阿拉伯之春"运动期间,突尼斯和其他国家的球迷群体、激进球迷对抗议活动所发挥的作用,是城市抗议群体基础而不是媒体这一基础的最显著的例子。突尼斯抗议活动始于2010年12月,但突尼斯极端分子早在11月就与当局安全部队发生冲突,实际上,极端分子已经跟一家名叫"塔克瑞茨"(Takriz)的网络抵抗活动组织合作了十多年。在与本·阿里总统部队的巷战中,激进球迷和"塔克瑞茨"的反抗人员是冲突对抗的主要群体。突尼斯极端分子很快适应城市革命活动的领导角色,他们是一个成员稳定、具有高度凝聚力的团体。在足球赛季期间,极端分子每周见面支持自己的球队,以此鼓动人心。此外,极端分子还非常熟悉如何鼓舞动员群体活动,事实上,他们经常与警察发生冲突,因此,

第十章　战争谣言

他们在抗议中运动积累起一定团结能力、战斗技能和勇气胆量，敢于发起大规模街头抗议，"'极端分子'的街头战斗经验帮助其他抗议者打破了恐惧的障碍"。① 极端分子——而不是随机的匿名群体——在许多国家也组成"阿拉伯之春"的城市抗议运动"先锋队"。他们的先锋作用不限于突尼斯，早已传播到国外。例如，2011年1月25日，埃及"超级白骑士"（Ultras White Knights）组织的领袖穆罕默德·哈桑（Mohamed Hassan）在开罗附近的舒布拉（Shubra）领导了一场城市抗议游行，该组织最终发展到10 000名参与者，② 产生了广泛社会影响力。

四、摩苏尔战役

尽管摩苏尔战役是残酷的消耗战，但是，其中信息战也发挥了重要作用。在整个摩苏尔战役期间，"伊斯兰国"和以美国为首的联军都采取了两种相互关联的信息战。交战双方同时都试图鼓励、胁迫或恐吓当地居民，也同步动员国际社会和全球力量支持各自的行动。因此，在摩苏尔战役中，人们可以观察到两种叙事方式：一种

---

① Dorsey, "Pitched Battles," p. 414.
② Ibid., p. 413.

是参与战役或直接受战役影响的穆斯林地方叙事；另一种是针对散居在世界各地的民族和国际社会及其机构的全球叙事。依次审视两种信息战略的运用，对研究城市战非常有用。

尽管"伊斯兰国"一直缺乏武装力量，但是，该组织在2010年处于信息战的领先地位。2014—2017年，"伊斯兰国"军队规模很小，没有装甲车，没有重型武器，更没有空军。然而，他们能够通过密集的宣传活动来弥补军事上的弱点，这当然也利用了人道主义暴行可怕的潜力。事实上，有证据表明，"伊斯兰国"故意播放最可怕的酷刑和处决方法，以此恐吓当地平民，同时激励潜在的支持者参与行动。① 因此，"伊斯兰国"发布溺死俘虏或烧死一名约旦飞行员的残酷镜头虽然令人愤慨，但却具有一定指向的战略目的。

当约4.8万名伊拉克军队士兵向约1 500名"伊斯兰国"武装分子投降时，"伊斯兰国"异乎寻常地占领了摩苏尔，当然，这一结果不能完全归功于"伊斯兰国"的信息战。驻摩苏尔的伊拉克军队，在大多数情况下严重缺乏作战人员，同时也因为伊拉克政府的管非故

---

① Singer and Brooking, *Like War*, p. 152.

第十章 战争谣言

意为。与此同时,由于什叶派政府在摩苏尔的大肆掠夺,特别是被指控杀害和折磨逊尼派的马赫迪·贾拉维中将(Lieutenant General Mahdi al-Gharawi),① 因此,从某种程度上讲,虽然大量的逊尼派对"伊斯兰国"并不完全支持,但是他们对"伊斯兰国"反抗不得人心的什叶派政府表示一定的同情理解。"伊斯兰国"在摩苏尔的信息战非常有效,2014年6月,"伊斯兰国"对摩苏尔发动袭击时,他们已经很擅长利用社交媒体配合军事行动。毫无疑问,在抵达摩苏尔之前,"伊斯兰国"就已经臭名昭著,在第一批"伊斯兰国"武装分子抵达伊拉克之前,他们就已经让伊拉克士兵和当地穆斯林民众感到恐惧了。"伊斯兰国"如同21世纪的布拉西达斯②一样,既善于运用暴力也精于非暴力手段。事实上,他们针对摩苏尔的信息攻势都是经过精心策划的,2012年6月,"伊斯兰国"在互联网上发布了一段名为《刀光剑影第一部》(The Clanging of the Swords Part 1)的视频,这段长达一小时的视频中穿插着"圣战"理论家的演讲和暴

---

① Fawaz A. Gerges, *ISIS: A History* (Princeton, NJ: Princeton University Press), p. 127.

② 布拉西达斯(Brasidas),生年不详,公元前422年去世,是一位生活于公元前5世纪的斯巴达将领,与大多数斯巴达人不同,布拉西达斯通常喜欢在不需要暴力的时候使用外交和战略手段。然而,当没有选择的时候,布拉西达斯也会诉诸暴力。——译者注

力场景。在接下来的两年里,第二部和第三部相继发布,2014年5月,就在"伊斯兰国"袭击摩苏尔之前,第四部也发布了。这标志着"伊斯兰国"信息技术的重大发展:"'伊斯兰国'的媒体团队技术不再是学徒水平,他们现在完全是专业水平了。"①《刀光剑影第四部》视频包含了一些巧妙的信息,主要明确地针对摩苏尔城内的什叶派伊拉克士兵。该系列视频展示了"伊斯兰国"不可阻挡的力量和对敌人的残酷无情。然而,"伊斯兰国"也欢迎任何加入"圣战"的人,包括以前的敌人,如伊拉克士兵和外国新兵。这段时长60分钟的视频以"伊斯兰国"刚刚占领的费卢杰的航拍画面开始,旁白吹嘘着"伊斯兰国"的征服场景,蒙面"圣战"纵队列队不断走过。随后,视频显示"伊斯兰国"武装分子射杀了穿着便装的人,他们声称这些人是什叶派士兵。视频再切换到自杀式炸弹袭击、处决、狙击杀人等片段,尤其是伊拉克士兵"自掘坟墓"的片段,并伴随着伊拉克士兵呼喊口号:"'伊斯兰国'是用鲜血建立起来的,从今以后,再也没有人会站在伊拉克的'圣战'者和他们的人

---

① Jessica Stern and J. M Berger, *ISIS: The State of Terror* (London: William Collins, 2016), p. 110.

第十章 战争谣言

民之间。"① 最后，视频播放了数百起翔实的谋杀案过程。全球数以百万计的观众观看了《刀光剑影第四部》，它所传达的信息显然是针对全球的穆斯林群体。然而，该视频似乎也是为了打击摩苏尔的伊拉克士兵而专门设计的。伊拉克军队士兵的命运是确定的：除非加入"伊斯兰国"，否则他们就是在自掘坟墓，就像他们之前的战友一样，都会被处死。

除了释放恐惧压力，当"伊斯兰国"武装分子接近摩苏尔时，他们还激活了潜伏在该城市的作战人员，向民众通报行动信息，同时袭击并处决了某些政府官员。看到这一局势，伊拉克士兵受不了了，他们脱下制服逃跑了。一旦控制了摩苏尔，"伊斯兰国"就对居民实施了严格的伊斯兰教法。毫无疑问，伊斯兰教法比较严苛，但是哈里发凭借教法对城市进行了有效的组织管理。伊斯兰教法中的很多规定是对人口的直接控制，但是通过对社交媒体信息的控制，进一步确保了"伊斯兰国"对摩苏尔城的霸权。最重要的是，处决杀人的镜头继续作为宣传战略的核心要素，这能够恫吓潜在的平民反对派。"伊斯兰国"还通过涂鸦、路标和旗帜等传统方式向平

---

① Jessica Stern and J. M Berger, *ISIS: The State of Terror* (London: William Collins, 2016), pp. 111-112.

民传播信息。就是通过上述方式,"伊斯兰国"在每条街道上都用公开标志来表明他们的统治地位。

"伊斯兰国"主要采用信息战来维持对摩苏尔的控制。对此,随着联军从2016年10月开始重新夺回摩苏尔,联军也开始利用社交媒体的潜力开展信息战。一位美国军官强调了信息战的重要性:"你必须在信息环境中作战,像战斗本身一样作战。"[1] 其他人也表示赞同:"这是战斗中不可分割的一部分。"[2] 信息战很有挑战性:

> 对于美国军队来说,要在信息战战场上进行观念上的竞争,指挥官和参谋人员需要超越传统作战环境下的情报方法,并研发人类群体行为矩阵图,探索研究人口统计学、文化差异和居民价值观等问题。信息战必须嵌套在作战领域内的大众需求和欲望中,唯有如此才能操控群体心理和行动。[3]

---

[1] Colonel, OF-5, US Army, J5, Operation Inherent Resolve, personal interview, 30 September 2019.

[2] General Joseph Martin, Land Component Command, Operation Inherent Resolve, personal interview, 16 November 2019.

[3] Mosul Study Group, *What the Battle for Mosul Teaches the Force* (US Army, 2017), p. 67, https://www.armyupress.army.mil/Portals/7/Primer-on-Urban-Operation/Documents/Mosul-Public-Releasel.pdf.

第十章 战争谣言

因而，联军发现，20 世纪流行的散发传单的传统根本不起作用，主要原因在于没有针对特定的受众。因此，联军转向通过媒体平台宣传信息。在这里，"伊斯兰国"自己的宣传很容易转向反对自己："'伊斯兰国'本身是他们自己最大的敌人。"[1] 为此，联军对"伊斯兰国"开展了广泛的信息战攻势，试图削弱"伊斯兰国"头目的影响力并鼓励民众进行抵抗。[2] 这方面的大部分工作，尤其是联军试图影响说服"伊斯兰国"头目们本身的尝试，仍然属于军事机密。我们很难知道信息战在城市战中的效果如何。正如一名指挥官所指出的，"很难说信息战取得了多大成就"。[3] 然而，美军高级将领表示，积极的信息战确实影响并帮助削弱了"伊斯兰国"头目们的作用："我非常有信心，我们轻而易举地操控了'伊斯兰国'指挥官的大脑。"[4] 最重要的是，伊拉克安全部门和联军进行了系统的合作努力，试图将伊拉克的"伊斯兰国"武装分子与外国武装分子区分开来，暗示如果

---

[1] Lieutenant General Sean Macfarland, Commander, Inherent Resolve, personal interview, 23 July 2019.

[2] Colonel, OF-5, US Army, personal interview, 30 September 2019.

[3] Macfarland, personal interview, 23 July 2019.

[4] Martin, personal interview, 16 November 2019.

"伊斯兰国"组织中的伊拉克人投降，他们作为国民可能会得到宽恕。在这一点上，联军的策略与"伊斯兰国"在 2014 年对摩苏尔伊拉克军队发出的信息如出一辙。

在打击"伊斯兰国"头目们的同时，联军还试图鼓动城内平民进行抵抗。联军在这方面非常小心地展开信息攻势，因为任何抵抗都可能使整个平民处于危险之中。为此，联军开始同摩苏尔市内的抵抗组织进行联系合作。"摩苏尔营"（Mosul Battalion）和"米姆人"武装（Men of Mim）是最重要的武装组织。随着战斗的发展，这两个组织都参加了对"伊斯兰国"武装分子的秘密打击，并暗杀了"伊斯兰国"一些人。涂鸦是联军战斗伙伴试图破坏"伊斯兰国"霸权的最引人注目的方法之一。例如，"米姆人"武装把阿拉伯字母"M"喷在墙上。"M"代表阿拉伯语"抵抗"（Muqawama）、"反对"（Muaarada）和"对抗"（Muwajaha），涂鸦符号意在向摩苏尔城内平民表明，"伊斯兰国"是可以被击败的。与此同时，这两个抵抗组织还破坏了"伊斯兰国"现有的涂鸦和标志。摩苏尔战役中的信息战当然不是决定性的，也无法与由空军、炮兵和坦克支持的 94 000 名伊拉克士兵的作战效果相提并论，然而，信息战确实是一个令人感兴趣的作战创新。

第十章　战争谣言

在摩苏尔战役期间，"伊斯兰国"和联军都试图利用信息煽动平民服从和支持各自的行动。然而，交战双方的信息战波及的区域远远超出摩苏尔城区，传播到了全球各地的城市。① 双方当然都努力既向当地民众传达信息，同时也与整个国际社会和世界各地城市的特定对象进行交流。当然，散居在世界各地的民族在这里往往很重要，但是海外其他潜在的盟友、支持者或敌人也同样重要。

的确，"伊斯兰国"变得非常擅长向全球伊斯兰极端主义者传递信息，并在世界各地招募和动员"圣战"分子。因此，"伊斯兰国"在建立哈里发政权的同时，也致力于同敌对的伊斯兰国家和西方国家展开深入战斗。"伊斯兰国"从 2014 年起在欧洲各地发动了一系列恐怖袭击，包括巴黎《查理周刊》办公楼（2015 年 1 月）和巴塔克兰剧院（2015 年 11 月）、柏林圣诞市场（2016 年 12 月）和英国曼彻斯特竞技场（2017 年 5 月）的袭击。在某些情况下，"伊斯兰国"曾积极支持城市袭击者的暴乱行动。招募年轻的欧洲穆斯林女性为"圣战新娘"，是"伊斯兰国"成功利用信息的最怪异的例子之一。尽

---

① 参见本书第四章。

管"伊斯兰国"奉行极端的父权主义，但一些欧洲女性还是被"伊斯兰国"代表哈里发的形象所吸引，而前往叙利亚加入"伊斯兰国"的活动。她们似乎受到了一种女性责任感和顺从观念的启发，虽然这种观念剥夺了她们西方式的自由，但也给她们提供了她们所渴望的社会目标和生活社区。在英国，沙米玛·贝居姆（Shemima Begum）是最臭名昭著和悲惨的"圣战新娘"在线招募案例。贝居姆出生于1999年，在网上受招募"圣战新娘"的宣传而变得激进化。2015年2月，15岁的她和三个朋友离开了位于码头区西北几英里的伦敦东区贝斯纳尔格林的家。抵达叙利亚后，她嫁给了一名荷兰"圣战"分子，两人育有三个孩子。她的丈夫随后被联军杀害，她所有的孩子都死于疾病。在哈里发政权倒台后，贝居姆最终于2018年在一个难民营被捕。

"伊斯兰国"在欧洲和西方国家发动深度信息战所产生的影响是引人注目的。然而，"伊斯兰国"最具创意的信息战之一是针对别的国家——菲律宾。摩苏尔战役始于2016年10月，最终于2017年7月结束。就在联军完成在摩苏尔的军事行动时，"伊斯兰国"在2017年6月6日开始对拉卡发动同步攻击。哈里发帝国的最后挣扎，同发生在5 000英里外菲律宾南部棉兰老岛马拉

第十章 战争谣言

维的另一场重大军事行动之间有着不可分割的联系。"伊斯兰国"和"基地"组织已经渗透菲律宾多年。2013年，摩洛民族解放阵线（Moro National Liberation Front）占领三宝颜机场后，菲律宾安全部队立即对其展开了一次大规模军事行动，进行镇压。到2016年，伊斯尼隆·哈皮隆领导的隶属于"伊斯兰国"的阿布沙耶夫组织与"穆特组织"结成联盟，双方合作谋划武装反抗行动。这些组织的武装分子在哈皮隆的指挥下，于2017年5月23日袭击了马拉维，并占领了该市中心的重要建筑。概言之，此次袭击计划，是"伊斯兰国"为了回应美军在摩苏尔的打击以及"伊斯兰国"可能遭到失败而故意进行的全球反击。实际上，占领马拉维是一场自杀式行动，其主要目的是"伊斯兰国"在伊拉克和叙利亚被清剿之际，在全球媒体上展示其"辉煌行动"。"伊斯兰国"还利用在马拉维的战斗录像进行宣传，向世人表明他们"没有被打败"，以此鼓励世界各地未来的支持者。引人注目的是，"伊斯兰国"在马拉维的行动结束的同一天，他们在拉卡的战斗也在2017年10月17日结束了。这或许是一个巧合，但有力地突出了城市冲突中信息战的关联性、互通性。实际情况是，"伊斯兰国"也积极寻求通过更高层面上的战略性沟通，将两场城市战斗（马拉

411

维和拉卡）合并为一场全球"圣战"运动，不断渲染自己的能力。

人们很容易强烈谴责"伊斯兰国"的信息战，因为它利用暴力、酷刑和谋杀等怪诞的阐释威胁平民。然而，最终摧毁哈里发的联军也采取了类似的信息战，尽管没有图像内容可以佐证，但在现实中的确发生过。在寻求告知和动员城内穆斯林民众的同时，联军在针对国际社会的宣传中也投入了大量精力。"坚定决心行动"副总指挥负责摩苏尔和拉卡行动期间的信息宣传和媒体活动，他曾描述策划全球媒体活动的巨大困难："这是一个基于人性的叙事，公众对战争的要求非常多，他们监督整个战争，军队所受到的监督程度完全能够影响战争动态。"[①] 因此，联军必须创建一种有效的叙事方式，从而证明他们的军事行动（摩苏尔和拉卡的大部分城市地区都被摧毁了）是合理的。联军必须进行一场真正符合这种叙事的军事行动。例如，为了在2017年夏天对拉卡发动进攻，联军必须摧毁这座城市的城墙古迹。这里产生一个问题："古城墙是世界遗产，在我们摧毁城墙的那一天，我就去媒体那里解释说，'我们破坏了它，但我们

[①] Major-General Rupert Jones, OF-7, British Army, Deputy Commander, Operation Inherent Resolve, personal interview, 3 August 2018.

第十章 战争谣言

不得不这样做'。"① 联军必须尽量减少不必要的平民死亡和附带损害,但也必须向公众解释这种伤亡到什么程度以及为什么不可避免:"平民伤亡事关重大,我们必须保持国际合法性,才能获得行动的自由。如果我们在媒体上失去了讨论平民伤亡的主动权,我们就失去了行动的自由。"② 联军寻求获得这种合法性的主要考虑是,他们认为一个城市的构成并不全是建筑物,城市也是一个社会结构。一座城市就是它的人民。为了将穆斯林民众从"伊斯兰国"的手中解放出来,联军有必要为之战斗,并因此摧毁了城市的基础设施。由此看来,这是一个有创意但并非不可信的故事。向世界各国民众传播联军所策划的全球宣传活动,对军事行动取得胜利至关重要。联军得到更广泛的国际支持,或者至少是同意,也至关重要。因此,信息战不仅仅是一个"做某些信息发布和宣传活动,然后再返回做些适当调和妥协的作战问题",③ 信息战从一开始就是作战的一个组成部分。

信息战很复杂,因为信息战在跨度上要持续很长时

---

① Major-General Rupert Jones, OF-7, British Army, Deputy Commander, Operation Inherent Resolve, personal interview, 3 August 2018.
② Jones, personal interview, 3 August 2018.
③ Ibid.

间。尽管形势不断变化，对敌人作战过程中甚至出现了许多逆转，但联军必须构建一种长久且可持续的叙事。

（在摩苏尔）战争故事起起落落。战斗开始后，我们进攻了城市，随后我们从解放城内平民开始，进而报道平民伤亡、城市摧毁、人道主义苦难等事件，直到获得最终胜利。战争叙事将要转向并贯穿整个战斗过程，在这种情况下，试问你是如何管理媒体报道的？随着战争故事的发展，你不能保持沉默，要始终掌握叙事话语权。①

为了确保能够在全世界进行更好的战争叙事，联军同国际媒体公司建立了战略关系："你必须确保法国、德国、伊拉克和其他地区的媒体能够看到战争，而且一直都这么做，你得让所有的媒体都发声，这种宣传效应影响力是巨大的。"② 因此，在摩苏尔的信息管理实际上是一种高科技的工业化运转模式。然而，尽管宣传效果影响巨大，但是一场成功的信息战还要依赖联军指挥官

---

① Jones, personal interview, 3 August 2018.
② Ibid.

第十章 战争谣言

和特定记者之间的个人关系。当联军指挥官所公布的叙述的可信度得到证据支持时,军队和媒体的关系就得到了进一步的巩固,双方的关系就更加紧密。

摩苏尔战役并不是近年来唯一的信息战案例。现代城市战总要涉及重要的信息要素。然而,摩苏尔战役代表着 21 世纪城市信息战最典型的战例。信息战并不新鲜,具有悠久的历史。早在青铜时代的美索不达米亚,谣言、谎言和宣传等活动就一直在攻城战中扮演着至关重要的角色。然而现在,一种崭新的城市信息战场正在呈现。在某种程度上,信息在城市战中的传播日益具体化,主要针对参战的特定群体和居民区。与此同时,对战争故事的报道要同步传播到国际观众和跨国侨民中,因为他们实际上都以虚拟的方式加入了这场战争。因此,现代城市战中的地理信息具有非同寻常的影响力。像城市战的其他特征一样,信息战既集中在城市的特定地点,又跨越覆盖了全球。早在公元 70 年,当提图斯试图恐吓耶路撒冷的民众时,他在城墙前炫耀他的大军,以便城里绝望的犹太人能亲眼看到从而屈服投降。但是,提图斯只能向眼前被围困的犹太人传达一条信息,其宣传精度和广度极为有限。现在的情况大不相同了,在摩苏尔战役中,美军的信息传播能够精准集中在城市内部的特

415

定群体，而其他叙事则能够针对全球各地的海外犹太人。如同混凝土防御城墙和火力武器在城市战中的作用一样，信息战也是 20 世纪城市围攻战的一部分，地位突出而重要。同样，信息战在 21 世纪城市战中也十分重要。

第十一章

世界末日大决战

第十二章

世界末日大火焰

第十一章　世界末日大决战

一、双城记

1942年11月13日，在斯大林格勒战役中，德军第305步兵师开始对城市北部的街垒火炮厂（Barrikady Fun Factory）进行最后一次进攻。[1] 德军进攻是以猛烈轰击开始的，接着步兵在10门短管装甲突击炮的支援下向前推进。作为作战行动的一部分，德军第305步兵师第50团第44暴风突击连特种突击工兵攻击人民委员会大楼（见地图11.1）。这幢建筑就在街垒火炮厂东边，是德军前进的一个巨大障碍。人民委员会大楼是一座U形建筑，仿照城堡风格，拥有厚实高墙和额外增加的临时防御工事，大楼院子正对着街对面的德军阵地。令苏联守军大吃一惊的是，德军暴风突击连很快冲进大楼中间的正门。

德军准确地推测到，不仅建筑侧翼会受到苏军阵地的密集火力打击，而且驻守苏军还堵住了侧翼门窗，以为德军会通过门窗发起攻击：

---

[1] David Glantz with Jonathan House, *The Stalingrad Trilogy, Volume 2: Armageddon in Stalingrad* (Lawrence: University of Kansas Press, 2009), p.665.

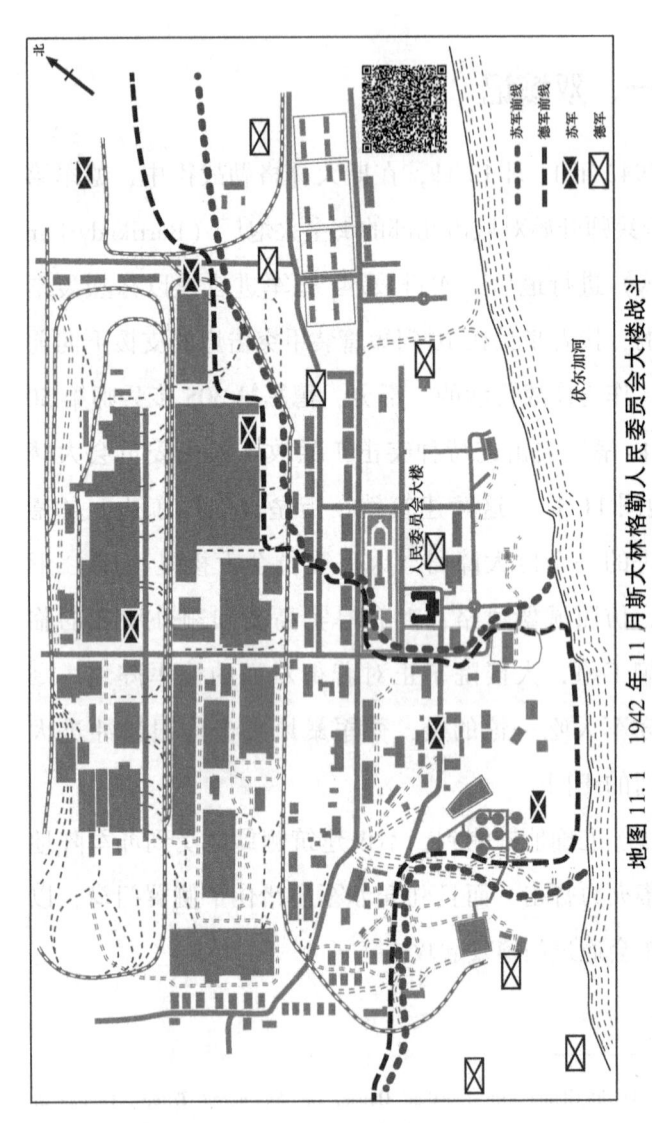

地图 11.1 1942 年 11 月斯大林格勒人民委员会大楼战斗

资料来源：该图由陆军大学出版社授权使用，参见 Map Courtesy of Army University Press, Stalingrad: The Commissar's House (2018), www.youtube.com/watth?v=deXzTpe-TF4。

第十一章 世界末日大决战

德军第44暴风突击连的先遣队和掷弹兵冲过南要塞的入口，沿着几乎封闭的前院内墙前进，一路上向房间窗户内投掷手榴弹。这一大胆行动让克柳金（Klyukin，负责保卫政府委员会大楼的俄国军官）和他的部下措手不及，因为位于楼上窗户旁的苏联守军已经少得可怜。德军先遣队迅速在中央入口的门廊外列队，另一些人则弯下膝盖，用武器瞄准上方斜视窗户中的威胁位置，以此掩护作战部队进攻。①

第44暴风突击连破门而入，又一次让苏联守军大吃一惊，德军立即冲到一楼，试图从上到下清理整座大楼。② 双方战斗很激烈，伤亡很惨重，德军最终占领人民委员会大楼。但是，德军在城市的整体进攻受到阻碍，11月25日，德军对斯大林格勒的进攻达到了高潮，此后没有再发生重大战斗。

2004年11月13日费卢杰战役期间，在斯大林格勒

---

① James Mark, *Island of Fire* (Sydney: Leaping Horseman Books, 2006), p. 173.

② Mark, *Island of Fire*, pp. 173-174.

人民委员会大楼遇袭60周年后，美海军陆战队第1团第3营基洛连（Kilo Company）控制着费卢杰西南地区，即亨利阶段线（Phase Line Henry）以西半公里处的皇后大厦。基洛连第3排正在清理貌似安静的街道，当他们到达街区的最后一所房屋时，碰上了后来被称为"地狱之家"的一栋楼。

该排的一名下士形容这栋楼的房屋："一座相当小、不起眼的淡黄色水泥房子，有圆顶状的屋顶和一个很小的第二层。在房子中央有一个大的圆形大厅，里面有一条走道。"① 圆形大厅和阳台在随后的战斗中成为重点。在美军克里斯托弗·普鲁伊特中士（Sergeant Christopher Pruitt）的带领下，一支火力小队进入了建筑物内。当他们进入院子时，发现厕所里有新鲜的人类粪便，判断大楼里有人。火力小队的4名美海军陆战队员小心翼翼地站在门边，进入门厅后当场打死一名迎面碰上的武装反抗分子。然而，当他们继续进入下一个房间时，遭遇到一名手持AK-47的反抗分子袭击。普鲁伊特中士受了伤，流着血摇摇晃晃地返回街上躲避。

随后，增援部队向房子聚集，另一支由布拉德利·

---

① Dick Camp, *Operation Phantom Fury* (Minneapolis: Zenith, 2009), p. 262; Richard Lowry, *New Dawn* (New York: Savas Beattie, 2009), p. 190.

第十一章 世界末日大决战

卡萨尔中士（Sergeant Bradley Kasal）率领的小队再次进入房子进行清理。他们抵达房子中心时，那里有一个"巨大的开放空间，左边有楼梯，沿着两面墙通往屋顶阳台"。房间的中心在圆形大厅天窗的下面。虽然海军陆战队在进入房间前向大厅内投掷了手榴弹，依然有2名反抗分子"从天窗上用AK机枪扫射了这个大房间"，很快2名海军陆战队员受伤，1名被困在房间里。第3排的其他队员试图进行救援，但又有2人被手榴弹炸伤。"到现在为止，第3排的所有士兵都聚集在这里进行作战，还有合成反装甲战斗队（CAAT）进行支援"。[1] 卡萨尔中士和其他海军陆战队员继续试图清理房子，他们击毙了1名叛乱分子，但另有1名海军陆战队员阵亡，卡萨尔和其他3名海军陆战队员也受伤。在猛烈火力压制下，所有受伤的海军陆战队员最终从大楼里被救了出来。排长随即下令彻底摧毁这座房子。美军洛基连的作战工程师在厨房的丙烷罐旁放置了一个小炸药包，当所有陆战队员都安全撤离后，点燃了引信，"爆炸将巨大的灰尘和碎片喷射到空中……那座建筑物，甚至外院的墙壁都变成了一堆冒着烟的瓦砾"。[2] 房屋被摧毁后，1

---

[1] Lowry, *New Dawn*, p. 192.
[2] Ibid., p. 197.

名武装反抗分子死亡，但另1名可能是车臣人，黑色头发和胡须的武装反抗分子又投来一枚手榴弹，所幸爆炸后没有造成人员伤亡。① 该武装反抗分子最终死于一阵来复枪射击。最后，"地狱之家"变成安全之地。

虽然争夺人民委员会大楼的战斗是国家间战争的一部分，而"地狱之家"是城市武装反抗的一部分。但是，1942年11月斯大林格勒战役和2004年11月费卢杰战役，两场城市战之间具有显而易见的传承性。街垒火炮厂附近的人民委员会大楼和费卢杰皇后区"地狱之家"房屋战斗，军队都是在攻击一个坚固的敌人阵地，都是近距离战斗，德军和美军都用手榴弹、炸药和轻武器扫荡房间，他们的战术非常相似。事实上，小规模的城市战在今天依然存在，在城市环境中，作战小分队不得不强行进入具有防御功能的建筑物和房间，就像他们在20世纪40年代所做的那样。门廊、阳台和屋顶为防御者反击提供了良好防护，每个房间、每条走廊都是潜在的致命地带。

城市战的传承性特征不可否认，也不应该被忘记。然而，仅仅因为近距离战斗相似，也并不意味着城市战

---

① Camp, *Operation Phantom Fury*, p. 268.

第十一章 世界末日大决战

本身保持不变。如果把争夺人民委员会大楼和"地狱之家"房屋的战斗放在一个更广泛的战争背景中，很难断言城市战在 21 世纪保持不变。城市战的内在结构已经发生变革。事实上，当把费卢杰战役与阿勒颇战役、马拉维战役或摩苏尔战役放在一起进行对比时，就会发现，现代城市战面貌发生了更加明显的变化。在 20 世纪，正如斯大林格勒战役所显示的那样，国家间城市战通常是前线战争中更大战役的一部分。另外，在平息武装反抗作战中，国家军队通常会把武装反抗分子赶出城市。无论是哪种情况，城市战始终只是战争主体的一部分而已。相比之下，在 21 世纪，交战双方已经聚集在城市，战斗也发生在城市，而且正在形成一系列城市微型围攻战。为什么城市战会浓缩成具有标志性的局部围攻战？

现代城市规模发展迅猛，研究认为，主要有三个内在因素促使人们不断向城市迁移。这一话题在本书中也反复强调过。首先，现代城市建设发展速度很快、规模越来越大，很多城市成为当地的政治、经济和社会中心，因此，军队部署很难避开城市。其次，武器装备的打击能力更加精确。随着武器装备杀伤力越来越大，国家和非政府武装力量都试图在城市中寻求庇护。最后，军队规模数量越来越小。当前，一个国家的常备军作战力量很难对整座城市形成包围或控制。今天，城市战不可能再包围一个城市，因此，作战人员都聚集在城市内特定地点。即使面对武装反抗分子，国家军队的力量也不足以将他们赶出城市。此外，现在有的武装反抗力量也变得越来越强大。城市战逐渐限定为一系列激烈的市区内部交战。一旦进入城市，交战双方就会争夺具有决定性意义的社区、街区、特定的建筑物和房屋楼栋。

　　城市战不仅是局部战斗，而且具有非常特殊的战斗形态。在一定程度上，城市战慢慢变成断断续续的围攻战，然而，在20世纪，城市战主要表现为交战双方为争夺特定目标而进行的激烈战斗，比如街垒火炮厂附近人民委员会大楼的战斗。城市局部战斗通常是整个城市战役更广泛行动的一部分而已。例如，人民委员会大楼战斗是德军利斯特集团军整个城市攻击的一部分，整个攻击计划包括5个师的进攻范围，从城市南部的网球拍扇区和马马耶夫岗区（Mamayev Kurgan）到城市北部的街垒火炮厂。[①] 现在，当兵力减少后，城市战变成了一系列局部阵地的咬紧战术作战。

　　此外，一旦精干的参战部队聚集到决定性意义地点，

---

① Glantz, *The Stalingrad Trilogy*, p. 615.

第十一章 世界末日大决战

他们所采取的独特战术本身就延缓了行动节奏，进一步增强转向微观围攻的趋势。尽管现代军队规模数量小了很多，但是武器装备比20世纪好了很多，可使用配置的火力要大得多。全副武装的步兵和坦克，经常在极近距离向对手发射数量惊人的弹药。固定翼和旋翼飞机、有人驾驶和无人飞机、各种火炮从远处向敌人阵地打击，杀伤力显著增强。面对这样的火力，在近距离城市战斗中机动变得非常困难，特别是作战人员现在如此之少，指挥官需要避免重大伤亡。简言之，在城市环境中，阵地战取代了运动战。

作战人员减少和火力增强是一个相辅相成的过程，这也必然导致一个结果，即作战人员要充分利用防御工事保护自己。为此，在城市战中，防御墙、障碍物和堡垒会急剧增加，其中有的用混凝土代替肉体防御，有的防御工事能抵抗强大火力打击。在城市里构筑防御工事非常必要，也非常有效。当然，参战人员也在有计划减慢军事行动，特别是面对强大火力和坚固防御工事，进攻者不得不设法突破障碍，然后缓慢地清理限定区域中的作战目标。

现在，城市战逐渐凝固成一种缓慢、局部的围攻战。很多因素也促成了城市围攻战的呈现。斯大林格勒战役期间，德国 B 集团军群包括匈牙利、罗马尼亚和意大利等盟国军队，他们都分散在各处进行独立作战。相比之下，当前，国家军队规模不断缩减，非正规军队和合作军队在城市战中的作用日益突出。有时，如在费卢杰战役或摩苏尔战役中，美军的合作军队是东道国伊拉克的安全部队。然而，在许多情况下，非正规民兵也被用于城市战，他们对美国打击"伊斯兰国"至关重要。叙利亚内战中，非正规军队和合作军队是阿萨德政权取得胜利的战斗先锋，顿巴斯地区作战中，俄罗斯用自己军队加强了当地武装力量。在 21 世纪，武装力量代理人已经出现。当今时代，城市战已经成为国家、非国家、非正规和混合军事力量的融合体。有的国家认为，代理人战争很方便，具有作战成本低、保存己方力量等优点。但是，代理人战争只是与城市战的新特点结合在一起了，仅此而已。合作军队往往不如国家军队，因为国家军队受过良好训练，拥有精良装备。即使合作军队有作战能力，但是他们的动机和兴趣也经常偏离资助人的目标。此外，使用代理人需要进行广泛的外交对话和谈判商议，所有这些事项都进一步降低了军事行动的速度。兵力的减少、火力的增强、防御工事的加固和战斗伙伴的合作，这一系列军事实践推动了城市阵地战的兴起。

第十一章　世界末日大决战

现在，围攻战又回来了。然而，围攻战是以一种奇怪方式呈现在城市战中。进行阵地战的同时，军队越来越注重利用信息战进行士兵招募、鼓舞士气或恐吓威胁。当前，尽管城市战主要集中在城市内部特定地点，但是同时也向全球不断扩散影响力。当战斗在街头肆虐时，参战者通过数字通信和社交媒体同全球观众进行交流沟通，距离战场几英里之外的城市也被实时招募到战场中。此外，全球观众通常以相对被动方式参与战争。在其他时候，域外国家、国际组织或侨民被迫为战争的发动者或受害者提供资助支援。然而，很多时候，战争的全球性特征表现得更加快捷化和更加军事化。2017年夏天的马拉维战役，是摩苏尔战役和拉卡战役某种意义上的延伸，因为这次城市战也是"伊斯兰国"军事活动的一部分。近几十年来，城市战已经形成了一个清晰的结构面貌，既本地化又全球化。战争一旦爆发，战场集中在城市特定区域，同时也向全球扩散。因而，学者、军事专家、武装力量、政策制定者和人道主义者都深刻认识到城市战的新面貌和奇特形态，这一点至关重要。

二、超大城市战

21世纪以来，城市战已经塑造出一种高标识度的战争形态，然而，问题是这种战争形态是否会持续到未来。如果学者、军事专家和政策制定者对城市战的演变发展感兴趣，那么，他们研究城市战的目的，就是为了预测城市战的前景。因此，有必要前瞻性地思考2040年城市战的发展趋势。现在，很多评论家担心爆发城市大决战的三种可能性——超大城市战、智慧城市战和核武器大屠杀。这是一件关系未来的大事要事，也是本书深入思考总结的预测性主题：未来城市战将会是什么样子？

军事专家和大部分军事科学家最担心的是，未来几十年战争不仅会在城市爆发，而且会在人口超过1 000万的超大城市爆发。对超大城市战的担忧肯定反映在人口统计数据上。1974年，世界上只有2个超大城市。现在，全球有37个超大城市，其中大部分位于亚洲，超大城市占地面积极其宽广，也是重要的战略枢纽。从物理上和政治上讲，超大城市的发展是不可避免的社会现象："超大城市正在迅速成为地球上人类活动的中心，因此，

第十一章 世界末日大决战

它们也必将产生军事干预解决大部分摩擦矛盾的需要。"① 现在，住在城市的人比过去要多得多，但是其中很多人居住条件很差，超大城市必然是未来矛盾冲突的主要场所。许多人也担心，西方军队将被迫在一个眼花缭乱的复杂城市环境中进行国家间战争或非国家间战争。

无论愿意与否，美国都将被拖入超大城市战。《超大城市与美国陆军》一书认为，"忽视超大城市就是忽视未来"。② 很多评论员对此表示赞同，声称超大城市战几乎不可避免：

> 由于其日益重要的政治、经济和社会的影响力，超大城市成为与所在国家甚至国际中心紧密联系的战略关键地带。随着超大城市数量不断增加，其地理位置和战略价值越来越重要，美军未来可能不得不在超大城市环境中作战。③

对于西方国家军队来说，"地狱般"的城市战令人

---

① Chief of Staff of the Army, *Megacities and the US Army: Preparing for a Complex and Uncertain Future* (United States Army, 2014), p. 4.
② Chief of Staff of the Army, *Megacities and the US Army*, p. 4.
③ Kevin Felix and Frederick Wong, "The Case for Megacities," *Parameters* 45, no. 1 (2015): 20.

不安,他们担心不得不在规模巨大、环境复杂的城市环境中作战,而且根本无法应对这样的环境。

军事专家普遍认为,超大城市在未来会爆发战争,然而,专家的观点也绝非完全一致的,例如,迈克尔·埃文斯驳斥了未来军队必将在超大城市作战的观点,"超大城市不一定是美国军队未来可能作战的主要城市地区"。① 对埃文斯来说,人口统计学并不支持超大城市爆发战争。虽然没有人能否认20世纪后期以来超大城市崛起的现实,但绝大多数人口仍然生活在中等规模城市,"发展中国家的城市增长并不是集中在几个超大城市的'人口爆炸'上,而是集中在人口15万到1 000万的多样化的中等规模城市"。② 相比之下,"中国有200多个中等规模城市,拉丁美洲有50个,非洲和中东有39个"。埃文斯认为,现实中,战争更有可能发生在"中等规模城市"。③

埃文斯对超大城市爆发战争的怀疑是可以理解的。然而,人们完全可以想象,国家军队未来可能不得不在超大城市开展平息武装反抗的行动。的确,有人可能会

---

① Michael Evans, "The Case against Megacities," *Parameters* 45, no. 1 (2015): 34.
② Ibid., p. 34.
③ Ibid. p. 35.

第十一章 世界末日大决战

说,在拉丁美洲,安全部队在打击有组织的犯罪活动中已经采取了军事行动。虽然部署军队可能不受当地欢迎,但是美军仍然很容易再次部署到国外,执行在伊拉克和阿富汗所做的那种平息武装反抗的军事任务。在亚洲,有的超大城市也可能是城市暴乱的策源地。发生在马拉维、摩苏尔或孟买的城市战或许就是未来超大城市战的预兆。未来,美国或欧洲也可能出现城市暴乱的挑战。2020年新型冠状病毒大流行之后出现的全球萧条,不仅可能在南半球的弱小城市发生,也可能在北半球城市引发动荡。2020年5月,美国乔治·弗洛伊德被谋杀后,"黑人的命也是命"(Black Lives Matter)的抗议活动可能是大城市动乱的先兆。在北美和欧洲即将到来的危机中,军队可能受命去支援政府,参加维护社会秩序的任务。

未来20年,超大城市的骚乱和暴动极有可能发生。然而,西方国家军队不仅担心可能不得不在未来平息城市动乱,他们还担心,可能不得不在一个超大城市内打一场近乎对等的国家间战争。这是一个真正的反乌托邦式理想城市愿景。担心未来的不确定性是一种明智的思维方式,在超大城市爆发战争将是一项代价高昂、风险巨大且具有破坏性的军事行动。显然,国家间战争是否会在超大城市爆发，这是一个复杂问题，主要取决于哪些国家会相互开战。例如，中国和印度都拥有许多超大城市，但是如果2020年夏天的双方紧张局势具有暗示性的话，那么两国之间的任何对抗都可能以喜马拉雅山高处边境冲突的形式出现，那里距离任何主要城镇都有几英里远。然而，根据西方国家军队战区简要调查报告，他们正在为可能的军事行动做准备，这一行为更加清楚地说明了真正的超大城市战爆发的可能性。有人认为，西方国家军队目前正在为四场可能的国家之间、势均力敌的对手之间的战争做准备，包括对抗中国、俄罗斯、伊朗和朝鲜等。超大城市战会在这些区域爆发吗？

美国与伊朗的军事冲突似乎不太可能涉及大量地面部队，入侵也不太可能。但是，美国和伊朗的军事冲突可能包括空袭，也可能包括针对特定设施或打击海军的特别行动。同样，中国似乎也不相信超大城市战爆发的预言。尽管中国正在加速城市化，并且已经拥有世界上数量最多的超大城市，但是即使美国和中国开战，两国在超大城市甚至在陆地上作战的现实可能性也很小。美国对中国进行地面入侵完全不可行，也是不可想象的。理论上讲，中美军队可能会在东京或台北作战。然而，这也是极不可能的。几乎可以肯定，未来与中国的任何

第十一章 世界末日大决战

战争，都可能是为了争夺中国南海和中国东海的海上霸权，最终可能是争夺太平洋的海上霸权。重大海上对抗并非不可避免，而是极有可能发生。中美之间海战的结果可能会预先决定日本和中国台湾的命运，根本不需要发生地面战争。

俄罗斯和北约之间的未来战争很可能涉及波罗的海的地面战争。当然，北约正准备保卫波罗的海国家的领土。顿巴斯地区的军事行动表明，任何与俄罗斯的军事对抗都可能发生在城市。在顿巴斯地区，缩编后的乌克兰和俄罗斯军队都聚集在城市地区作战。波罗的海国家也可能出现类似的情况。苏联和北约部队大规模交战的冷战时代已经结束。野外前线战争很可能被分散的城市战所取代，战斗很可能会集中在波罗的海的城市地区，就像在乌克兰东部一样。无论是俄罗斯还是北约，都没有足够的力量来建立宽广的线性防御。对北约来讲，以传统方式部署军队可能是不明智的，因为俄罗斯的远程火炮对驻扎在那里的联盟军队构成了重大威胁。顿巴斯地区的军事行动就清楚地证明了这一点，2014年夏天，乌克兰军队发动了一场夺回顿涅茨克及其周边地区的行动，同一时期，2014年7月11日，俄罗斯无人机在泽列诺皮利亚镇（Zelenopillya）附近的空地上发现了乌克兰军队第 24、第 72 机械化旅和第 79 空中机动旅,并对其发动了远程炮击。几分钟之内,乌克兰军队 2 个机械化营就被摧毁了。① 尽管对泽列诺皮利亚的袭击现在看来是乌克兰军队无能的结果,而不是俄罗斯的先进军事技术,但是波罗的海地区的北约部队将暴露在俄罗斯的目标捕获系统和远程火炮面前。这样看来,北约部队很可能试图在城市地区的坚固阵地上保卫波罗的海东部。如果北约失去城市地区,他们将被迫攻击驻守城市的俄军。因此,在同俄罗斯的任何战争中,城市战极有可能发生。尽管波罗的海地区有大量的城市人口,但是没有超大城市,所以在城市地区同俄军作战是完全可能的。因此,超大城市战不可能在这个战场上发生。

未来 10 年,朝鲜是西方国家军队可能参加的第四个战场,该战场可能是高强度的国家间战争。这个地区已经具备了超大城市的国家间战争条件。1950 年朝鲜战争期间,汉城是一个大约 100 万人口的城市。今天,有 1 000 万人居住在首尔这个城市。首尔是一个真正的超大城市,位于三八线以南仅 40 英里。从人口统计学的分析框架来看,人们可能会认为,朝鲜和韩国之间的任何战

---

① Janne Matlary and Tormod Heier (eds.), *Ukraine and Beyond: Russian's Strategic Security Challenge to Europe* (London: Palgrave Macmillan, 2010), p. 164.

第十一章 世界末日大决战

争都必然涉及超大城市战。这当然是可能的。然而,虽然世界上大多数国家都缩减了军队,但是在朝鲜的情况却恰恰相反。朝鲜仍然是一个有大规模军队存在的国家。例如,在朝鲜半岛,大约70万朝鲜军队和40万韩国军队,双方在80英里的边境线上长期对峙。[1] 为了保护自己,韩国建设了广泛的地下隧道网络、掩体和野外防御工事。韩国军队的目标,是在朝鲜军队进攻抵达首尔之前,在非军事区以南的一系列防线上进行防御,直到美国增援部队到达。[2] 当然,朝鲜军队有可能突破防御,随后的战斗可能发生在首尔,这一幕曾在1950年的汉城发生过。然而,在1950年,韩国和美国的军队都准备不足才导致城市沦陷的情况发生。今天,即使朝鲜拥有庞大的军事力量,也很难迅速突破韩国的防御。

韩国战场的军事问题很值得玩味,该战场是西方国家军队准备在地面上与一个旗鼓相当的对手作战的唯一区域,而且实际上有一个超大城市——首尔。但是,由于参战部队规模庞大,在朝鲜进行城市战的可能性比在战斗密度较低的波罗的海国家要小。西方国家军队担心

---

[1] Global Security Organization Korea, *The Military Balance, 2017* (London: IISS, 2020), p. 287, https://www.globalsecurity.org/military/ops/oplan-5027.htm; International Institute for Strategic Studies.

[2] Global Security Organization Korea.

超大城市爆发战争，这并没有错。由于被超大城市的规模所震惊，西方国家军队在某种程度上夸大了世界末日情景的可能性。应该来讲，未来，西方国家军队肯定要在超大城市作战，可能不得不在其中一个城市进行一场平息暴乱的军事行动。但是实际上，要在超大城市进行国家间战争不太可能。

三、智慧城市战

军事专家对超大城市作战的严重后果深感忧虑。相比之下，社会学家，尤其是左派社会学家更担心的是另一种世界末日——自主武器、机器人和人工智能的崛起对城市战的影响。社会学家对先进技术的军事化潜在威胁甚是担忧，现代城市本身已经实现了数字化生活，每个人不得不生活其中。例如，在城市军事化的批判性评估报告中，地理学家斯蒂芬·格雷厄姆（Stephen Graham）对新安全技术的扩散深感不安，他认为，国家军队正在积极探索如何完全掌控城市，他们显然沉迷于"对技术的渴望与掌控的拜物教冲动，借助先进技术和手段进行

第十一章 世界末日大决战

平叛城市暴乱的战斗"。① 保罗·沙瑞尔②担心，军队正在研发能够脱离人类控制且能够进行识别和攻击的自主武器系统：

> 世界各国军队都竞相在海上、陆地和空中部署机器人武器——超过90个国家都有无人机在天空巡逻。机器人的自主性越来越强，还配备先进武器。不过，机器人目前还在人类的控制下运行，但是当"捕食者"无人机拥有和一辆谷歌汽车一样多的自主权时，很难预测会发生什么。③

沙瑞尔担心的是，"在未来战争中，机器可能会做出生死攸关的开战决策"。④ 目前，城市战仍然是一个具有鲜明人类特征的社会现象，还不是机器人交战的世界。

---

① Stephen Graham, *Cities under Siege: The New Military Urbanism* (London: Verso, 2010), p. 162.
② 保罗·沙瑞尔（Paul Scharre），军事畅销书《无人军队：自主武器与未来战争》(*Army of None: Autonomous Weapons and the Future of War*) 的作者，美国军事学者。——作者注
③ Paul Scharre, *Army of None: Autonomous Weapons and the Future of War* (New York: W. W. Norton and Company, 2019), p. 4.
④ Sharre, *Army of None*, p. 4.

439

令人担忧的是，在超大城市里国家军队可能会无处不在，他们监视城市街道，随意瞄准被视为敌人的平民。

对机器自主作战的担心并非荒谬。自主武器系统、机器人技术和人工智能对军队越来越重要。然而，作家所描绘的未来战争景象更接近科幻小说而不是现实，这是有先例的。早在20世纪20年代和30年代，大量未来主义文学作品，都是从第一次世界大战的空袭中推演出来的，这与当时由朱利奥·杜黑、比利·米切尔和休·特伦查德提出的制空权思想不谋而合。例如，H. G. 威尔斯（H. G. Wells）设想了一场未来战争，整个城市可能在一次空袭轰炸中化为乌有。尽管原子弹轰炸了日本广岛和长崎，但是第二次世界大战及其后来城市空袭表明，对城市轰炸的担忧被夸大了。实际上，用常规武器摧毁城市是相当困难的，摧毁具有坚固防御的城市更是困难。然而，到了20世纪末，人们在千禧年所幻想的机器人、半机器人和电脑对人类也表现出潜在危险，令人担忧。事实上，智能机器装备已经对人类构成了现实威胁。

20世纪80年代早期，有两部电影生动地捕捉到了这种焦虑。1982年，导演雷德利·斯科特（Ridley Scott）的电影《银翼杀手》公开上映，该电影改编自菲利普·K. 迪克（Philip K. Dick）1968年的小说《仿生人会梦

第十一章 世界末日大决战

见电子羊吗?》(*Do Androids Dream of Electric Sheep?*)。这部电影的故事发生在2019年的反乌托邦城市洛杉矶,一名私人侦探在城市中努力追踪凶残的机器人。《银翼杀手》所讲述的故事,是当今时代最受欢迎的电影主题之一——詹姆斯·卡梅隆1984年的电影《终结者》也反复提及类似主题。《终结者》电影也是以2029年的洛杉矶开始,讲述当时超级电脑"天网"试图用一场大规模的核毁灭杀绝整个人类。无人机在城市废墟上空穿越飞行,向最后的人类幸存者发射激光武器,而巨大的机器人坦克把人类幸存者的头骨碾碎在车轨下面。整个影片想象一个从未来被送回现在的机器人试图毁灭人类的故事。其中,电影中对未来战争场景的描绘令人难忘,就像H. G. 威尔斯在20世纪30年代描绘的那样,精彩呈现出人们对由计算机错误引发的核毁灭世界末日的普遍恐惧。

人们对武器自主化的担忧是有充分根据的,尤其是在城市战中。近几十年来,远程武器在城市战中变得司空见惯,无人机在作战中的数量也不断激增。美国各州已经将现有的无人机编队用于城市战。除此之外,美国还在试验纳米无人机,它们能够以"蜂群"模式部署,主要用于监控街道、建筑物甚至房间。非政府武装人员越来越频繁地采购和运用无人机监视敌人或向敌人投掷弹药。部分自主武器也开始出现在城市战场。自主武器持续进行创新发展，不断研制推出更多型号的系列产品，有的自主武器已经投入战场使用。例如，美国陆军和英国陆军都成功试验由 MILREM 机器人公司制造的自动驾驶车辆，称为 X 型机器人战车。试验表明，两个机器人车辆能够密切配合一辆坦克进行作战，其中，机器人车辆的编程可以根据坦克指挥官的指令进行自主运行，机器人车辆还能够根据自己的算法，独立侦察路线和打击目标。当完成任务后，自动驾驶的车辆又被编程，跟随在主坦克后面，与之同步行动。

英国陆军还测试了一种遥控六旋翼武装无人机，该装备的原型被称为"i9"，是专门为城市战设计，能够在建筑物和房间内投掷手榴弹或射击武器。到目前为止，无人机很难在建筑物内发射武器，主要因为无法控制后坐力，很容易撞到墙上。然而，通过人工智能技术，无人机飞行的稳定问题似乎已经得到解决，在城市战中使用无人机的潜力空间巨大。[①] 为坦克搭配履带式机器人或无人机进行作战，在今天已经是准自主远程打击武器崛起的两个经典案例。

---

① Lucy Fisher, "Armed Drone Is a Real Street Fighter," *The Times* (September 29, 2020), p. 20.

第十一章 世界末日大决战

　　武装反抗分子也在努力发挥自主武器系统的作战潜力。例如，基尔卡伦反复强调，武装反抗分子甚至在网上采购数字设备领域的创新产品。[①] 因此，阿勒颇战役期间，武装反抗分子能够从网上下载相关软件到平板电脑上，用以瞄准迫击炮。在一个更惊人的案例中，基尔卡伦认为，摩苏尔战役期间，部分"伊斯兰国"武装组织的狙击步枪竟然是在布鲁塞尔的一家咖啡屋里，由一名激进分子远程操作的。这些案例充分表明，在未来，武装反抗分子能够进行远程甚至自主化的城市战，国家间战争也一样。上述简短案例深刻展示出机器人和自主武器在未来城市战中的潜力。

　　自主武器的崛起势不可当，可能会在未来几十年改变城市战术，或许还会改变战争的某些面貌。当然，自主武器也引起了公众的幻想和恐惧。然而，随着军队规模急剧缩减，自主武器也不断涌现，有时候，自主武器的快速发展是为了弥补军队质量的不足。同机器人车辆并肩行动，能够成倍增强坦克兵的作战能力，但是机器人不会取代人类。"伊斯兰国"在阿勒颇战役中的自动

---

　　① David Kilcullen, "Emerging Patterns of Adversary Urban Operations: Insights from the NATO Urbanization Program," RUSI Urban Warfare Conference Session 3, February 2, 2018, https://rusi.org/ rusi-urban-warfare-conference-presentations.

狙击步枪之所以有效，主要因为狙击步枪由真正的"伊斯兰国"作战人员操控。狙击步枪增强了战士的射击能力，却不能完全代替战士。随着部署兵力的减少，作战人员将更频繁运用远程手段、机器人或自主武器系统进行作战。然而，自主武器的引入似乎不太可能从根本上改变现代城市战。本书中所讨论的未来发展趋势似乎更有可能，目前看来，未来城市战将继续以缓慢、谨慎的围攻战形式存在，其中密集火力聚焦在特定目标上。即使配备机器人，在战斗一线的作战人员还是太少了。在将来，地面战斗中，作战人员会不断减少，而机器人和自主武器则不断增多增强。但是，城市战仍将以人类为主角，人们在先进技术的辅助下进行作战，而不是由自主系统决定如何作战。

四、核武器大屠杀

城市战还有一个终极未来。事实上，这一终极发展图景是把 21 世纪城市战带到过去，而不是未来，更接近真正的世界末日。正如人们所看到的，城市战面貌在最近几十年发生根本性变化。由于城市地区的急剧扩张、军队规模的缩减和精确武器的大量引进，城市内一线战

第十一章 世界末日大决战

斗已经聚集到离散的阵地上。在这里，尽管战斗强度一如既往地激烈，但是比20世纪城市战在时间上要长得多。现在，横跨整个城市的大规模战斗已经被城市内部分散的局部战斗所取代。但是，未来大规模的消耗战可能会重新回到城市。不过，像斯大林格勒战役或柏林战役那样的城市战不太可能真正重演，原因很简单，世界各国都没有大规模军队了。然而，各国仍然可以使用战略轰炸机或导弹对城市地区进行大规模空中轰炸。实际上，大规模空袭自从美军在越南进行"滚雷行动"和"后卫行动"以来就再没有出现过。此外，美国B-52重型轰炸机曾用于打击阿富汗的农村目标。俄罗斯图-95轰炸机也摧毁了叙利亚远离城市的目标。显然，轰炸机可以用来打击城市目标。在国家间高强度的战争中，俄罗斯、中国、美国或朝鲜等国家可能会把整个城市作为目标，就像英国皇家空军、美国陆军航空队和德国空军在第二次世界大战中所做的那样。未来城市战把整座城市作为轰炸目标的可能性不应被忽视，也并非不可能。

然而，城市空袭不会将城市战直接拉回到过去的轰炸摧毁。即使是今天的重型轰炸机也在使用精确制导武器，而且一直努力进行精确瞄准和精确打击——这不是出于人道主义，而是出于军事上的权宜之计。区域轰炸是一种低效的作战方式。此外，现代防空系统越来越先进，对同等水平的敌人发动区域战略轰炸极其困难。对一个城市进行战略空袭，首先需要对防空设施进行持续而系统的攻击，因此，进行区域轰炸很困难，也很昂贵。投入如此大精力去削弱敌人的防空系统，却仅仅为了对一座城市进行毫无目的的轰炸，这似乎不太理智。然而在未来，区域轰炸仍有可能在城市发生。实际上，常规导弹攻击的目的，就是为了摧毁城市特定目标，而不是摧毁整座城市，但是常规导弹攻击城市是可能的，而且导弹比盲目空袭更精确、更有可能性。

　　现实中，如果世界各国确实想摧毁对方城市，那么核战争比重返常规战略轰炸更有可能发生。在核打击下，城市将极易受到彻底摧毁。的确，尽管人们认为核战争不太可能发生，但目前世界上有9个有核国家，核战争的隐患始终存在。未来10年，其他国家也可能发展核战争能力，事实上，这极有可能。核扩散的结果是，国家之间可能爆发核战争：印度与巴基斯坦、印度与中国、以色列与伊朗、美国与俄罗斯、美国与中国、朝鲜与美国、中国与日本等。在这一点上，未来核战争可能类似于第二次世界大战最后几天广岛和长崎的毁灭。任何一个有核国家都可以使用核武器摧毁敌人城市并杀害平民，

第十一章 世界末日大决战

就像1945年美国向日本投掷原子弹那样。在朝鲜半岛未来的任何一场战争中，首尔都将是一个明显的攻击目标。如果俄罗斯和北约之间的冲突升级，波罗的海周边城市也可能烧成灰烬。然而，在未来的其他冲突中，德里、伊斯兰堡、耶路撒冷、德黑兰、东京、台北、华盛顿和北京也都可能成为核武器的摧毁目标。

未来20年可能爆发3种城市大决战：超大城市战、智慧城市战和核武器大屠杀。军队、政策制定者和军事科学家必须深刻认识这3种未来战争的可能性。然而，城市战最有可能的未来，不是一场灾难或革命，而是21世纪初城市战的继承延续。在不久的将来，城市战极有可能复制摩苏尔、马拉维和阿勒颇等城市战役。残酷、激烈、缓慢、消耗性的战斗，包括国家、非国家和混合力量等作战人员，可能在城市特定地点聚合起来进行作战，就像20世纪末城市战所经历的那样。城市战未来仍然主要由一系列针对城市特定目标的微观围攻战构成。悲观地讲，城市微观围攻战，是一个我们可能希望看到的城市战未来。然而，一场真正的城市大决战也可能爆发，当城市不是像传说中的所多玛和蛾摩拉那样被神的干预焚毁，而是被人类蓄意焚毁破坏，那么，城市战的未来终将由人类来决定。

附录

附 录

英文原著各章图和地图二维码

Figure 1.1

Figure 3.1

Figure 4.1

Figure 4.2a and 4.2b

Figure 5.1

Figure 5.2

Figure 5.3

Figure 6.1

Figure 8.1

Figure 8.2a, 8.2b and 8.2c

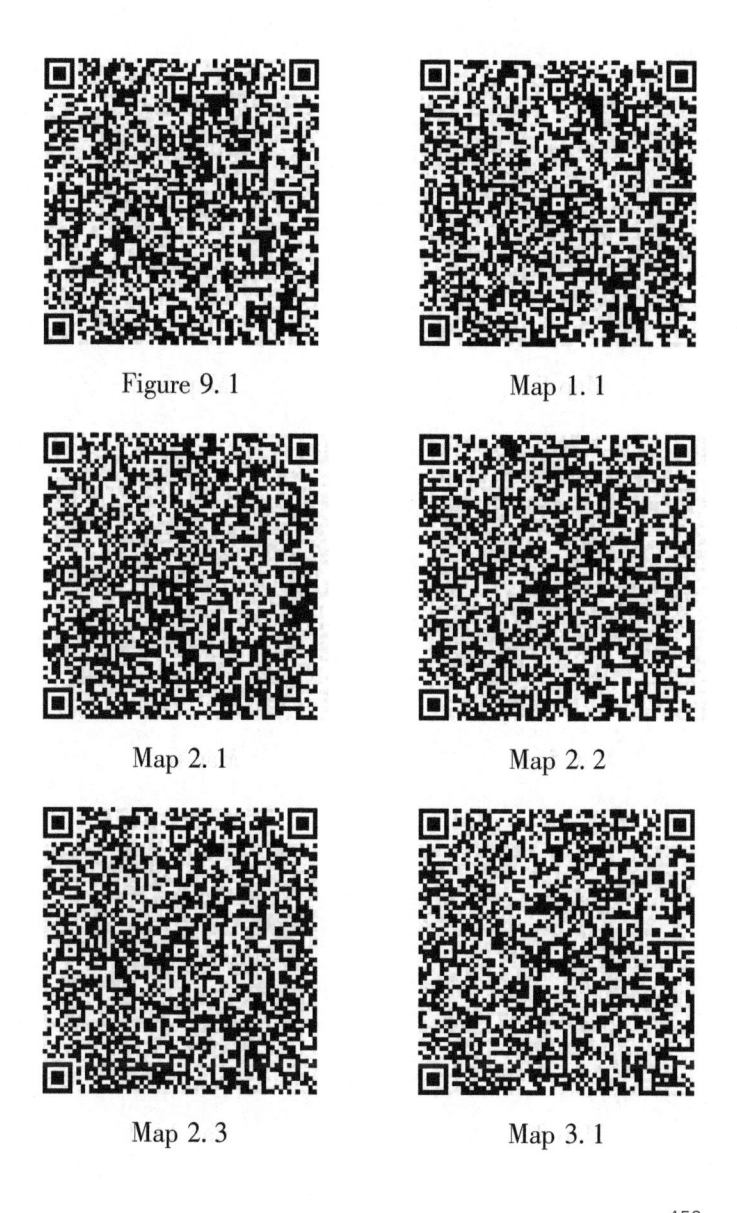

附 录

Figure 9.1

Map 1.1

Map 2.1

Map 2.2

Map 2.3

Map 3.1

Map 5.1

Map 5.2

Map 5.3

Map 6.1

Map 8.1

Map 11.1